于乃昌先生纪念文集

王军君　魏春春　主编

YUNAICHANGXIANSHENG
JINIANWENJI

西藏民族大学文学院

山西出版传媒集团　山西人民出版社

图书在版编目（CIP）数据

于乃昌先生纪念文集 / 王军君, 魏春春主编. 太原：山西人民出版社, 2025.7. -- ISBN 978-7-203-14058-0

Ⅰ. K825.46-53

中国国家版本馆CIP数据核字第20251K0K03号

于乃昌先生纪念文集

主　　编：王军君　魏春春
责任编辑：吕绘元
复　　审：刘小玲
终　　审：李　颖
装帧设计：张永文
出 版 者：山西出版传媒集团·山西人民出版社
地　　址：太原市建设南路21号
邮　　编：030012
发行营销：0351-4922220　4955996　4956039　4922127（传真）
天猫官网：https://sxrmcbs.tmall.com　电话：0351-4922159
E-mail：sxskcb@163.com　发行部
　　　　　sxskcb@126.com　总编室
网　　址：www.sxskcb.com
经 销 者：山西出版传媒集团·山西人民出版社
承 印 厂：山西基因包装印刷科技股份有限公司
开　　本：787mm×1092mm　1/16
印　　张：20.5
字　　数：300千字
版　　次：2025年7月　第1版
印　　次：2025年7月　第1次印刷
书　　号：ISBN 978-7-203-14058-0
定　　价：98.00元

如有印装质量问题请与本社联系调换

在西藏首届文学评论座谈会召开期间参观山南藏王墓
（从左到右：扎西达娃、于乃昌、胡秉之、徐明旭）

于乃昌教授（前排右一）在西藏调研

1998年9月,于乃昌教授(前排右一)参加西藏传统文化与现代化学术研讨会

于乃昌教授夫妇与学生张涛在秦始皇兵马俑博物馆

2019年3月,于乃昌教授在新西兰与学生留影

2019年6月,于乃昌教授与学生留影

2019年5月,于乃昌教授夫妇在西藏民族大学北小区自己家中合影

于乃昌教授与胡秉之教授合影,两人于20世纪60年代开始共事

2019年6月,于乃昌教授在西藏民族大学文学院讲学

目录
Contents

追忆篇

情迷西藏审美文化，铸就民大学人风采
　　——于乃昌教授访谈 ················· 张翠娟 / 003
回忆与思念 ································ 胡秉之 / 034
怀念于乃昌老师 ··························· 廖光耀 / 037
深切怀念于乃昌老师
　　——记同于老师一起在墨脱调研的往事 ······ 陈立明 / 039
悠悠往事，深深的怀念
　　——纪念于乃昌先生 ··················· 袁书会 / 053
忆于乃昌先生二三事 ······················ 王军君 / 055
追忆于乃昌老师 ··························· 刘　伟 / 059
"乃昌兄"的执教治学之道
　　——追记于乃昌老师 ··················· 周韶西 / 064
先生的回眸 ································ 夏　敏 / 071
点亮通往美学世界道路的引路人
　　——追忆我的恩师于乃昌教授 ············ 朱　红 / 077
缅怀于乃昌先生 ··························· 张学海 / 090
向于乃昌老师学习 ························ 邓志军 / 095

怀念于乃昌老师……………………………………宋卫红 / 099

"乃昌兄"，我的老师于乃昌…………………………石明海 / 104

怀念恩师于乃昌……………………………………康　浩 / 111

悼于老………………………………………………黄　波 / 113

怀念恩师……………………………………………孔艳霞 / 114

于乃昌教授的学术精神……………………………林少海 / 116

承嗣篇

神与物游

　　——中国民族神话的仪式性审美………………夏　敏 / 121

从媒介变化看当代审美文化生产…………………朱　霞 / 144

宗教与身体

　　——《乐论》文艺美学观念的两重性……………张学海 / 155

藏族神话批评中的症候式分析

　　——以猕猴变人神话为中心兼论其他……………栗　军 / 164

唐代陇右道河源军经略大使补考…………………严寅春 / 177

阿哈雅克与清代新藏昆仑东线……………………马天祥 / 190

西藏吉祥图像结构图景与意义深描研究

　　——新文化史的研究视野………………………吕　岩 / 206

藏传佛教造型艺术中的身体政治学………………宋卫红 / 225

山南颇章乡雪村望果节仪式的调研报告…张学海　吕　岩　宋卫红 / 280

灵肉交互

　　——藏族生命仪式中的头发文化探析……………张　茹 / 298

噶玛噶赤画派审美特征研究………………………王安燕 / 309

追忆篇

情迷西藏审美文化，铸就民大学人风采

——于乃昌教授访谈

张翠娟[①]

于乃昌，1936年生于辽宁大连，西藏民族大学教授，长期从事文艺学、美学和民族文艺的教学和研究，享受国务院政府特殊津贴专家。曾任中华美学学会理事、西藏自治区文联理事、西藏民间文艺

2017年5月，于乃昌教授于西藏民族大学

家协会名誉主席、西藏民俗文化研究会名誉会长、《西藏民俗》顾问、加拿大世界民族艺术研究委员会委员等，1983年获全国少数民族地区先进科学技术工作者称号，1990年获优秀思想政治工作者称号，1993年获高等学校教学优秀成果一等奖，并多次获优秀教师称号和教学科研优秀

---

① 张翠娟，西藏民族大学党委宣传部新闻中心编辑部编辑。

成果奖等。自20世纪70年代末起,他曾先后6次深入西藏喜马拉雅山区考察研究门巴族、珞巴族文化和文学艺术,是我国门巴族、珞巴族文化和文学艺术研究的开拓者之一,著有《美学十讲》《审美学纲要》《西藏审美文化》《门巴族文学》《珞巴族文学》《中国少数民族审美意识史纲》《初民的宗教与审美迷狂》等。

5月的民大校园,一片郁郁葱葱,于乃昌老师如约来到采访地点。于老师谦逊和蔼、风趣幽默,谈及美学理论,旁征博引,对古今中外美学大家及其思想如数家珍;回顾赴藏考察门巴族与珞巴族文化的经历,艰苦的条件在于老师的口中变得乐趣盎然。于老师对西藏文化的痴迷钻研,对教育事业的一片热忱,对峥嵘岁月的无限感慨,无不流淌在他博文广识又逻辑清晰的娓娓道来中。

一、西藏情:志愿进藏赴边疆,巧入民大献终生

记者:您的家乡在祖国的东北角,西藏在祖国的西南角,是什么动力支持您申请进藏工作的?

于乃昌:我是1956年入学东北师范大学的,一连串的政治运动使知识分子认识到,世界观需要改造,树立新的世界观。在这种情况下,每个大学生都主动地去接受思想改造,接受世界观的重塑。正值毕业分配之际,我听说西藏需要人才支援,便主动向系总支提出到西藏去的申请。当时,学校已经把我留在中文系文艺理论教研室工作,可是我一再申请到西藏去,学校最后就批准了我的请求。

大学时代的于乃昌教授

到底去西藏哪里，当时被批准入藏工作的诸位同学都不知道。我们翻开地图，想看看西藏在什么地方，去西藏有什么路线，结果发现西藏在祖国的西南部，正好在横断山区。我们一行5名同学，大家一起坐汽车进藏。到达北京以后，我们去了国家人事部报到，准备接受具体分配。刚好当时西藏公学的组织部部长到人事部接人，要我们跟他一起到西藏公学去。我们问，西藏公学在哪里？组织部部长告诉我们，西藏公学在陕西咸阳。可是当时我们已经买好了去成都的火车票，他让我们把火车票退掉。我们说，可是我们的行李已经被运到成都了。他说，到学校以后，学校再派人把我们的行李拿回来。就这样，我们踏上了去西藏公学这条路，也是与西藏结缘的开始。

我们对西藏公学和西藏一概不了解，西藏对我们来说是一块陌生的地方。我们对它充满了好奇，很急切地想去西藏，可是我们到了西藏公学之后，就不再前进了，在位于咸阳的西藏公学工作了。我投身西藏的工作中是从那时开始的，但亲自去西藏的时间要晚一些。所以说，我是怎样从东北跑到西南去的，这里有一个大的历史背景：当时年轻的知识分子需要改造，我们出于自身的感觉和需要——西藏艰苦，越是到艰苦的地方越能得到锻炼。

记者：您刚到西藏公学时，西藏公学与您想象中的大学一样吗？

于乃昌：西藏公学和我想象中的大学完全不同。来到这里以后，我感到特别陌生，一切都是全新的。我对公学这个名称本身就感到陌生。后来查了一下资料，了解到早期在陕北办的公学以培养干部为主，但是西藏公学到底是干什么的，不清楚。

到了学校，有三件事情是我们没有想到的：一是没有图书馆。知识分子都希望有一座图书馆，有了图书馆才像学校。二是没有教授，没有教研室，而是将教师按部队的编制形式编排在班级里面，由班主任领导，像部队里面的文化教员一样。三是学生和概念中的大学生完全不同。当时我被分配在二部，二部的学生大部分都是刚刚获得解放的目不识丁的农奴和农奴子弟。这些学生非常朴实，学习也非常刻苦，很多学生晚上到路灯下去读书。有些学生一开始根本不会汉语，只会讲本民族语言，比如藏语、门巴语或珞巴语，但是经过半年的学习，他们就能够说一口流利的汉语了。

这些学生虽然不是我们概念中的大学生，但是他们朴实的精神面貌和刻苦的学习态度，本身对我们就是一种教育。让我们这些大学毕业生到这儿来教拼音、教汉语，我们一开始觉得不习惯，是学生教育了我们。他们这般渴求知识、渴望学习，你不能不把自己献给他们，这些学生给我们上了第一堂课。他们需要教育、需要文化，培养这样的人作为未来的干部，我们是很荣耀的，这就是我刚到西藏公学的感受。既有不同于概念中的大学的感受，也有新的认识，其中还有很多巧合。我的母校东北师范大学的校长成仿吾，曾经是陕北公学的教务长，也是陕北公学的主要创建人。西藏公学就是仿照陕北公学建起来的，当年陕北公学的校长就是成仿吾。这就是缘，所以我到这里来既感到陌生，又感到不陌生。

刚刚来到西藏公学时，曾经有这样一个讨论——这是一个"四不像"学校。它不正规，既不像大学，又不像中学，也不像小学，不像幼儿园。那究竟什么样才是正规的？什么才是像？"四不像"又像什么？经过学校的讨论，大家最后统一了认识。不像就是像，是新的像，是新生事物的像。不正规就是正规，由不正规逐渐变化成正规，正规应该有新的开始和新的创造。所以大家一点一点地感觉到，自己所投身的这所学校是正规的，来这里是值得的。从1957年筹建到1958年建校，一直到1960年我们这一批毕业生来校，西藏公学的办学历程从此开始了。

当时到这里的毕业生主要来自华东师范大学、北京师范大学和东北师范大学，这3所师范大学是西藏公学当时主要的师资来源。另外，从四川和陕西也来了一批同志。在这之前，还有从中央民族大学（当时的中央民族学院）来的十几个毕业生，他们是西藏公学教师队伍的基础。后来我们也来了，形成了西藏公学第一批共计60多人的教师队伍，并逐渐扩大。从东北师范大学来的毕业生，算上我一共5人。现在在校的还有一位张志贤老师，他是我大学同系的同学。我们两个没有离开，留在了学校。

二、谈美学：意志坚定苦钻研，笔耕不辍著真知

记者： 在东北师范大学的学习对您的文艺理论研究和美学研究产生了什么样的影响？或者说您对文艺理论和美学产生兴趣是从那时候开始的吗？

于乃昌： 当时在全国范围内，除北京大学有两位老师开设了美学课以外，其余各高校都没有开设美学课程。特别是50年代对美学的批判，认为只有资产阶级才讲美。美学被视为资产阶级学科，所以各高校都没有开设美学课。

我最后选择了文艺理论和美学，有3个方面的原因：首先，大学在校期间，我对苏联的文艺理论和美学理论特别感兴趣。比如，车尔尼雪夫斯基、别林斯基、陀思妥耶夫斯基和普列汉诺夫，他们都是苏联的美学大师和文艺理论大家。那时我经常读他们的书，继而对文艺理论产生了兴趣。这是来自外围的影响。其次，从我读书的东北师范大学中文系来说，成仿吾老师是创造社的创始人之一，是中国传播马克思主义文艺理论的先驱，也是一位文艺理论家，对我的影响很大。还有蒋锡金教授，

他是我们系里研究文艺理论的一级教授，也是中国最早翻译普希金《茨冈》的人。蒋锡金教授作为我们的任课老师，给我带来的影响也比较大。再一位就是杨公骥教授，也是一级教授。他曾经是延安鲁艺学院的教师，也参加过毛主席在延安召开的文艺座谈会。他的著述对中国文艺理论和文学史研究影响很大，这些老师的影响使我热爱上了文艺理论。但是美学没有开课，我主要是通过阅读车尔尼雪夫斯基和别林斯基等人的作品，以及西方各个国家的美学家和文艺理论家的作品来学习。譬如，法国丹纳的《艺术哲学》和英国的一些文艺理论书籍，特别是德国的黑格尔等哲学家和美学家的一些著作，使我对文艺理论和美学产生了兴趣，所以一毕业我就立志要研究文艺理论和美学。最后，也有来自家庭的影响。我母亲是一位民间画家，她作画和别人不一样。她是拿着毛笔在丝绢上直接画，别人再拿去绣。所以我从小就受到艺术和美的熏陶，这使我也想去探索这方面的东西。这也是我美学研究之路的根基和渊源。

记者： 从 1960 年入校到 1976 年，学校主要进行的是基础教学工作，并没有相对良好的研究环境，但您仍然在从事美学研究，这段时间的坚持和积累对您的学术发展有什么帮助？

于乃昌： 我对文艺理论与美学研究的探索，得益于两个方面：首先，把目标定下来以后，我自己就开始寻找这方面的资料。举个例子来说，契诃夫短篇小说集，我跑了十几个城市才把 26 本凑齐，当时没有一个书店能够买全。美学资料和文艺理论资料也是这样的，凡是我回家休假或者到别的城市去，都会到图书馆和书店去收集补充资料。我家里的书籍比较多，也是有原因的。其次，是我喜欢结交学术界的朋友，当时的一些美学大家我都访问过。我写信向他们请教，他们再给我回信。刚到西藏公学不久，我就和朱光潜、蔡仪及毛星等先生通信联系。毛星既是一位文艺理论家，也是一位作家。他当时供职于社科院文学所，后来组织编写过《中国少数民族文学》。我走上少数民族文学研究之路和我访问他、同他交朋友也有一定的关系。

和学术界人士交朋友所得到的虽不是现成的知识，但很丰富。所以我建议现在的在校大学生和刚毕业的同学不要只停留在图书馆里，更应该在学术界广交朋友，吸收书本以外的营养。学术界的朋友不仅是你学术资料的来源，而且也是在学术研究方面给你启发的人，启发你如何进行学术研究，如何进行资料研究。其中我特别要提一下的是北京师范大学的钟敬文教授，他已经去世了。我编写《中国少数民族古典文艺理论集成》这本书的时候，请他写了序。他也是我在学术界的一位好朋友，去世的时候90多岁。钟敬文先生曾经和我提到过："你现在搞门巴、珞巴的研究，要和你的美学研究结合起来。民间文艺研究和美学研究结合起来，会使你的研究更加实际，更加实在，更有实证性。"所以说，学术界的朋友对你的研究是具有启发意义的。

记者：1980—1981年，您参加了全国首届美学教师研讨班，参加研讨班对您的学术研究有什么影响？

于乃昌：当时全国各高校基本没有开设美学课，主要是缺少美学教师。所以高教部就在北京举办了一个全国美学教师研讨班，前去进修的人员大部分是研究文艺理论的高校教师。我是研究文艺理论的，所以我也参加了1980年的首届全国美学教师研讨班。当时我们研讨班上人不多，也就二十几位学员，来自北京大学、中山大学、复旦大学等高校。

这个研讨班对我美学研究的系统化和理论化起了很大的作用。原来我主要还是自己读书，参加研讨班进行理论进修使我对美学有了系统的认识。给我们讲课的是当时在全国乃至世界上都有影响的大家，他们早期在美学方面就有著作。比如说，朱光潜就著有《文艺心理学》《谈美》等书，他也给我们讲课。第二个要谈到的是来自北京大学的宗白华，中国艺术美学的开创者。他给我们讲艺术哲学，也可以说是艺术美学。还有就是美学的实践派代表人物——李泽厚。当时朱光潜被批判为唯心主义美学家，而李泽厚被评价为实验论美学家。还有一位就是蔡仪，他是唯物论美学家。他的典型理论和观点是：美是客观存在的，审美就是反映事物的美，用认识论去探讨美学。当然，我们是不认同的，但是他的观点在国内影响很大。解放前他没有出过国，所以他的理论思想比较多地带有中国的马克思主义反映论色彩。

给我们上课的这些大家，对我们的影响都非常大。他们做学问，不管有什么观点，态度都非常严谨，要求都非常严格。这个研讨班让我们这些学员得以直接聆听美学大师的教导，继而培养起严谨科学的治学精神，并扩大了自己美学研究的视野。研讨班里的同学后来从不同角度探索美学，写出了不同类型的美学著作。我致力于研究价值论美学，其他同学有研究实践论美学的，也有研究反映论美学的。研讨班的学习使大家开阔了视野，闯出了自己的研究道路。所以说，美学教师研讨班的影响还是比较大的，大家开玩笑称其为"美学界的黄埔军校"。我提到的这些当时给我们讲课的大师，除了李泽厚先生还健在以外，其他人都已不在世了。

除了上述美学大师，高教部还邀请了音乐界、美术界及舞蹈界等各门类艺术领域的领衔人物来给我们上课，以扩大我们对各艺术门类的认识和理解。朱光潜先生在总结学习美学的经验时曾说过"不通一艺莫谈美"，也就是说，研究美学至少要精通一门艺术。就我的个人喜好来说，我喜欢美术，而我的研究主要集中在文化美学方面。

记者：1981年您与人合作出版的《美学十讲》，是"文化大革命"结束后最早出版的系统论述美学原理的两本著作之一，被学者评为"有特色的美学教材""当代美学研究的新收获"。您认为它区别于其他美学研究著作的地方是什么？这本书主要想解决什么问题？

于乃昌：1980年全国民族地区高等院校文艺理论研究会在昆明召开，大会倡议民族院校应组织班子编写一本适合民族院校使用的美学教材，并推举了部分教师参加编写，有来自新疆大学、云南民族大学和青海民族大学等高校的几位教授，我也是编写组成员。我们几个人根据教学需要，一起编写了《美学十讲》这本书。写这本书的主要目的是解决美学教学中对教材的需要，当时高校里上美学课没有教材，所以我们用了大概不到一年的时间写完了这本书。《美学十讲》作为美学教材来说，在全国属于第一批。它的编订比上海几所院校编写的《美学原理》还要早，所以被称为"美学界的第一本教科书"。他们编写《美学原理》时，还邀请我去参与审稿等事宜。至于其他的一些美学教材，都要再晚一阵。

于乃昌教授为美学教学需要而编写的两本著作

《美学十讲》的特色在于它回答了"美学教材应该如何编写"这个问题。编一本书总是要有一个体系框架的，究竟该怎样建立这个体系框架呢？就好像盖房子总要有房屋架构，我们该怎样去架构美学理论呢？《美学十讲》是第一本建立了美学体系架构和美学课程架构的书。在书中我们一开始从什么是美讲到什么是美学，再从美的分类讲到其他方面的内容，这就叫架构。一门课程如果没有架构，该怎样给学生讲呢？理

1992年，于乃昌教授在学校优秀专家表彰会上发言

论到底有哪些方面，包含着什么内容，这本书提供了这样一个参考。它为美学理论的架构提供了参考，也勾勒出了美学体系的面貌。当别人问到美学到底讲什么内容，美学是什么时，这本书为美学勾画出了基本面貌，给出了答复，美学就是讲这本书里的这些方面。这本书一经出版，很快就被大家认可，这种认可不是指同意编者的观点，而是说这是一本大家可以接受的教材。

记者：1991年，您的又一部著作《审美学纲要》完成了。这本书首创了价值论审美学的新体系，您能给我们介绍一下这本书吗？

于乃昌：《美学十讲》和《审美学纲要》这两本书还是有所不同的。《美学十讲》是我早期写的，《审美学纲要》是后来写的，从理论思想上发生了变化。《审美学纲要》，书名已经不是"美学"了，而是"审美"。它恢复了美学的本意，就是审美、感觉学、审美学。这本书强调了审美的主体性，强调了价值论，试图建立价值论美学思想体系。

《美学十讲》更多的是平面地阐述美学内容，客观地描述美学理论框架。《审美学纲要》强调的是人的价值，强调的是审美的主体性。在写这本书的时候，我有一个新的认识——自从人类诞生，其全部活动都是为了追求价值。这就和自然科学不同了。人类在追求价值的过程中，本身就是价值体。价值不是单纯的物质对象。比如，我们说粮食是有价值的，不仅是说粮食有营养成分，而且还强调了价值的创造者，也就是主体人对价值的需要。价值联系了主客体两个方面，如此一来，美的体系就得以被全面完整地概括起来。《审美学纲要》以价值论为核心，既讲到了价值体，它是载体，

1995年，于乃昌教授和顾祖成教授参加学院教学工作会议

不是客观的，也讲到了创造价值的主体，也就是人。我个人试图建立价值论美学这样一个体系，所以写了这本书。

但是这本书有个缺点，那就是太理论化了，思辨性太强。如果要我再写《审美学纲要》的话，就不能这样写了。这本书写得晦涩了一点，理论性太强了。

后来咱们学校的美学课教材，采用的是甘霖、杨辛编写的《美学原理》，也就是上海几所院校共同编写并邀请我参与定稿的那一本《美学原理》。这本书的基本框架和《美学十讲》的框架没有什么大的区别，不过书的内容太过具体了。甘霖老师是一位美术教师，很会画画，所以她编写的教材中有很多艺术作品实例，但是理论性不是很强。咱们学校曾将我编写的《审美学纲要》作为教材使用过一段时间，学生反映如果老师不讲解的话看不懂，所以学校最后选择了《美学原理》。

《审美学纲要》与《美学十讲》相比，有着理论思想上的变化。后来我就更加注重审美文化了，想把文化学和美学结合起来进行审美文化研究。

记者：您多年旅居国外，对中西美学的异同有没有关注和了解？

于乃昌： 包括中国、日本和韩国在内，诸多东方国家对美学的研究都具有东方人的特点。这些特点深受东方民族富有理性的民族性格影响，比较重视美学的理论研究。比如说，在东方就出现了很多的原理和理论。除德国比较重视理性，包括法国、美国及我所在的新西兰等其他西方国家并不强调理论研究。德意志民族是一个重视理性的民族，西方国家没有我国大学里使用的各种原理式和理论性的书籍，他们的研究思想和学术著作都比较实际。

或者也可以这样说，我个人认为东方的美学研究偏重于形而上学，西方的研究除德国以外较为偏重形而下学。就拿法国来说吧，法国有丹纳的《艺术哲学》。中国主要是理论性著作，像《礼记》。孔子、孟子等人，都是致力于形而上学的研究。西方偏重于形而下学，但是德国除外。德国的美学研究，至少在早期，在19世纪，他们的美学理论的理性研究是最高的，像黑格尔和康德的美学研究都是形而上的。

中国美学家中受西方影响最大的是朱光潜，他的早期著作都是形而下的。他的《文艺心理学》就是从文艺心理角度来研究美学的，《谈美书简》也是从实际上来谈的，他将自己谈论美学理论的一些书信编入了这本书中。他讲美，什么是美呢？美在距离当中。他举例说明：烟雾朦胧的森林是一片美景，但若是完全走进这片森林，置身其中，还美不美呢？与森林没有了距离，就看不到美了。你必须退出，远离森林。保持一点距离，你才能看到美。他的结论就是，美在距离。如此偏重于形而上学的美学研究很通俗、很实际，人人都能听懂。

黑格尔就不会这样去讲。德国的黑格尔认为美是理念，理念的绝对化，这就很抽象了。黑格尔的研究是理性的研究，这就在德国形成了一个传统，但它不能被定性为具有东方美学研究特点的研究，只能被称作是西方美学研究的独特个例。至于说俄国及苏联的美学研究，像车尔尼雪夫斯基和别林斯基他们的研究重点就不在抽象理论方面，而是通过对文学的研究进入生活。车尔尼雪夫斯基最有影响力的一部著作《生活与美学》就是研究生活中的美，然后得出结论——美就在生活中，这和他当时作为革命民主主义者的革命理想是融合的。

三、探门珞：严谨治学重实证，筚路蓝缕大考察

于乃昌老师作为课题负责人带领调查组两次进藏深入门巴族、珞巴族聚居地区，调查门巴族和珞巴族的历史、宗教、民族文学和艺术。他致力于珞巴族、门巴族文学艺术的收集整理和文学史的著述，整理、发表作品500余篇(部)，出版了《门巴族文学概况》《珞巴族文学概况》《珞巴族门巴族民间故事》《门巴族诗歌格律》《珞巴族诗歌格律》等著作和专集，是国家"七五"社会科学重点项目《中国少数民族文学史丛书》中《门巴族文学史》《珞巴族文学史》的主编。他潜心研究，要把生活在喜马拉雅山区里的人民及其文化介绍给全世界。

记者： 您为什么会选择门巴族和珞巴族作为研究对象？

于乃昌： 选择门巴族和珞巴族作为我研究的对象，是1976年打倒"四人帮"以后的事情了。1977年，社会科学院设定了一个少数民族文学课题。这个大课题被分派到了各个单位，我们学校接受了门巴族文学与珞巴族文学两个子课题。当时我主动提出，由我来承担这两个课题的研究。我们知道，西藏没有任何关于门巴族和珞巴族可供研究的资料，因为这两个民族都没有本民族文字。田野考察势在必行，我们就组成考察组到西藏去考察了。所以说，是课题引导着我开始做门巴族文学和珞巴族文学研究的。

1979年，于乃昌教授（左一）、顾祖成教授（右二）与门巴族民歌手老人交谈

80年代的时候，我的研究范围就扩大了。那时全国都知道了我是研究门巴族文学和珞巴族文学的第一人，知道了我的研究成果。后来中央又在"七五"规划中提出要做文化研究，所以我的研究范围就从文学扩大到了文化，我个人也由文学研究走向了文化研究。《中国民族文化大观》门巴族卷和珞巴族卷是1994年出版的，国家要做文化研究的规划比这本书的出版时间要早一些。在编写这本书之前，我就把文学和文化结合起来做研究了，写了一些资料。书里的部分内容，就是在文学研究之后写的。

记者：您曾多次进藏调研，都去了什么地方？调研的目的是什么？

于乃昌：第一次进藏调研是1979年。那一次调研由我带队，调查组成员主要是我和咱们学校历史系的顾祖成老师。我们两个人带着翻译主要去了米林县和错那县两个地方，对米林的珞巴族和错那的门巴族进行了调研。那一次在西藏待了不到半年时间，顾祖成老师主要负责历史方面的调查，我主要负责文学、文化、民俗及宗教等方面的调查。

1979年6—9月，于乃昌、顾祖成等老师组成门珞考察组，赴西藏墨脱等地收集文史资料，进行社会考察。后由乃昌老师将收集的门巴族、珞巴族民间文学资料分别整理编辑成册，并在此基础上撰写了《门巴族民间文学概况》《珞巴族民间文学概况》两文，论文发表后曾引起学术界的高度重视。

于乃昌教授整理的《门巴族民间文学资料》和《珞巴族民间文学资料》

第二次进藏调研是1986年。由我带队，和陈立明、张力凤、赵胜启及措姆组成调查组。那时陈立明刚毕业不久，在民族研究所工作。张力凤老师的丈夫赵胜启负责摄像和录音，措姆负责翻译。措姆很有意思，她是门巴族人，随我们到墨脱门巴族聚居区考察，是她第一次回到自己的故乡。这一次调研去的地方比较多，先是米林，然后步行到墨脱，墨脱出来以后又到了隆子、错那，接着去了僜人的故乡察隅、英雄城江孜。江孜是白居寺所在地，在宗山至今保留有抗英炮台。我们还去了日喀则，在日喀则进行调查的时间很短。

1986年，学校承担国家重点科研项目《中国少数民族文学史丛书》中的《珞巴族文学史》《门巴族文学史》的编写任务，由于乃昌老师带领4名同志组成门珞族文学调查组，再次赴西藏门巴族、珞巴族聚居地

于乃昌教授一行在调研路上

区进行调查，收集资料。此次调查为期半年，收集了大量资料，同时还编制出《藏南纪行》《门巴风情》《珞巴风情》《门巴婚俗》等6部电视片。

记者： 当时，您进藏去调研主要带了哪些器材？

于乃昌： 我们去调研的时候，咱们学校比较困难。我们也没有经验，不知道应该带多少钱和什么设备去，只想到了照相机、录音机和摄像机，所以就带了这三样设备。

我们携带的照相机不像现在的照相机那么高级，而是有个很大的镜头可以扭下来的那种。那一台照相机到西藏以后就不行了，经常坏。有时候快门按不动，我们就把它大大的镜头扭下来，用手去拨一下，

调研归来，于乃昌教授（右二）和调研组成员陈立明、赵胜启、张力凤（从右往左）等一起整理录音录像资料

捣饬一通又给装回去。由于机器陈旧，拍出来的照片效果不是很好。那时如果有现在的高级照相机，就会好一些。这些图片资料都是很珍贵的，是几经波折才拍摄下来带回来的。设备不靠谱加上胶卷珍贵，我们根本不舍得给自己拍照留念，所以你们现在看到的考察影集中收录的图片，拍摄记录的都是考察对象。

录音机是很大的一个铁盒子，里面装着转式的一盘一盘很窄的磁带，考察途中录制的上百盒磁带回来后都交给资料室保管了。访问的时候要记录，所以录音机是必备的。

至于说摄像机，那也是一台很落后的机器，很重，由赵胜启老师负责拍摄。

一路跑了那么多地方，这些破旧又沉重的设备，全靠马匹驮运。

记者：您在调研过程中都遇到过哪些困难？有哪些印象深刻的事情？

于乃昌：当时从陕西到西藏去的交通条件已经比较好了。1979年我们第一次进藏考察是坐飞机去的，从咸阳出发坐飞机直接到达拉萨。下了飞机，到县城是坐汽车，但不包括墨脱。去墨脱的时候，就和其他地方不一样了。当时墨脱是全国唯一不通公路的县，极少有外人进去，我们进墨脱要靠步行，经过整整6天的长途行军才到达。去墨脱，是最艰苦的日子。

我们到了米林以后，就进入了地理学上著名的雅鲁藏布大峡谷。我们到的第一站，是一个叫作派镇的地方，在南迦巴瓦峰脚下。然后，我们就开始登山，先是要翻越5200米高的东拉山口。我们去的时候是9月份，可那时路上还都是积雪。翻过东拉山口，一路下山就进入了原始森林。穿越原始森林的途中，经过了蚂蟥区和毒蛇区。蚂蟥是一旦钻到人的皮肤里都能把血吸干的家伙。在毒蛇区行走的时候，无意间一抬腿就看到地上有一条蛇。在原始森林走过一趟，我们才真正理解了咱们汉语中一些成语的深刻内涵。比如说，见血封喉和打草惊蛇。行进的过程中，我们经常在草丛里看到那种细细短短的七寸小毒蛇，要是被咬一口马上就不行了，见血封喉，毒性非常大。听说蛇怕绿色的竹棍，我们就拿着竹棍一边走一边拨打草丛，蛇就跑了。如果没有亲身经历，确实是无法形象地理解打草惊蛇这个成语。还有一个成语是一失足成千古恨。路非常窄，旁边就是悬崖绝壁，另一边也是陡壁。假如一不小心跌倒了，就会坠入深渊。我们说的路实际上不是路，只是行人走过踩出来的一条模糊不清的小道儿。我们在那个时候才真真切切地体会到一失足成千古恨的意义。还有前赴后继这个成语，因为路很窄人无法并行通过，只能是一个跟在一个后面走，接踵而至，脚跟儿挨着脚跟儿走。森林里蚊子也很多，非常厉害。我们下乡最怕的就是蚊子，根本没办法防备，咬得人晚上没法儿睡觉。那一路上遇到蚂蟥、毒蛇等很多危险，但要说最危险，还属过雅鲁藏布江上的藤网桥最危险。

提起过藤网桥，我是很佩服张力凤老师的。她是走进墨脱的第三位汉族女同志，是跨过藤网桥的唯一汉族女性。我是截至当时进入墨脱年龄最大的汉族同志，当时我50岁。我们听说对岸有个村子里有几户门珞乡亲，如果不渡江的话这几户人家就被遗漏了，所以说我们得过桥到对岸去。渡江，就必须过藤网桥，用藤索网的一座桥。这座桥不是我们想象中的网状，而是用藤索编成的。主藤索上曾敷着一些藤条使桥在远处望去呈网状，所以叫作藤网桥。但是我们去的时候桥上已没有密织的藤网，只剩下几根简陋的藤索——脚下和头顶各两根藤索，两侧各一根藤索。

当地的老百姓对我们很好，对我们说，每年都要有祭江的人，就是人掉下去喂了鱼，给鱼吃了做祭祀品，你们不能去！今年的祭江还没有开始，你们还是不要去了。你们是今年第一批想要渡江的，不要成为祭江人！我左思右想，觉得不过江不行，还是要到对岸去调查的。我就问和我同去的其他同事："过不过？"他们异口同声地说："过！"大家意见一致，态度坚决，然后我们就开始过桥渡江了。桥面离江面大约50

米,长约200米。江风很大,一刮起风来桥就在空中摇摆,很危险。上了桥,只能是自己管自己,想要互相帮助是根本不可能的。自顾不暇呀!你还帮助别人?所以大家都是独立行走。使点劲儿用手抓住头顶的两根藤索,脚下要踩稳下面两根藤索,走一步挪一步,走一步挪一步……

在米林乃玉河调研途中,于乃昌教授一行遭遇道路坍塌,临时搭圆木桥过河

整个身体的重量要靠脚踩下藤索来承担,靠手吊上藤索来分担。狭窄的藤网桥无法容两人及两人以上同时过江,所以只能一个人一个人地过,谁也没法儿帮助其他人。那次确实是很危险,胆子大的人去了都要怕的。但是那次同去的几位同志非常好,都说要过去。过去以后,还有回来的问题。过去了,回来的时候敢不敢回来呢?人有时候一回想就会后怕。他们说:"不要紧,我们去的时候走一趟,胆子就大了!"我们到对岸调查了一段日子后又原路返回。那是墨脱比较险要的一个地方。

再一个是过被当地百姓称为鬼门关的老虎口绝壁。进墨脱,必须经过老虎口,否则就没法进入当时像孤岛一样的墨脱。老虎口那里所谓的公路,是解放军在高耸垂直的绝壁半腰处用黄色炸药炸出一个口,开出一条又窄又矮、犬牙交错的槽渠。有多窄呢?两个人无法并行,宽度只容一人通过。又有多矮呢?人站不起来,只能猫着腰往前爬。肚子和四肢都要用上,一点一点爬着过去。路面高低不平,我们一会儿往上爬一点,一会儿往下爬一点。外侧是悬崖,稍不小心掉下去就滚落到雅鲁藏布江里去了。内侧是绝壁,没法上山。就是这样一个险要的地方。

当地的老百姓告诉我们，在我们去的前几天，一位到藏区去交换物品的门巴族老乡背着篓子过老虎口时滚下去了。

藤网桥和老虎口是最危险的两个地方。蚊子、蚂蟥和毒蛇等其他困难都还好，但是这两个地方一不小心就会一失足成千古恨。我们由此体会到一定要脚踏实地，每一步都要踏稳，一旦滑倒了就不得了了。

记者：调研了哪些方面的内容，收获如何？对您后期开展民间故事、诗歌、传说等类别的门巴族和珞巴族文学研究及民族宗教研究有什么影响？

于乃昌：我早期的调研局限于文学方面，但是田野调查一旦展开，学术视野就更开阔了，不再局限于某一方面。因为田野调查必然要涉及民族文化的基本方面，宗教、生产、民俗、艺术、哲学等各个方面也就都成了我调查的对象和内容。这种调查不局限于某一方面，它本身就是一种综合性调查，也可以说是一种文化考察。如果单一调查，也会有收获，但恐怕就很小了。

于乃昌教授编写了《中国民族文化大观》中的门巴族卷和珞巴族卷

比如说，我编写《中国民族文化大观》中的门巴族卷和珞巴族卷，就不只是写一个方面。从我调查的范围来说，涉及的面很宽——从文学入手，扩及整个文化领域，包括族源、文学、艺术、民俗等各个方面。

我在写这两卷的时候，不是先有一个固定的框架，而是分别从这两个民族的实际出发去构建框架的，因此门巴族部分的结构和珞巴族部分的结构是不一样的，都是根据这两个民族的实际情况来写的。编写珞巴族卷的分量最大，大概写了 70 万字。

记者： 在一份专门介绍您的资料中提到"要把生活在喜马拉雅山区里的人民及其文化介绍给全世界"这么一句话，这是您去门巴族和珞巴族聚居区做调研的最终目的吗？

于乃昌： 把喜马拉雅山区的人民及其文化介绍给世界，确实是我研究门巴族和珞巴族的目的之一。在我去调研之前，世界人民只是在概念上知道中国有 56 个民族，其中包括门巴族和珞巴族，但真正了解这两个民族的并不多。大山里的门巴族和珞巴族人民千百年来都处于封闭状态，他们和他们的文化需要被介绍给世界。这就需要有人去调查，去客观如实地将其介绍给世界。一个民族真正走向世界，不在于它的族人到世界各国去旅游，而是让世人都了解它、认识它。

我的研究，基本上达到了"要把生活在喜马拉雅山区里的人民及其文化介绍给全世界"这个目的。我所研究的资料、撰写的文章和出版的著作，都已被世界各国翻译成其他语言。比如说，日本很重视西藏这片土地上各个民族的文化研究。我的《门巴族文学概况》《珞巴族文学概况》等书在日本被译介和出版，让日本了解了这两个民族。日本有一位研究中国少数民族的学者叫谷野典之，年龄比我小。他把我的书介绍给日本，这样至少日本对我所研究的这两个民族有所了解了。

我们需要更多的人去研究少数民族文化，并将其推向世界，让世界各国认识这些少数民族。推介给世界，主要是将这些民族文化的本质介绍给世界。这种推介不能是描述性的，描述性的研究不是研究，必须是符合人家本民族本意的，这样的介绍才称得上是真正推介给世界。

记者： 您写《美学十讲》时偏重于理论，写门巴族、珞巴族民族文

1991年，中国社会科学院文学所、少数民族文学研究所组织召开的《珞巴族文学史》审稿会

于乃昌教授所著《珞巴族文学史》

化时偏重于田野调查。您觉得理论和田野调查有什么关系，或者说这二者对于学术研究分别有什么重要意义？

于乃昌： 从我的研究来说，调查是研究的基础，也是理论的根基。任何理论都是对实际的高度理性概括，没有实际调查就没有高度的理论概括，或者说理论概括就因此而缺了根基、缺了源头。调查是理论研究的源头，调查为我的理论研究提供了丰富的资源。这样一来，我讲话就有了根据，不是空虚的，不是从概念到概念，从书本到书本，从理论到理论。学界比较重视我调查所写的东西，这些东西不仅为我自己的研究奠定了基础，也给别人的理论研究提供了资料。比如说，我写的《珞巴族文学史》，读了绪论就会发现我写的珞巴族文学史当中的文学史观和别人的不一样，我是按照一个民族的审美意识发展史来写的。一个民族的文学并不是孤零零地存在着的，它源于该民族的审美意识，并且是民族审美意识中的一个方面。任何理论的研究都必须建立在实证的基础上。

我曾经还想写一部中国文学史，后来因为时间和精力的关系没有写。我有一个基本的认识，从先秦一直到清，如果从美学角度来看这几千年间漫长的中国文学发展历史，它有着很鲜明的阶段性，然而现代文学史都是描述性的。比如说，先秦文学有什么，两汉文学有什么，魏晋南北朝文学有什么。从描述性角度来说，我们在谈论中国文学史的时候就是在谈唐诗、宋词、元曲等。这是描述，是一种叙述性的文学史。

从审美角度来考虑文学史，我们就会发现先秦文学有一个特点，那就是崇高。先秦是一个崇高的时代，所以中国文学从崇高开始。直到两汉，文学的发展和人的审美意识又转入一个新的阶段，那就是悲剧时代。司马迁的《史记》，其审美的最高境界就是悲剧美。两汉文学的悲剧性特点，后来在元代表现得更为集中，在《窦娥冤》等元曲中表现得尤为突出。所以说悲剧时代，是中国文学发展的第二个审美意识阶段。到了魏晋南北朝时期，审美意识由悲剧时代进入神秘的玄学时代。到了唐代，文学进入优美时代，一直到宋代。如果拿唐诗、宋词和两汉的汉乐府做比较，从总体上来说唐诗、宋词的审美意识属于优美。元代，就又回到了悲剧时代，并且发展到高潮，一直到明代。到了清代，历史进入否定之否定，文学的审美意识也进入否定之否定，这就是喜剧时代。从明到清，中国文学的审美意识实际上从悲剧转入了喜剧。清代，出现了三言二拍，出现了许多喜剧作品。比如说，《儒林外史》等，都是喜剧类型。

我这种概括不是很细致，但是说明了一个问题，那就是研究任何问题都要进行思考，不能人云亦云，不能流于描写与叙述。描写和叙述不是研究，研究必须经过研究者自己的深思熟虑，提出具有创见性的看法，这才称得上是研究。我们现在缺少的就是独立的研究，学者们往往是觉得这个人的这种理论挺好，那个人的那种理论也挺好，然后把它们都抄下来拼凑成一篇新的论文。这不是研究。

记者：您刚才强调了田野调查对研究的重要性，那么理论呢？考察者在进行田野调查之前，是否应该具备一定的理论基础呢？

于乃昌：作为考察者，在进行田野调查之前必须有一定的理论储备。就好像刚才我在给你们讲解考察归来整理的图片资料时那样，有东西看不清楚时就需要放大镜的帮助。有了理论储备，就是拿了放大镜。

和我一起出去考察的，也有人瞪着眼睛看，一路上什么东西都看到了，但就是提不出问题来，看不到每样东西深层的理论含义。这就需要理论储备。理论储备对于研究者来说就是放大镜，或者说是望远镜。

同样一件事物，比如说，我们去考察时从当地带回来的门珞族木质生产工具，对于那些没有理论储备的一般人来说不过是一些已经旧了的、被烧过的木头，但对于一个有理论储备的人来说，可能就会从中发现人类社会发展到了哪个阶段，生产力的水平如何，以及折射出了人的哪些心理表现。

再举个例子来讲，我们到珞巴族聚居区时接触了很多巫师。巫师唱的一些歌，很多研究者听不懂就把它忽略了，觉得那些歌可能是巫师胡乱唱的，但是有一定基础理论储备的人，从中可发现一些可贵的东西。

比如说，我们去调查珞巴族史诗时，我发现珞巴族有 3 部史诗。我是第一个发现的，别人搞不清楚珞巴族的史诗。对珞巴族史诗进行调研，并不是我们去了以后由当地人给我们唱史诗，先唱祖先史诗，再唱创世史诗，最后唱英雄史诗。实际调查中老百姓是不这样分类的，老百姓给我们唱史诗时，实际上是这一段唱着唱着就转到别的内容上去了，突然就不一样了。听上去是零零散散的，好像是到了一个考古墓地发现了好多破碎的陶片。每一片陶片到底是哪一个陶罐上的，搞不清楚，搞不清楚就拼不起来。

我去调查的时候，发现珞巴族唱的一些很长的歌其实是拼不在一起的。一段唱着阿巴达尼，唱了没几句就又转到了与斯金金巴巴娜达萌相关的内容。没唱个三五句，又唱到另一段去了。这样就给人一种非常凌乱、好像打碎的陶片拼不起来的感觉。这时候，就需要研究者具备一定的理论修养。后来我把这样收集来的一些珞巴族史诗碎片进行仔细拼凑，发现珞巴族存在3部史诗。一部史诗叫创世史诗，一部史诗叫祖先史诗，还有一部史诗叫英雄史诗。创世史诗显然是珞巴族最早的一部史诗，讲的是世界的创造、天地的起源和人类的产生。祖先史诗专门讲有关祖先阿巴达尼的内容。英雄史诗讲的则是狩猎英雄金岗岗日。

这3部史诗是零散的、被打碎的，就像一些撕碎了的衣服片。这是袖子的一部分，那是肩头的一部分。如何把它们拼凑成一件完整的衣服，就需要理论修养。我仔细去比较分析，这几句反映了一个什么样的社会形态，那几句又反映了一个什么样的人际关系和社会形态。我把它拼凑起来以后，发现有关斯金金巴巴娜达萌的是创世史诗，我给它起名叫《斯金金巴巴娜达萌》。还有一部叫作《阿巴达尼》的史诗。我从民俗和实际人名及关于他们祖先的歌唱中发现这部史诗是祖先史诗，有关片段都是在歌颂他们的始祖阿巴达尼。第三部内容跟狩猎生产有关，围绕着一个叫金岗岗日的人物进行歌唱。这样一来，我就发现了珞巴族有3部史诗，就是创世史诗《斯金金巴巴娜达萌》、祖先史诗《阿巴达尼》和英雄史诗《金岗岗日》。

这个事例说明，我们进行考察研究千万不能抱着"我有实地考察取得的材料就行了"这样的心态，而忽视了理论的武装。忽视理论储备，相当于你视力不好还没有戴眼镜。理论的储备是很重要的，特别是考察之前，一定不要忽视理论储备。这些理论储备对于文化人类学的研究和原始民族的研究特别重要，否则我们下乡去考察的时候，花了时间、花了钱，眼前还是一抹黑。没有理论储备的考察者和一般的旅游者是没有区别的，旅游者去了感慨道："啊，我看见雅鲁藏布江了！我看见藤网桥了！看到他们的生活习惯和民俗了！"但是他发现不了问题，因为没有理论做眼镜。

于乃昌教授整理的《西藏民间故事》
（门巴族、珞巴族专辑）

之前讲解照片资料时你们问我门巴族女性使用的小挎包上的图案有什么意义，这个问题本身就很有价值。每一种图案都是一个民族意识的反映。对中国学者来说这可能是很次要的问题，但日本人的研究就很重视这些。有日本学者研究过我国贵州苗族服饰上的图案，他把收集到的图案拿到一起研究，作为博士论文写了厚厚的一本书。别人可能会觉得这有什么好写的，拍些照片洗出来贴到影集上就完事儿了，但是日本学者看到了各种图案所包含的民族意识。所以我常跟和我同去考察的队员说一定要重视理论储备，但有时候说这句话时，已经是在考察途中了，晚了。我相信，他们在以后的研究中会注意这个问题。

四、献于藏：一片真心寄雪域，著书立说真学问

于乃昌老师在美学基本理论研究的同时，多次进藏调研，对民族审美文化进行全面、系统的考察，积极探索美学与文化学相结合的具有民族特色的美学研究之路，以建立审美文化学。

1989年，于乃昌老师在《西藏审美文化》后记中写道："我矢志于对西藏文化的研究，不独是'文化热'的推动，自从我投入西藏事业的怀抱，将近三十年的岁月，西藏的土地，西藏的人民，西藏的文化，培育了我对西藏的恋情，我想，我们每一位爱着西藏的同志，都有义务把西藏正

确地介绍给关心她的人们。"《西藏审美文化》一经出版,不到3个月,未出拉萨城就销售一空。1999年,书籍再版。

记者:于老师,您于1989年出版的专著《西藏审美文化》赢得了美学界和文化学界的好评,有学者撰文称赞这部著作"拓展了美学研究的新视野",是"填补空白之作"。您是否预想到这本书会产生如此大的反响?这本书的构想和成书过程又是怎样的呢?

于乃昌:先从《西藏审美文化》的书名来说。我在这本书的绪论里讲到,最早提出审美文化这个概念的是苏联学者。但是这个概念在国内并没有引起学者们的足够重视。有人重视美学,有人偏重于心理研究的审美意识,但是没有人响亮地提出审美文化这个概念。

我当时想,研究西藏,如果只是单纯地去研究美,如研究布达拉宫的美、藏族服饰的美,层次不够,高度不够,深入不下去,那么我能不能从民族文化的这个角度来入手,去研究西藏这个民族的审美意识呢?从这时我就开始考虑这个问题。

于乃昌教授专著《西藏审美文化》的第1版和第2版

在写这本书之前,关于诗歌的审美、藏族民歌的审美、门巴族诗歌的审美、珞巴族民歌的审美等,我都分别写有一些论文。我就是想把审美和文化结合起来,去探索这个民族深层的审美观念。描述是表面,深层的是审美观念。从这时我就开始构思审美文化。

西藏审美文化如此之丰富浩瀚,该如何去架构呢?宗教性是藏民族文化最突出的特点,所以我在写这本书的时候首先从宗教文化出发去讲宗教与审美。然后我又考虑到建筑,西藏的宗教性建筑是很有特色的。建筑本身就是人类审美意识的固化,人类通过建筑将自己的审美意识表现了出来。比如说,汉族古代建筑的顶是圆的,地基是方的。天坛就是这样的,但你得探索到它的审美意识,表现出来的汉民族最古老的哲学思想,"天圆地方"和"天人合一"。这种思想不是一般的描述性言论,而是凝固在建筑中的汉民族哲学思想和审美意识。

藏族也是这样。比如说,大昭寺西门前的旗杆顶端有个箭头,下面周围缠的是牦牛毛。旗杆一共有7层,最高一层就是顶端的尖。那么这个旗杆为什么是这样的呢?我们可以很清楚地描述它是什么样的,但是它表现的是什么呢?实际上,它表现出了藏民族自古就有的生殖崇拜。通俗来说,那个旗杆象征的就是男性生殖器。再比如说,我们到诸如大昭寺等藏传佛教寺院去,墙拐角处都立有一块比较高的石头。这块石头的作用是辟邪。什么东西最有力量,能够把邪灵恶鬼辟掉呢?只有生殖力量,也就是性力量,反映了藏族的性崇拜和生殖崇拜。这就叫作审美文化的深度挖掘。

所以我是从这个角度去写的整本书,而不是单纯的描述。从文化视角去深层挖掘每一个物件、每一个对象深层所表现的东西,这样才有意义,否则研究就变成了叙述、描写和介绍,也就和旅游介绍区别不大了。我写这本书时,比较注重审美与文化的结合。既不是单纯地讲审美,也不是侧重于讲文化。单纯讲审美那完全就是心理研究了,而文化主要是描述性的讲述。审美文化讲的是审美意识,讲主体为什么需要去审美,为什么需要美。在美里面怎样表现主体,这正是审美价值之所在。价值既是客体的,也是主体的,是客体与主体的统一。审美文化的核心思想是阐述一种审美价值、审美意识。

但是我的研究也是有局限性的，这本书中缺了一个很重要的方面，那就是藏戏。我没写藏戏，不是忘了写，而是不敢写。因为研究要严肃，不敢写的东西就不要夸夸其谈。藏戏是藏族的百科艺术，包含了绘画、音乐、雕塑、美术、语言、文学等多种元素，这些元素结合起来才是藏戏。研究藏戏的某一方面还可以，但是要想综合地研究藏戏，无能为力，所以我不写藏戏。藏戏这部分应该写而我没有写，是这本书的缺陷。

记者：《西藏审美文化》这本书中每一句话都表达着您对美学的研究和思考，每一个字都表达着您对西藏浓浓的感情，能不能谈一下西藏对您的意义？

于乃昌：马克思有一句话，叫"爱是爱的交换"。从生活角度来讲，恋爱也是一种爱的交换。审美、写书也是爱的交换，要被对象所吸引。必须爱这个对象，你才能够去发现这个对象。谈恋爱要是发现不了对方值得你爱的特点，就永远谈不到一起，恋不起来。我写这本书的确饱含了我对西藏的爱，只有我爱它，写书的时候才有动力，才有深刻的体会。

调查也是这样的。整理门巴族和珞巴族的民间诗歌和民族史诗，不是回到学校才翻译的，而是我在现场就翻译完的。因为只有现场才能感受到那种文化的氛围，才能感受到歌唱者的那种情绪。被这种情绪所感染，翻译整理出来的东西才更符合人的情感需要。白天调查，晚上着手整理，第二天再接着调查。这样的调查才能保持一种文化氛围，让人全身心地融入这种氛围当中。这个过程，就饱

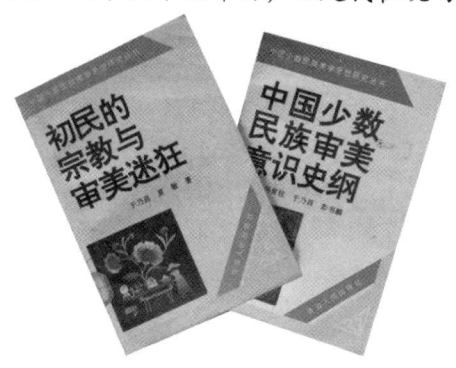

于乃昌教授与他人合作编写的《初民的宗教与审美迷狂》和作为主编之一参与编写的《中国少数民族审美意识史纲》

含着一份爱。

记者：您从事文艺美学研究对您的人生发展和心态建设有没有影响？

于乃昌：有这种心态才会有这种研究，这是肯定的。研究美学的人必然会被美学所浸染，其生活必然会按照他所崇尚的标准和所追求的目标去规划。这种影响是存在的，并且应该是相互的，研究者的人生发展和研究对象的研究动态是相互推动的。

于乃昌教授指导青年教师朱红学习

爱美的人，必然会注意自己的生活方式。邋邋遢遢的人谈美学，讲了别人也不信服，所以说研究的问题、研究的对象和研究的目标对研究者的人生都是有影响的。我和历史系的顾祖成老师很是相熟，平时不管谈什么问题，他都能很自然地提到一个历史的高度。他向来都是从历史的高度去看问题，分析事件发展的可能走向。研究美学的人也是这样，自觉不自觉地会按照美的规律和标准去规划自己，所以说美学研究和研究者之间的影响是存在的，但是谁在前谁在后这不好分。

记者：您对从事美学研究的后辈们有什么期望和寄语？

于乃昌：作为一名美学研究者，首先要做一个审美的人，然后才有可能在美学研究中做出成就。个人言行若是不符合审美，即便是写了几本书和一些文章，那也是假的。别人一旦把著作和你本人结合起来看，

于乃昌教授为学生做知识分子成才报告

就感到是不美的。假做真时真亦假啊！你把假的当作真的去讲，它终归还是假的。作为一个美学研究者，如果你自身不按照审美的原则和规律去规划自己的人生，那么你的人生可能并不是真的审美的人生，所以还是首先要从实际上努力去做一个审美的人。做一个审美的人，就是要符合审美原则。

记者：西藏民族大学在爱国兴藏的办学路上走过整整一甲子，即将迎来60周年校庆，您有什么祝福要送给学校？

于乃昌：祝福的话儿千言万语，都汇成一句——祝西藏民族大学在全校师生的共同努力下越办越好！

（访谈于 2017 年 5 月）

回忆与思念

胡秉之[①]

我和于乃昌都是 1960 年到西藏公学工作的,此后 60 多年来我们可以说是情同手足亲如兄弟,特别是 1978 年我们被调到语文系后,无论是教学还是科研,于乃昌都是我学习的楷模和榜样。

因为我们爱好相近,所教学科也相近,所以外出的许多活动均有交集,如 1980—1981 年,我到北大进修中国现代文学史,于乃昌则到北师大参加全国首届美学教师研讨班,其间他常到北大看我,我也常去北师大看他,互相交流学习心得体会。1982 年 11 月,我和于乃昌同时被邀请赴西藏山南泽当参加西藏自治区首届文学评论座谈会,见到了汪承栋、李佳俊、扎西达娃等西藏作家、评论家,于乃昌在会上积极发言,为发展西藏的文学、文学评论提出了许多宝贵的意见和建议,他还利用晚上的时间为参会者做美学讲座。1989 年 10 月,我们又同时被邀参加西藏自治区第二次文代会,于乃昌以他的业绩和贡献当选为西藏文联第二届委员会委员、中国民间文学协会西藏分会名誉主席。

---

① 胡秉之,西藏民族大学文学院教授。

西藏第二次文代会召开期间，于乃昌撰写的《西藏审美文化》一书出版，与会代表纷纷索要，我也得到一本，于是立即认真拜读并写了篇《新角度　新观点　新材料——介绍于乃昌著〈西藏审美文化〉一书》，发表在1989年11月4日的《西藏日报》上，这可以算是国内最早介绍和评论于乃昌《西藏审美文化》的文章了。为纪念于乃昌特转发此文，以证明我与他的友情，追忆我们的往事，寄托我对他无尽的思念，于乃昌永远活在我的心中。

附文：

新角度　新观点　新材料
——介绍于乃昌著《西藏审美文化》一书

近几年来，藏学已成为一门热门学科，国内外许多学者对西藏的宗教、民俗、文学、艺术进行了多方面的论述，取得了可喜的成果。于乃昌副教授所著《西藏审美文化》一书（由西藏人民出版社出版），则在吸收前人研究成果的基础上，以马克思主义文艺理论为指导，从美学、文化学的新角度，比较全面系统地对西藏地区的藏族、门巴族、珞巴族各具特色的宗教、民情、民俗、文学、艺术（包括建筑、工艺、绘画、雕塑、舞蹈等）做了深入细致的分析研究。

全书共分5篇14章，第一篇《宗教与审美》，论述了藏传佛教与艺术、门巴族宗教与舞蹈、珞巴族原始宗教与艺术之间的相互作用、相互化合，宗教借艺术面得到广泛传播，艺术借宗教面获得空灵神气；第二篇《风情与审美》以具体的跑马射箭、服饰打扮、节日活动、婚嫁丧葬等民俗风情，反映西藏藏族、门巴族、珞巴族的审美情趣、审美理想、审美创造的文化形态；第三篇《藏族的造型艺术》，从藏传佛教建筑的审美价值、布达拉宫建筑的美学思想、《画经》的美学思想与艺术实践，以及壁画、雕塑诸方面，充分体现西藏人民对美的创造；第四篇《门巴族的语言艺术》、第五篇《珞巴族的语言艺术》，对门巴族、珞巴族文学的审美特性、审美效应、审美构成都做了令人信服的论述。

辩证唯物主义和历史唯物主义是贯穿全书的一条主线，并由此引申出许多新的观点，如认为西藏这片广袤的土地，正是处在东方审美文化和南亚审美文化相接触、撞击的交会点和爆发点上，将两种文化兼收并蓄形成了独具个性的高原文化。又如认为西藏审美文化的特点之一为多元整一性，一方面藏族、门巴族、珞巴族共同创造文化，构成西藏高原型文化；另一方面又各具民族特点：珞巴族为原始型审美文化，门巴族为原始型向阶级型过渡的审美文化，藏族则是成熟的阶级型审美文化。再如把珞巴族民间故事审美效应分为崇高型、悲剧型、优美型、喜剧型、哲理型等，均有创造性的独到见解。

全书共20多万字，应用了许多第一手资料，内容丰富，论述详尽，如对西藏著名的建筑雍布拉康、白居寺、桑鸢寺、布达拉宫的整体布局、空间组合、装饰设置、色调光影及其审美价值、艺术表现做了全面分析；对藏族的日用工艺金银玉器、土陶器、木器、织毯均做了审美评价；对藏族的壁画、雕塑的艺术成就、审美特征也进行了有益的探索。有些东西看来与审美无关，但作者敏锐地看到其审美价值，像人们天天见到的藏式桌柜，作者见到其"造型方正，木骨宽凸，色彩浓重，所以给人以安定、殷实、刚毅而又热情的审美感受"；又像丧葬，作者认为"是灵魂不死"的想象力的创造，是"关于'天国'的幻想的艺术"。全书语言生动，深入浅出，雅俗共赏。

西藏文化，是中华民族文化中一座神奇瑰丽、独放异彩的宝库。《西藏审美文化》一书，无疑会对广大读者学习了解西藏文化、研究探讨西藏文化起到引路指导的作用。

怀念于乃昌老师

廖光耀[1]

于乃昌老师走了。

我们西藏民族大学有一批堪称元老级的教师,一个接一个地悄无声息地走了,优美的校园里再也见不到他们老迈而又亲切的身影。这虽然是无法抗拒的自然规律,不必为此而过于悲伤,但是思念起来,总是不免有些伤感。

在文学院,我同于乃昌共事达数十年之久,彼此颇为熟悉和了解。他学识广博,教学严谨,科研多有建树,很受师生的尊重和爱戴。

告别老友,感念之余,特以下列文句,表达我的敬意。

东北师大,名门学子。
学业优秀,胸有大志。
供职西藏,志在教育。

---

[1] 廖光耀,西藏民族大学文学院教授。

三尺讲台,终生不离。
春种秋收,尽心尽力。
满园春色,芳香桃李。
笔耕不辍,不遗余力。
硕果累累,同行赞许。
那边宁静,足供安息。
今日惜别,明日再会。

深切怀念于乃昌老师

——记同于老师一起在墨脱调研的往事

陈立明①

于乃昌教授是原西藏民族学院语文系教授，美学与文艺理论的老师，由于学识渊博，关爱学生，很受同学们的爱戴，在学生中影响很大。我1977年高考后进入西藏民族学院语文系学习时，于老师没有直接为我们上课，因为我们所学专业是藏语文，虽然感到遗憾，但是对于老师有着深深的敬佩之情。大学毕业后我留校在语文系工作，因为专业分工的缘由（当时语文系有两个专业：汉语文专业和藏语文专业），我和于老师接触不是很多，把我和于乃昌老师紧紧联系在一起的是西藏边疆民族地区社会和文化的调查与研究。

1986年，我已离开语文系在学校民族研究所工作。此时，于老师承担了一项国家任务，负责编写西藏两个人口较少民族门巴族和珞巴族的文学概况和文学史。由于门巴族、珞巴族没有文字，资料极度缺乏，需要深入门巴族、珞巴族聚居区进行系统的田野调查，而门巴族、珞巴族

①陈立明，西藏民族大学民族研究院教授。

居住在西藏东南部地处喜马拉雅东段南坡的墨脱、米林、隆子、错那、察隅等地，交通极为不便且十分艰险，于老师急需一位了解西藏并对西藏文化感兴趣，同时身体又好的人协助他工作。经过考察和协商，民族研究所领导同意我参加课题组并协助于老师工作，从此同于老师结下了深深的缘分。在于老师的直接领导、关爱和培育下，我多次参加了于老师的课题组在西藏边境地区进行的田野调查，是于老师引领我进入了西藏人口较少民族的社会和文化研究领域。

西藏民族大学有一个学术传统，就是长期关注和研究西藏人口较少民族，即门巴族、珞巴族及僜人和夏尔巴人的社会和文化，于乃昌教授、顾祖成教授是我校早期从事门巴族、珞巴族文化调查研究并取得丰硕成果的开拓者和奠基人。1986年，我第一次参加了于乃昌教授的课题组，到西藏东南边境5县调查，当时克服重重困难，甚至是冒着生命危险徒步进入墨脱考察，留下了难以忘怀的记忆。1992年和1993年，为了完成《中国民族文化大观》门巴族、珞巴族的编写任务，我又随于乃昌老师多次到西藏东南边境考察。

在西藏的考察经历是令人难以忘怀的，其中最令人刻骨铭心的记忆是1986年的第一次考察，就是我们徒步前往墨脱调查，直至今日同于老师一起考察历险的经历还历历在目。

墨脱县今属林芝市管辖，由于地处喜马拉雅山东段南坡，高山大川重重阻隔，其道路之险峻被人称为"猴子路"，过去要进出墨脱需要翻高山、穿密林、越深涧、斗蛇虫，路途极为艰险。墨脱几乎与世隔绝，因而长期被人们称为"高原孤岛"。就是这个"高原孤岛"，恰是我国门巴族和珞巴族最重要的聚居地，它也是门巴族、珞巴族田野调查最难啃的骨头。

这里不表考察队如何经历千难万险徒步进入墨脱的历程，就讲讲在墨脱县境内前往有关村寨调查时的一些情况。

我们知道,今天的墨脱已有国道与外界连接,境内从墨脱县府所在地前往各乡镇村寨都有公路相通,今天的交通条件虽然相比西藏其他地区而言仍然显得困难和落后,但是相比墨脱的过去其变化可谓天翻地覆。1986年时的墨脱,从县府所在地前往各乡镇村寨都是马行道和羊肠小路,出门就需爬坡上坎、穿越森林和渡过湍急的河流。墨脱境内大大小小的河流上,除了少量的铁索吊桥外,几乎都是溜索、藤网桥和简易木桥。

1986年8月29日,我们历尽艰险完成了达木珞巴社会文化的田野调查,从达木乡卡布村返回县府所在地东波村。在县招待所的木楼里,我们进行短暂休整后,便打算动身前往雅鲁藏布江对岸的德兴。据熟悉情况的当地同志讲,德兴是保留墨脱门巴族传统文化最典型的地区。

虽然县府与德兴仅一江之隔,但是此时要去江对岸十分危险和艰难,连接江两岸的仅有一座长达数百米的藤网桥。从7月开始,墨脱腹地进入雨季,8月中旬后,连续不断的大雨导致山洪暴发,路毁桥塌。连续的雨水浸渗,使这唯一沟通两岸通途的藤网桥湿沉下坠,过江变得危险异常,如何过江这道难题摆在了我们面前。

所谓藤网桥,是一种全部由藤条搭建编织而成呈管状的悬空网桥,多架设在水深流急、河面宽阔、地势险峻的交通要道上。藤网桥是墨脱和珞瑜地区最具特色的桥梁建筑,远远望去,一座座藤网桥像一条条蛟龙横空出世般腾飞于大江之上,构成了珞瑜地区特有的景观。

我们休整期间,县委主要领导和许多好心的同志听说我们要去江对岸调查,都劝我们放弃这一计划。他们太了解藤网桥的特性和此时的情况了,说这时过江太危险,稍有闪失就会造成悔恨终生的大错。出于对我们的关心爱护,几乎所有的领导和同志都劝阻我们不要冒险。当时我们非常矛盾,放弃调查,意味着将失去获取重要资料的机会,因德兴区是保存墨脱门巴族文化最完整和最典型的地区。我们千辛万苦到墨脱不就是为了获取第一手材料吗？！我们深知，随着现代文明的浸染和老人的不断离世，传统文化正逐渐消失和处于深刻的变化中，失去这一机会可能将永远不会再有，这既指文化损失的难以挽回，又指我们很难有机会再来墨脱，那会是多大的遗憾，必将抱憾终生。然而，倘若不听劝阻冒险过江，万一出了事怎么办？于乃昌老师最焦心，既担心考察队成员的安全，又不愿失去获取重要资料的机会。在于老师的组织下，考察队全体人员经过几次讨论分析情况后，最终决定宁愿承担风险，也绝不放过这次机会。为保险起见，我们设计了可进可退的行动方案：全体人员做好过江准备，到江边根据实际情况再做决断，在保证安全的前提下，力争全体人员过江；如果全体过江有困难，就选派部分人员过江，留守人员在县府附近搞调查。

9月1日，阴雨霏霏。中午11时45分，我们站在了雅鲁藏布江边，看着眼前这座横空飞架于雅鲁藏布江上在轻风中微微晃悠的网状长龙，每个人都被眼前的情景震住了。

这就是墨脱境内雅鲁藏布江上的藤网桥！它远比调查对象所讲和我们所想象的更危险、更雄奇和更令人触目惊心。

我们目测藤网桥，长约200米，高1.5米，宽1米，距江面高约50米，两端系于雅鲁藏布江两岸的悬崖绝壁上。据我们了解，每到冬季枯水季节，时逢农闲，人们要对藤网桥进行修整加固，换掉因长期日晒雨淋而朽折的藤条，而此时在我们面前的藤网桥，由于连续下雨藤索严重湿沉下坠，加之还未到整修换索季节，不少藤条已经朽折，桥面布满大大小小的窟窿，有的窟窿有1米多宽，连蹬脚的地方都没有，桥已破烂不堪。藤网桥下面的雅鲁藏布江正处于洪水季节，浊浪翻滚，如脱缰的野马一样向前狂奔，江中的滚石声和江水拍击岩石的咆哮声震耳欲聋。我们站在岸边，望着破烂不堪的藤网桥和咆哮奔腾的江水，神色严峻，内心进行着激烈的思想斗争。

看到眼前破朽的藤网桥，我也有些害怕，试着在桥上走了几步，桥晃荡得厉害，但我暗下决心一定要过去。于老师和考察队的其他同志也都在桥上走了走，表示值得冒险一试。然而，当我们考察队的门巴族女翻译措姆试着走了几步后，突然转过身，哇的一声大哭起来，死活不愿过桥。措姆的这一哭给我们的心理增加了无形的压力，我们正商议让措姆暂时回县府招待所时，桥边来了一位年已60多岁的门巴族老人。经过交谈得知老人叫洛桑，家住江对岸的德兴村，曾是寺院的喇嘛。洛桑老人告诉我们，要过江就应该抓紧时间，正午过后江上常会起风，那时藤网桥会晃荡得更加厉害，会更危险。他认为我们可以过去，并告诫我们过桥时手要紧紧抓紧粗索，眼睛不要往下看，这样就不会害怕了。说完，老人踏上藤网桥，迈着轻快的步子，伴着藤网桥晃悠的节奏向对岸走去。

洛桑老人的出现和示范，顿时驱散了紧张的气氛，我们的心态也发生了转变，为是否过江的犹豫不决画上了句号。于老师果断决定，女翻译措姆留下，其余人员过江。顺序为于老师打头阵，考察队的张老师和赵老师随后，由我断后。我们对随身携带的物品进行了仔细检查，连鞋带是否扎紧都不放过。在一旁的措姆见我们都要过去，只留她一人在县上，于是也提出要过去。我想可能一方面她不愿离开集体，另一方面洛桑老人的出现可能对她影响也很大，榜样的力量是无穷的。更重要的是，她是错那（门隅）门巴族，她参加考察队来墨脱有一个心愿，就是想见见几百年前从门隅老家东迁到这里的老乡，看看这些老乡有什么变化，而德兴区的主要村寨都是从门隅迁来的。为了不失去这个机会，这时的措姆是豁出去想拼死一搏了。

12时10分，于乃昌老师作为考察队的领导和冲锋在前的勇士第一个上了藤网桥。待他走了约 10 米远之后，考察队的其他同志才间隔着陆续上桥。措姆上桥时，一再让我晚些上去，离她远一点。这是因为距离太近时，藤网桥吃不住重量会增加摇晃，从而加大过桥时的危险。

我站在岸边，看着他们艰难地在桥上缓慢前行，心里真为他们担心。于老师身体素质好，有胆有识，但毕竟年届五十，且右手臂有残疾，万一手抓不牢的话，的确令人担心。考察队里有两位女同志，万一体力跟不上或走到江心时眩晕怎么办？只求上苍护佑别出意外。

待措姆离我 10 多米远后，我踏上了摇摇晃晃的藤网桥，开始了这次有生以来最为刻骨铭心的艰险历程。

如果说进入墨脱途中过老虎嘴时还有坚实的大地踩在脚下，人还感到踏实的话，那么过藤网桥时却是身体悬在空中，全凭两只手紧握钢索（昔日的上下几根主干藤索已换成了钢索）。雨水已把藤索完全泡透了，湿沉下坠很厉害，使我有时很难够到钢索，两手只能紧紧抓住两侧粗壮一些的藤索；有时虽抓住了钢索，却又踩不到结实的藤条。江水咆哮狂奔，洛桑老人叮咛我们不要看脚下的江水，而我不得不看脚下的藤索，万一没有踩到主干藤索上后果可想而知。我自幼生长在长江边，幼年时就躲过家人偷偷同小伙伴们在江中嬉戏搏击，见过长江大洪水时的暴虐，自以为见识过风浪，但是眼前雅鲁藏布江的暴烈与狂傲不羁是长江无法相比的，其气势、其吼声、其流速堪称世界之最。若不幸掉入江中，瞬间就会消失在激流漩涡中，哪有生还之机。可以说，每前进一步，都是生与死的抗争。

我们过藤网桥的情形，我在当日的笔记中这样记述：

德兴藤网桥高悬于江岩绝壁之上，雅鲁藏布江的滚滚激流从桥下奔涌而去，漩涡和咆哮声令人丧胆。如果桥是好的倒不怎么可怕，无奈现在的桥藤索和竹篾很多都朽断了，大藤索（主要护住藤网）扎的圈很多都松了或断了。脚下难找踩踏的地方，有时一用劲就可以踩一个大洞，足以使人掉下去，要是双手不狠狠用劲，危险和不幸随时都会发生。有的地方脚下一二丈宽没有粗藤索，全靠手紧紧抓住钢丝，脚稍微在细绳上支撑一下，让手换着溜过去……

此时已无集体可言，平时遇到困难和危险大家总是互相帮助共渡难关，而现在只能各自为战，每个人之间都保持着较大的距离以减轻藤网桥的摇晃。如果说相互之间还有帮助的话，那么这种帮助仅是精神上的，大家动口不动手，相互叮咛："小心！""别慌！""坚持！"仅200米左右的藤网桥，每人竟在桥上走了近20分钟。于老师第一个到达江对岸，传来了他激动地鼓励我们的声音。待我最后从藤网桥上下来时，大家都拥上来，几双手紧紧地握在了一起，眼里含着泪水，互相祝贺，却又哽咽无语。

结束德兴区的调查后，我们准备返回县府所在地。

从德兴回县城又是一次生与死的考验，我们必须再次经过藤网桥。

9月11日，暴雨时断时续，区委的同志力劝我们暂缓过江，但我们不能困守德兴，下一步我们还有繁重的调查任务。在于老师的带领下，我们又一次战胜了自我，在极度危险的藤网桥上走了20多分钟，全体成员安全到达对岸。

刚过了藤网桥，不想夏古龙河暴发山洪冲毁了木桥，河西岸发生塌方。浊浪滚滚，我们又被困阻于前不着村后不着店的地方。我们同几位民工商量后，一起搬来大石头搭建便桥。在民工的帮助下，我们一个个涉水过河，在激流中全身衣服都被打湿了。有几次，我们险些被冲倒，而离我们不远处就是悬崖，湍急的河水直泻而下，再下边就是雅鲁藏布江。倘若涉渡时没有稳住被冲倒，后果不堪设想。

当我们结束德兴调查冒雨回到县城时，县领导和许多同志都来看望慰问我们，对我们的无畏精神和坚强意志给予了很高的评价。在这次行动中，于老师和考察队其他同事的胆识和勇气令我佩服之至。

在墨脱过德兴藤网桥是我前后3次同于老师一起到西藏进行文化考察时所遇中最惊心动魄的经历，给我留下的记忆是那样刻骨铭心，以至多年之后，每当提到赴藏考察就会情不自禁地想起那次过桥的情形，每次都是那样真切。

在墨脱调查期间，我们遇到了各种难以想象的困难。自进入墨脱后，工作就十分紧张，我们抓住一切机会搞调查走访，想尽可能多地获取第一手资料。由于不适应当地环境，加之生活异常艰苦，考察队的同志相继生病，连于老师也未能幸免。一次在调查途中，他突然眼前发黑、手脚冰凉，险些晕厥，经过急救才转危为安。作为考察队领导，于老师需考虑协调和处理的事情多，工作压力大，经常很晚才休息，身体严重透支。即便如此，于老师还是处处以身作则，遇到困难总是自己先上，他的乐观豁达提升了士气，鼓舞了考察队的全体同志。

回忆同于老师一起在墨脱调研的日子，还值得一提的是我们结束考察时走出墨脱途中所遭遇的考验。

背崩是我们在墨脱的最后一个调查点，调查结束后，我们便将整理好的行李交给背崩乡乡长，请他帮忙雇民工和我们一起离开墨脱。我们的归程计划是：21日住马尼翁，22日住汗密，23日住拉格，24日翻山离开墨脱。

1986年9月21日下午，我们告别了当地领导和门巴族老乡，踏上了归途，当晚按计划住在了马尼翁。

22日从马尼翁出发，安全穿越了大塌方地段，从阿尼桥开始进入爬山路段。尽管我们随身携带的行李很少，但是因山势陡峭，我们仍需要时不时地停下来歇歇脚喘口气。好不容易爬过了令人胆寒的老虎嘴，没想到更大的考验还在后面。

过了老虎嘴，路仍然陡峭异常，我那本不太重的行李开始变得越来越重。行包内装的是进墨脱时寄放在马尼翁兵站的羽绒服和毛衣，我觉得背上它很累赘，因为当时我们只穿单衣都大汗淋漓。谁也没有想到，就是我认为累赘的羽绒服和毛衣很快便派上了大用场。

从阿尼桥到汗密的路是那么陡，我们精疲力竭于傍晚时分才到达。

此时的汗密，已经不是我们夏日进山时的汗密，9月底的汗密已是秋意浓浓，秋风瑟瑟。满头大汗穿单衣的我们不住地打寒战，赶忙添加衣服。我那爬山时还认为是累赘的羽绒服和毛衣，这一下成了宝贝，我急忙穿上御寒。可一瞧身旁的赵老师，仍穿着一件薄薄的单衣，在寒风中瑟瑟发抖。一问才知他没有带厚衣服，厚衣服放在了由民工背的行包中。见此情形，我脱下羽绒服给他穿，自己穿了一件薄毛衣。一件毛衣根本顶不住寒风和夜晚阵阵袭来的寒意，我们待在兵站下方由地方政府搭建的木棚中烤火御寒。经联系，晚上我们搬到了兵站。

汗密兵站是边防部队设置的补给站，建在进出墨脱必经之路的原始密林中。兵站搭建有几排木楼供人员住宿，设施十分简陋。兵站这时有4名战士，但因给养还未运送上来，没有多少粮食和物资可提供给我们，我们只喝了一点稀饭，并向战士们借了两件备用军大衣御寒，暂时解决了寒冷之苦。

由于受了风寒，加之又累又饿，赵老师当晚就开始发烧拉肚子，女翻译措姆的胃病也复发了，伤病号在不断增加且病情趋于严重。

24日，我们在汗密休息，等待背工的到来。

按计划背工最晚24日应该到汗密，这是当时同背崩乡乡长约定好的。21日，我们离开背崩时，乡长还来送行，说当晚就派背工和我们一道住马尼翁。22日，我们没有看到背工的影子，还以为他们已经往前走了，或者很快就会来，并没有引起足够的重视。

盼星星盼月亮般地等了一天，天黑尽了仍未见背工的影子，也没有背工的任何消息。我不知冒雨去兵站下方的必经之路上看了多少趟、等了多少回，望眼欲穿，可就是没有背工的消息和踪影。这一下我们慌了，此时的我们饥寒交迫，蜷缩在大衣中发抖。其实也不完全是雨中汗密的天气冷，主要是心中发冷，真是急死人、愁死人！

怎么会不急不愁？！考察队成员已面临全线崩溃。赵老师不久前生了一场大病没有痊愈，吃了各种药都没有好转，心理压力极大。张老师担心赵老师持续发烧，爬不过多雄拉山，夜不能寐，脸色苍白，感觉随时都会病倒一样。措姆的身体状况本就不好，现在缺医少药，无异于雪上加霜。于乃昌老师也快撑不住了，毕竟是50岁的人了，同我们一样摸爬滚打，日夜辛劳。上次生病后他就没有得到很好的恢复，这几日又耗损了他太多的精力，心急如焚。我们的设备，我们近两个月考察所获录像、录音和文字资料全部都在背工那里，这些资料是我们用心血和汗水，甚至不惜粉身碎骨才换来的，如果这些资料丢失或发生其他意外，损失难以估计，于老师心力交瘁。

考察队陷入了近乎绝望的困境。

24日晚，考察队全体成员召开了一次非常会议。会议由于老师主持，面对眼前的处境，他请大家谈谈想法、出出主意。谁都清楚目前的处境，但可想的办法和可采取的对策极为有限，无外乎：一是继续等待背工。问题是，如果背工迟迟不来怎么办？赵老师的病情不见好转，万一病情进一步发展怎么办？再有人病倒怎么办？显然不能坐以待毙等民工，必须尽快走出墨脱。

二是考察队全体成员一道出山。现在离出山还有一天半的路程，如果顺利，第一天住拉格，第二天中午时分就能翻过多雄拉山到达派镇，这是最理想的方案。现在队伍中有两个病号，大家可以互相帮助和关照。问题是，御寒衣服怎么解决？资料怎么办？背工很快到了还好，如果迟迟到不了，即使资料和设备没有丢失，我们在山外要等到什么时候？我们还有米林县、错那县等地的调查任务，时间耽搁不起。

三是派人回去催背工，一部分人在汗密等待。问题是，派谁回去？恶劣的天气和陡峭的山路无疑会将人置于险境，甚至会陷入不可预测的深渊。此外，即便现在有人返回去，从汗密到背崩往返至少需要3天时间，谁能保证背工会马上出发，谁能保证赵老师的病情不发展。

的确没有万全之策，相比之下，第三种方案虽然冒风险，但是应该说是比较现实的，也是可行的。如果说还有更好的办法，那就是派一两个人重返墨脱，其他的人尽快先行出山。

问题是派谁回去，或者说谁会主动回去。

摆在大家面前的是如此棘手的难题，在场的每一人都面临艰难的抉择。会场鸦雀无声，气氛凝重，甚至有些紧张。

每个人都在考虑，我当然也在紧张地思考，进行激烈的思想斗争。我太了解目前全队的情形了：赵老师有病在身，显然不能回；张老师需要照顾赵老师，况且是位女同志，回去不现实；于老师年龄最长，又是考察队的领导和主心骨，回去显然不合适；措姆的身体不好，早就急着要出山，又是一位少数民族女同志，况且还是我们请来的翻译，于情于理都不能让她再回去。思来想去，好像只有我比较合适回去。

说真的，我实在是不愿再进山了，想到老虎嘴险道和大塌方地段就让人不寒而栗。且最近常下雨，24日下了一整天，这样的天气进山危险实在太大了。会场气氛依然肃穆和紧张，没有人说话。最后，还是于老师打破了沉默，讲了他自己的应对方法。于老师在分析了我们目前所处的境遇后，提出赵、张两位老师和措姆留下等候或出山，由他和我重返背崩。

我深知，于老师提出自己返回的决定完全符合他一贯身先士卒的风格，但肯定不妥。于老师讲完后，我接着谈了自己的想法，强调于老师作为考察队的领导和最年长的人不应返回，应留下来同大家一道翻山，由我一人返回背崩与背工接洽，处理后续事宜。不知从哪里冒出来一股英雄豪气，我毅然宣布了自己的决定。

我做出孤身再返墨脱的决定，无疑给在座的人，尤其是于老师以很大的震动。谁都知道我的这一决定意味着什么，但这是目前解决考察队困难与危机的最佳选择和方案。

当晚我们就做分手的准备，我的羽绒服交由赵老师穿，薄毛衣则给了于老师，他的衣服也比较单薄。两位女将未雨绸缪，衣服准备比较充分。我们决定兵分两路，无论明天是否刮风下雨，他们往外出山，而我走相反方向再次进山，并约定在山外的派镇会合。

24日，大雨下了整整一个晚上。25日晨，雨虽已转小，但仍淅淅沥沥地下着。今天的路很远，原本需两天的行程必须一天赶到。

分别的时候到了，我和患难与共的同事互相说了一些祝福的话。于老师拉着我的手，送了我很远，一再叮嘱我路上要注意安全，一定要平安归来。他是一个不轻易流露感情的人，此时只见到他眼中含泪。想到这一去不知会遇到什么艰险和难以预测的风险，说不定就是生离死别，我也有些激动。我和于老师都紧紧抓住对方的手不愿松开，一次次地道别。在他反复的叮嘱声中，我留下了"遗言"，挥泪向于老师告别，转身向密林深处的羊肠小道快速走去。

1986年9月30日下午,我于完成使命后翻越多雄拉山在雅鲁藏布大峡谷入口处的派镇同考察队胜利会师。此后,在于老师的带领下,考察队转战于米林、隆子、错那等地,历时半年,全面考察了聚居于喜马拉雅山区的门巴族和珞巴族的社会与文化。

于乃昌教授是我国知名的美学专家,他对西藏审美文化的开拓性研究,对门巴族、珞巴族民间文学的系统调查及整理和研究曾在学界产生了广泛影响,其所著《西藏审美文化》《珞巴族文学史》及编写的《中国民族文化大观》门巴族、珞巴族部分均具有填补空白的意义,奠定了他在学术界的重要地位。

多次随于老师在西藏边疆民族地区调查,我从他身上学到了很多东西。正是在于老师的言传身教下,我学会了田野调查的方法、科学严谨的工作态度和不怕苦不怕累的精神,也是在他的引领、培育和影响下,我始终将西藏边疆民族地区的社会和文化作为我的重要研究领域。

30多年来,我在西藏7个地市进行过调查和考察,仅前往西藏边疆民族地区调研就在10次以上,可以说足迹遍布门巴族、珞巴族、僜人和夏尔巴人聚居的喜马拉雅山区和广大藏区。可以告慰于老师的是,他魂牵梦绕的西藏边疆民族地区,特别是墨脱县今天已发生了巨大变化,教育发展成就喜人。过去孩子们衣衫褴褛没有学上、没有书读令人揪心的状况早已成为历史,现在修建得最好、最漂亮的建筑就是当地的学校。当看到窗明几净、设施完善的更章门巴民族乡小学和墨脱县完全小学,获知墨脱县德兴乡近年走出了30多名大学生,仅文朗村就出了10多名大学生;当看到孩子们穿着漂亮的校服坐在宽敞明亮的教室中学习的情景和活跃在操场上的身影,听到孩子们的琅琅读书声时,带给我们的是无比的欣慰和感动。

另外,令人振奋的消息就是墨脱通了汽车。这条波密—墨脱的公路

（扎墨公路）断断续续修了几十年，最终于2013年底全线通车，墨脱终于摘掉了"中国唯一不通公路的县"的帽子。从此墨脱不再是"高原孤岛"，而是吸引众多游客旅游探险的胜地。还有一个更好的消息可以告慰于老师的在天之灵，就是多雄拉隧道已经贯通，墨脱环线即将开通，当年我们从米林县派镇进出墨脱的千难万险即将成为历史，墨脱的交通条件得以根本改善。在墨脱境内，过去河流上的所有藤网桥、溜索、木桥，如今早已被钢索吊桥和钢构水泥大桥所替代，各乡镇和大部分村寨都可以通行汽车。我们当时冒险过江的藤网桥今天依然还在，但已不再是通行的桥梁，仅作为非物质文化遗产供人们参观游览，在藤网桥旁另外修建了可供汽车和行人通行的钢构水泥大桥。墨脱的一切都变了样。

每当看到今天西藏边疆民族地区的巨大变化时，我就更加怀念同于老师在一起的日子。

深切缅怀于乃昌老师。

悠悠往事，深深的怀念

——纪念于乃昌先生

袁书会[①]

去年年底，当听说于乃昌先生仙逝的消息后，我顿感很茫然：于老师跟儿子出国养老多年，前几年回来过，之后再无联系，但昔日的印象依然既遥远又清晰地浮现在我的脑海中。

我1995年到原语文系工作的时候，于乃昌老师、吴逢箴老师、胡秉之老师、廖光耀老师这些语文系的元老都还没有退休，都还在上课。4位先生性格各异，相对来说，于老师更为外向热情，思维更为敏锐。初见于老师，是1995年9月开学后不久，那时他就穿着一身白色西服，戴着茶色眼镜，留着大背头，很热情地为我介绍系里的情况，让人感觉很温暖。我因为刚来，很是拘谨，但还是很积极地做一些如帮系里拿一下报纸、信件等工作，跑跑腿，顺便认识各位老师。系里的领导也为我们新来的几个人找了一间办公室，是4号教学楼一楼东南角的一间小房子，我们几个闲了就在那里看书备课。

[①] 袁书会，西藏民族大学文学院教授。

于老师热爱学术，喜欢带着年轻人一起搞科研。认识于老师的时候，他已经50多岁了，但思维活跃，经常带着年轻人一起搞学术沙龙。记得有一年冬天，西藏文联的马丽华老师路过咸阳，于老师知道后邀请马丽华老师来系里参加我们的论文交流会。马丽华老师当时应邀来做评委，我当时写过一篇从女性视角看《聊斋志异》的文章，有幸获奖，得到了马丽华等老师的好评。那时学术界正流行编写各种大辞典，于老师当时很热心地组织大家准备编写《藏族文化大典》。我那时刚来单位，对西藏文化可以说一无所知，安排我编写西藏古典文学，我感觉难度系数很大，于老师就在4号楼备课室给我们几个讲西藏文化，我今天还记得于老师给我们讲西藏苯教的情形……此事随着后来我去上海上学，具体情况不知，但于老师带领大家搞学术的情形给我留下了深刻的印象。

　　当时系里的学生很少，每个年级差不多都是一个班，因此大家课不多。我们几个新来的每周8节课，算是比较多的了，大家课余相对轻松，而于老师等几位老教授热爱学术、科研，给我们几个年轻人带了个好头。我至今还记得于老师给我们讲他如何带领单位的几个年轻老师于20世纪80年代拿着3000多块钱科研经费进墨脱调查门巴、珞巴族文化的事情，讲他们如何搭当地老乡的拖拉机，如何风餐露宿调查当地文化，后来在他家里我还见过他收集回来的当地原始劳动工具……而在墨脱的这些调研成果，也为于老师后来进军国内美学领域，成为西藏美学方面的专家奠定了基础。

　　时光飞逝，斯人已去。至今，在我的印象中，留存的还是那个风趣，穿着白色西装、尖头皮鞋，热爱生活，热爱学术，给年轻人做表率，阳光的于老师……我也只能用我的点滴回忆文字，算作对于老师的纪念吧。

忆于乃昌先生二三事

王军君[1]

1996年6月,我大学毕业后分配到西藏民族学院语文系任教。于乃昌先生于同年12月从语文系正式退休,我有幸与先生做了半年同事。

甫一入职,系里即安排我做新生班班主任。我带班的第一件事,就是带学生一起去听于乃昌教授的讲座,这是入学教育的一个环节。至今我仍清晰地记得,在四教三楼东北角的大教室里,于老师讲21世纪是藏学的世纪。他梳着背头,宽阔的前额,戴着眼镜,西装领带,身材不高却十分挺拔。他思路清晰,讲话干脆利落,面带微笑,从国内外藏学研究的前沿动态,说到当代西藏的发展,又及西藏审美文化,讲到忘情处眉飞色舞,激发了听讲师生的热情与兴趣。我小吃一惊,学校竟有如此高水平的学者!

后来才发现,于老师也是舞林高手,三步四步,身姿端挺,交谊舞跳得极其标致,像受过专业培训一样,是大家心目中的舞神。于老师也

---

[1] 王军君,西藏民族大学文学院教授。

是好丈夫，夫人邓卫群是语文系教语言学课程的老师，当时身体欠佳，有一次突发急情，他背着妻子，从四楼跑下来，一路冲到附属医院。

这年寒假，我在校外"割麦子"，给函授生讲文学概论课。这种授课，一般都有讲授提纲和重点，集中于两三天内面授。我在备课时，遇到两个新名词，都来自时新的西方文论，教材上没有涉及，又没有趁手查阅的资料。那时候网络还没有普及，假期图书馆闭馆，请教两位同事，均无满意的回答。在一位老师的建议下，我拨通了于老师家的电话请教。他在电话里说，我飞快地用笔记录。他不仅简洁清晰地给出概说，而且详细地展开讲解，还举例补充说明。从解答的熟悉程度，可见他对前沿知识的学习和探索远远走在我们这些青年教师的前面。我想，他在西藏审美文化、门巴族和珞巴族民间文学研究的丰硕成果，不仅与他作为一位美学学者、民俗学者走进西藏展开田野调查有关，而且与他走在理论知识更新的最前沿有关。

遗憾的是，于老师很快就退休了。但他精力依然充沛，不断有论文发表和新书出版，他还代些课，继续提携帮助青年教师，出外参加学术活动，而很快就过上了千篇一律的退休生活。60多岁是一个学者在学术上最成熟的时段，可惜那时候没有返聘、延迟退休或"银龄教师"政策，不然于老师仍会大有作为。后来，他就投奔定居新西兰的儿子，含饴弄孙，享受天伦之乐去了。

2016年8月，学校任命我为文学院院长。我想做的第一件事，就是给原语文系的5位老教授编辑出版一套书。他们学问好、人品好，但有些直到退休还没有出版过学术著作。我定名这套书为"薪传文丛"，取西藏民大中文学科薪火相传之义，激励后学不断进取。我也希望此后形成一个惯例，给学院退休的教授每人出版一部代表性的文集或著作，以这种方式将老语文系的学术精神传承下来。遂组织人力整理编辑了于乃昌、程福宁、吴逢箴、胡秉之、廖光耀5位先生的文集,拟交出版社审稿。其间,我辗转联系到远在新西兰的于乃昌老师,征求他的意见,并请他写自序。适逢建校60周年,校党委宣传部发文要统一出版一套老教授文集,遂征用了编好的包括于老师《百衲集》在内的几本书。胡秉之先生的《耕耘集》和廖光耀先生的《岁月集》,后由文学院交西藏人民出版社正式出版。也正是这件事,让我与于老师在十几年后又重新取得了联系。此后几年,我与于老师通过微信交流互动更加密切,除了节日互相问候之外,我经常拍一些学校的照片分享给他,他讲些学校的往事和自己的经历,也不时分享一些关于人生、关于养生方面的小文章给我。

与于老师最后的一次交往是2019年夏天,他和夫人从新西兰回到学校暂住一段时间,我邀请他给文学院的教师和研究生做一次讲座。他已经83岁了,视力下降不少,听力也大不如从前,但依然精神矍铄,风度翩然不减当年。他在三教二楼西北角的图书资料室给学生们做学术讲座,题目是《田野作业——文化人类学研究的必由之路》,我有幸做主持人。虽然已经离开讲台20多年了,但他讲起课来风度不减当年,依然带着标志性的亲切的笑容,依然思路清晰,神采飞扬,滔滔不绝。他以自己的亲身经历为例,讲自己1979—1996年6次田野作业的大致过程,一一列举了田野作业的收获与成果,又总结了田野作业的几点基本体会。给我印象最深的是,他讲田野作业不同于旅游,而是一个从感性到理性的活动;他讲田野作业要尊重调查对象,做一个谦虚的小学生,考察者不能带着批判的眼光,不能有高人一等的心态,不能有政治第一的观念;他讲田野作业要有一不怕苦、二不怕死的牺牲精神。这些宝贵的体会,来自于老师数次深入门巴族和珞巴族群众生活地区进行田野作业的亲身经历,也是他做文化人类学研究的经验总结,从某种意义上来说更是他毕生的学术精髓和精神所在,值得我们反复研学和用于实践。后来,我把他的讲稿提纲（据说是于老师口述，邓卫群老师手写）对照讲课录音整理成文，发表在我主编的学术集刊《西藏当代文学研究》第3辑上。

新冠疫情发生最初的一两年，我和于老师还在微信上聊天交流。2022年后，他再没有给我发过任何信息，也没有回复过我的信息。直到2024年10月，我才从受邀回母校讲学的夏敏教授口中得知，于老师已于3个月前离世了。

今年7月是于老师逝世1周年，为了纪念于老师，我把自己保存的一些于老师的著作收集起来，捐给文学院图书资料室，设立专柜展示。我想，作为老一辈语文系教授的代表，于老师在西藏审美文化和门巴族、珞巴族民间文学研究的成果是一笔宝贵的学术财富，而他潜心科研、深入田野、不怕牺牲、探索创新的学术精神更是一笔宝贵的精神财富，将激励一代又一代学人努力开拓，奋勇前进。

追忆于乃昌老师

刘 伟[①]

前几日,同学黄波告之于乃昌老师仙逝的信息,后来又接到母校西藏民族大学文学院院长王军君教授信息,说是要出纪念于老师的集子,约我写一篇回忆文章。自1983年毕业,我回过3次母校,见过2次于乃昌老师。时间弥久,往事散漫,但一提到于乃昌,他的身影由模糊而逐渐清晰起来。

一、下马威

回忆当年,我们这个班——西藏民族学院语文系79级,在学院还是可圈可点的。班上的学生大致可分为3个部分:一是像我这样工作几年后再经高考入学的,年龄偏大,占了多一半;二是现役军人;三是应届高中毕业生。年龄最大的男生与年龄最小的女生,相差10岁。曾有社

[①] 刘伟,《光明日报》原副总编辑,西藏民族学院语文系79级学生。

会工作经历，再来上大学，很多同学有些自负，起码我是这样的。头一次上课印象很深，一名个头不高，但看上去身板结实的老师进来，大额头，戴着很大的眼镜。他摘下礼帽，抚摸一下卷发，站在黑板前说，现在你们是大学生了，4年很长也很短，希望你们珍惜课堂学习，也要抓紧课下学习。这就是于乃昌老师。于老师主讲文学概论、美学课，但头一堂课主要是漫谈，介绍了国内恢复高考以后，中文学科的现状，谈大学的文科设置。我们几个同学在下面交头接耳，觉得这哪是大学老师上课啊。第一次文学概论课考试，全班一多半同学不及格。那天，于老师走上讲台，摘下帽子，来回扫视我们后，慢悠悠地说，你们年龄参差不齐，知识也参差不齐，你们的成绩我都不好意思点评，你们才读过几本书，如此狂妄，与其他大学的同期学生相比，还有相当的差距，得努力呀！从那以后，我对于老师有了些敬畏。

西藏民族学院虽然在全国的数百所大学中名不见经传，但是有其特殊性。1951年西藏和平解放以后，西藏进入新的建设发展时期，急需各类干部和技术人才。1958年，中央政府在陕西咸阳开办西藏公学，专门培养西藏各族干部。1965年，经国务院批准，西藏公学更名为西藏民族学院，这是西藏第一所全日制普通高校。学院创办之初，教师有的是从西藏干部和老师中选派，有的是从内地一些高校选派。恢复高考以后，民院开始完善本科专业教学。我们入学时，学院就4个系：语文系、政治系、历史系和医疗系，还有干训部、预科班等。老师们着装很朴素，多数是穿灰色和蓝色的中山装，而于乃昌老师鹤立鸡群，着装相对考究，经常是戴一顶咖啡色条绒礼帽，西式便装，说话慢条斯理。他对学生有问必答，有时也开开玩笑。我对他从有些敬畏到无拘无束，很多同学甚至直呼他"乃昌兄"，他不以为忤，笑眯眯地应答。于老师在讲台上却是十分严谨，一个词、一个概念，旁征博引，几乎不看讲义。有一次，他讲着讲着，将手中的粉笔头准确地弹向一伏桌睡眠的同学，并说："多看书，多听讲，不是多睡觉。"

二、《练笔》

前面说到语文系79级可圈可点，是因为我们班在民院创下了好几个第一。虽然语文系有77级，但是其为藏语文班，我们79级则是恢复高考以后民院招收的第一个汉语文本科班。学院体育年会，我们班总成绩第一，最大的亮点是班上4名男生参加田径4×100米接力，直接打破西藏自治区纪录。以我班同学为主的民院学生体育队参加全国大学生体育比赛，也拿了好成绩。当时，我们教学楼有一间电视室，中间一台黑白电视。那年看电视直播，中国女排获得世界冠军，我们班与其他系的同学一起，敲着脸盆，点着扫帚，兴奋地喊着"振兴中华"，欢呼雀跃上街庆祝。学院学生上街游行，恐怕也是第一次。

还有就是，我们班在大二的时候，创办了油印的文艺刊物《练笔》。当时，语文系同学都喜欢舞文弄墨，我和班上几个年龄大点的同学想办一个刊物，用来发表同学们的习作。在取名字时，想到于老师在课堂上说过，语文系学生无非是多看书，但仅是多读书，会成书呆子，大学期间还得练练笔、多写作，于是将刊物取名《练笔》。

我们商量好以后，专门去于老师家请教，请他做顾问。师母邓卫群也是我们班的老师，她给我们79级学生上语言学概论课。邓老师文静，无论是课堂上，还是课下，说话字斟句酌。于老师则是热情，谈笑风生。于老师首先赞同《练笔》刊名，然后充分肯定我们的想法。他抽着烟，给我们讲文学刊物体例和内容的需求，小说、散文、诗歌、评论栏目的设置，还鼓励我们要多写，不仅要在自己的刊物上发表习作，还要到《延河》和国内知名刊物上发表。

据我所知,这是民院学生自办的第一个文学刊物。这本油印刊物由语文系79、80级联合主办,得到系里领导和老师的支持。由班主任汪老师协调,给我们找来刻字的钢板、蜡纸和油印机。我负责约稿选稿,同学周韶西设计封面,同学谢文生刻字(他的字娟秀),还有秦江等几个男同学帮助油印并装订。这本油印的学生文学刊物,一直办到1983年夏天我们毕业。

三、美学课

大三的时候,于老师给我们班开了美学课。与我们聊天时谈到,他1960年从东北师范大学中文系毕业,作为优等生分配到当时的西藏公学当老师。于老师籍贯好像是东北的,但他说话带有南方口音。"虽然工作在咸阳,但却涉藏一生",于老师自我调侃道。于老师可谓民院名师,除了文学概论课外,他的美学课对我本人的影响巨大。于老师曾参与全国11所民族院校通用课本《美学十讲》的编写,而且是修改定稿组成员,给我们上美学课使用的就是《美学十讲》。于老师讲究因材施教、因人施教,理论上从黑格尔到朱光潜、李泽厚,举例则大多与西藏有关。我们班的同学绝大部分来自西藏,于老师上美学课,讲到自然美,就举例西藏的蓝天白云、雪山草原;讲到艺术美,就举例藏族服饰的绣片,藏刀的錾花,壁画、唐卡、布达拉宫建筑红白色彩的内涵等。我印象特别深的是讲美学特征时,于老师引人入胜地介绍了仓央嘉措的诗,以至于我毕业论文选择的题目就是《浅论仓央嘉措情歌的审美价值》。我去请教时,于老师赞许说,这个选题涉及藏学领域,从审美角度切入研究的人不多,你得好好准备。于老师特意给我开了书单,如多种仓央嘉措诗歌的译本，于道泉、庄晶的译作，宗白华的《美学散步》等。我的书架上，有1989年西藏人民出版社出版的于老师专著《西藏审美文化》，责任编辑是我们79级同学李海平（毕业后分在出版社工作）。这本书凝聚了于老师一生研究美学的心得，是他学术成就的高峰。这也是有关西藏的第一本美学、文艺学理论专著，在全国美学界、文艺理论界、藏学界影响颇大，是我的常备读物，每次翻阅都有新收获。

在此后数十年的工作中我深深地感到，于老师是理论与实践结合的典范。西藏民族学院在陕西咸阳，他千里迢迢6次进藏，到还未通公路的墨脱县进行田野调查。2004年10月，我徒步进墨脱采访，走了7天，山路弯曲，树木茂密，时而雨，时而雪，还有炎热、蚂蟥、塌方，不由得感慨于老师等人徒步墨脱的艰辛。曾随于老师徒步墨脱考察的77级学兄陈立明谈起过，于老师调查门巴族和珞巴族传说、歌谣时，还会扩大到对当地历史、风俗、信仰和山川河流、植被气候的了解，认真细致的精神令人敬佩。墨脱调查成果丰硕，于老师撰写的《门巴族文学史》《珞巴族文学史》，填补了藏学、民族学、民俗学乃至人类文化学研究领域的空白。

毕业以后，第一次见到于老师是1998年9月16日，我受邀参加西藏民族学院建校40周年校庆，与于老师合影留念。第二次是2019年6月9日，母校已更名西藏民族大学。留校的同学朱红约我去于乃昌、邓卫群老师家中看望，同去的还有同学黄波、陈陶。于老师退休后，随儿子去新西兰安度晚年，这次他们回国能够师生相见，真是难得。于老师额头还是那么宽大，说笑声还是那么有磁性，只是说话慢了，听力减退了，原来的卷发稀疏了。邓老师还像以往那样，安静地低声细语。本以为以后还有机会相聚，未料想，那次相聚竟成永诀。

清明将至，撰此小文，寄托哀思，愿于乃昌老师在天之灵吉祥！

"乃昌兄"的执教治学之道

——追记于乃昌老师

周韶西①

西藏民族大学文学院征集文稿编撰《于乃昌先生纪念文集》，这是对于乃昌教授毕生执教治学和学术成就，以及人格魅力的充分肯定与赞扬，以为后人留下一份可贵的文化与精神遗产。

接到王军君院长的约稿是清明前夕，深夜时分，案头上于乃昌先生的美学专著《西藏审美文化》静静地卧在台灯光晕里。翻阅书页，我的心绪开始翻腾躁动，40多年前的种种往事，先生的音容笑貌、执教风范和治学之道不断在眼前闪回，逐渐清晰。蓦然间，"乃昌兄" 3个字穿越岁月长河，注入我的脑海。思绪良久，便有了《"乃昌兄"的执教治学之道》的题目。

一、"乃昌兄"称谓的由来

于乃昌先生1960年毕业于东北师范大学，响应国家号召到最艰苦

---

① 周韶西，西藏民族学院语文系79级学生。

的地方去,于是便留在了渭水河畔,一待就是60多个春秋,在执教与治学上取得辉煌成就,成为民大乃至全国的知名教授。我们语文系79级是西藏民族学院建校以来,以及恢复高考后,招收的第一个汉语文专业本科班。大二的时候,于乃昌先生教授我们语文系79、80级的文学概论和美学课。

为何称先生"乃昌兄",这与一段鲜为人知的故事是分不开的。第一次文学概论考试,先生毫无征兆地给了我们一个下马威。那天,中等身材的于乃昌先生,穿着西式条纹上装走上讲台,在黑板上潇洒地写了"论艺术真实"5个遒劲有力的粉笔字,然后捋了捋他微卷的头发,透过宽大的眼镜片,以他犀利的眼神,威严地扫视了一遍台下一脸茫然的众生,不可置疑地宣布:"这是考试题,闭卷,时间可延长到下课。"一时间,教室里传出一阵长吁短叹声。这次考试差一点全军覆没,只有几个人及格。

79级的脸不仅丢到了姥姥家,还引来同系师弟师妹们的窃窃私语:"老大们不过尔尔,阴沟里翻船。"不知哪位仁兄冒出一句:"乃昌兄够狠!"于乃昌先生摇身一变成了"乃昌兄"。当然"乃昌兄"的称谓不限于这次考试,还来自先生严谨的执教理念、治学风范和人格魅力。我们这些学生属于特殊群体,既有闯荡江湖、饱经风霜的老西藏,也有青涩懵懂、一脸稚嫩的应届生,个个桀骜不驯,但是不得不承认的是,我们在"乃昌兄"的美学课堂上收敛了锋芒。"乃昌兄"这个似有不敬之嫌的称呼,实则是用江湖义气包裹了学生对先生执教与治学的敬畏,"兄"字里藏着我们对先生真学者的服膺。先生深谙教育的真谛不在驯服,而在恰似叩响了美学天堂的门环,唤醒我们对知识深层次的探索。从此,我们这一特殊群体的生命里,刻下了先生永不褪色的执教与治学烙印。

自那以后,班里的几位"老江湖"会在某些场合直呼先生为"乃昌兄",

先生欣然接受，笑眯眯地予以回应。当然，我没敢在先生面前这般直呼"乃昌兄"，但在内心是认可并折服这个带有江湖侠义意味的称呼的。

二、文学的火种：《练笔》

刘伟是我们79级最具侠肝义胆的同学，在校期间他就表现出非凡的组织力与号召力，毕业以后帮助过很多同学，他也是我们79级取得成就最高的同学，深受同学们的爱戴，我们这些当年的小屁孩都称他为大哥。读大二时，在刘伟的积极倡导与组织下，由"乃昌兄"具体指导，以及获得系领导和班主任的大力支持与帮助后，我们79级创办了文学刊物《练笔》。这是民院有史以来第一个，也是唯一由学生创办的文学刊物。同学们激情澎湃，积极撰稿，刘伟负责约稿编稿，我帮助设计封面。至今很多场景还历历在目：谢文生借着走廊里昏暗的灯光，坐在小板凳上刻蜡纸（他娟秀的刻字让人羡慕）；陈陶、秦江等几个同学满手油污地印刷和装订《练笔》，忙得不亦乐乎；高睿同学将一本本《练笔》分发到每个同学的手上。当我拿到第一期散发着油墨芳香的《练笔》时，心中的兴奋与喜悦不言而喻。那段时光，我像打了鸡血般挖空心思撰稿，当然不是每篇作品都能被采用。我的散文处女作就是发表在《练笔》上的，成为我文学创作的起点。或许《练笔》上发表的小说、散文、诗歌和评论现在看来还很稚嫩，但它像一支燃烧的火炬在我们心中燃烧，成为美好的记忆。

三、"乃昌兄"的执教与治学给予我的影响

如果说《练笔》开启了我的文学之梦，那么"乃昌兄"的文学概论

和美学课，尤其是他的治学之道对我以后从事文学研究与创作产生了极其深远的影响。在课堂上，我知道了黑格尔、罗素、朱光潜和李泽厚等美学大师，至于具体学到了多少知识，领悟了多少概念不敢妄言，重要的是"乃昌兄"的执教治学之道，在不同程度上给予我的审美体验，以及哲学的思维方式。20世纪80年代是西藏文学创作与文学评论最辉煌的时期，尽管毕业后我在政府机关工作，但是我仍孜孜不倦地学习和研究文艺理论，废寝忘食地进行文学创作，并在文学评论方面取得了长足进步，文学已成为我生命的一部分。

毕业后我第一次见到"乃昌兄"是90年代初，先生到拉萨参加西藏文联的民间文学学术会议。先生对我在文学评论上取得的成绩给予赞赏的同时，也很严肃地指出我的文学评论缺乏哲学理论与美学思想的支撑，告诫我通读冯友兰的《中国哲学简史》和西方的哲学著作，以及文学批评方面的书籍。坚持多看、多写和多练，勤于研究与思考，这样才能不断拓展自身的美学视野，获得更大的成长空间，"乃昌兄"的教诲让我受益匪浅。这次见面，"乃昌兄"还特意赠送一本他新出版的《西藏审美文化》。这部作品倾注了先生毕生的心血与智慧，体现了他对西藏民间文化的美学思想和审美情趣，构建起他深刻而完整的文化与哲学体系，同时展现了他对西藏文化的博大情怀。我多次拜读此作，不仅使我对西藏审美文化有了更深层次的认知与感悟，而且也促进了我文学评论的深度与广度。遗憾的是我辜负了"乃昌兄"的教诲与希望，两年以后，我下海经商，从此与文学评论无缘。

四、"厚颜无耻"给我的警示与启迪

"乃昌兄"不仅为人师表，知识渊博，治学严谨，而且善解人意，

和蔼可亲，有问必答，偶尔还与学生开个玩笑，但先生在课堂上尤为严格，不苟言笑，眼里容不得一粒沙子。记得有一次我们语文系79级和80级两个班合上文学概论大课，一名男生旁若无人地趴在书桌上呼呼大睡，彻底激怒了一向儒雅斯文的"乃昌兄"，将一个粉笔头嗖地掷向了这名同学，并伴随着"厚颜无耻"一声厉斥。这是"乃昌兄"仅有的一次对学生发飙，动静之大、震撼之强，令我记忆深刻，难以抹去。

那个掷出去的粉笔头和"厚颜无耻"的断喝，不仅是敲打我辈蒙昧的晨钟，而且也成了丈量先生执教良知的戒尺，同时也震荡着我的灵魂，让我对"乃昌兄"产生了强烈的敬畏感。在以后的时光中，"厚颜无耻"这个耳熟能详的贬义词，奇妙地烙印在了我的脑海里，尤其是我走上经商之路后，每当遇到棘手的问题或陷入困境时，"厚颜无耻"这个如魔咒般的词就会蹦出来，"厚颜"帮我克服了某种心理障碍，渡过了不少难关。当然，我始终秉承从商必走正道的原则——君子爱财取之有道，绝不会以"无耻"的手段去谋取利益。在我的认知中，"厚颜"不等于"无耻"，"无耻"也不等同于"厚颜"。

记得我第二次见到"乃昌兄"是在2007年的秋天，我去看望在民大就读的女儿，这也是我毕业后首次回母校。本打算第二天就去拜望恩师"乃昌兄"的，好巧不巧，当天傍晚我和女儿就在校园里遇见了散步的"乃昌兄"和他的夫人邓卫群老师，邓老师曾经教我们语言学概论。邓老师贤淑文静，"乃昌兄"热情奔放。第二天，同学黄波带我专程去"乃昌兄"家里拜望，我们聊了很多。那时我在商海中混得风生水起，但"乃昌兄"不以为然，对我下海经商颇有微词，言下之意是西藏少了一位势不可当的文学评论家。当我提及关于我对"厚颜无耻"的理解与领悟时，"乃昌兄"意味深长地告诫我，经商之人可以"厚颜"，但绝不能"无耻"。尽管先生的告诫与我的认知相一致，但是我依然认为这是先生的警示和忠告，我必当践行,这也是我至今尚能坦然安稳的缘由。

五、毕业论文那点事

由于对文学概论和美学课的偏爱,以及"乃昌兄"在美学课堂上讲授意境的美学价值和审美特征,我对文学意境的表达有点痴迷执着。为此,我毫无悬念地选择"乃昌兄"作为我毕业论文的指导老师。初生牛犊不怕虎,选题当然就是《论文学的意境》。

我第一次征询"乃昌兄"论文选题时,心里多少有些忐忑。"乃昌兄"看着我递上去的几行歪歪扭扭的选题大意,皱了皱眉头,将手上的烟头掐灭在烟缸里,透过宽大的镜片看着我。顿时,我心里发毛,手足无措。"乃昌兄"示意我不要紧张,随后缓缓说道:"这个选题对你来讲,难度可能比较大。你有把握写好吗?"知生莫如师,我不置可否地点点头。

其间,我两次去"乃昌兄"家里求教,先生特别为我讲解了有关文学意境的美学概念和核心特征。大意是文学作品中的意境是通过语言、意象、情感和哲学思想的融合,营造出超越文字本身的审美空间,使读者在情感共鸣与想象中实现情景交融、虚实相生和哲理升华,以及留白的艺术境界等。他还给我列举了一些古诗词的意境体现。那时的我并未深刻领会,一知半解,论文的写作水准与质量可想而知。

论文答辩时,"乃昌兄"与另外两位老师分别提出几个较为深刻而重要的问题,结果我答得牛头不对马嘴。3位老师神情复杂地交换意见后,示意我可以离开了。我走出办公室,才发现脊背大汗淋漓。"搞砸了!这下完了。"我懊恼地恨不得扇自己耳光。

接下来的一段时间,我惶惶不可终日。最终我的毕业论文得以通过,我心知肚明——先生们手下留情了。

六、未了的师生情缘

不可否认,"乃昌兄"与我们79级的情缘很深,深受大家的敬重与爱戴,凡是有机会回到母校的同学,无一例外都要去拜望"乃昌兄"。

2008年,我受母校邀请参加西藏民族大学50周年校庆,深感骄傲,期待能在庆典期间见到"乃昌兄",留校的黄波同学却浇了我一盆冷水,告知我"乃昌兄"夫妇随儿子一家长期居住在新西兰,回国的次数不多。校庆之后,在我与民大文学院合作撰写《西藏当代文学史》的几年间,我与西藏文联副主席吉米平阶和西藏著名文学评论家李佳俊多次回母校,每次都很想拜见"乃昌兄",因为他们两位与"乃昌兄"多有交集,对"乃昌兄"的学术成就极为赞赏,但始终未能谋面。我想见"乃昌兄",不仅仅是因师生情,更重要的是关于文学史的诸多撰写难题和理论困惑需要请教先生,为我授业解惑。

我最后一次回母校是2018年11月,去民大文学院参加我的第一部电影作品《江孜情未了》研讨会。我想这次或许能与"乃昌兄"相见,但还是未能如愿。我总感觉哪里不对劲,难道我不够真诚?还是我人生选择出了问题?难道我与"乃昌兄"师生情缘已尽?

值得欣慰的是我每次回母校,除了文学院的热诚之外,留校的同学如朱红、丁晓莉、黄波、王晓明、丁晓莉和岳凤芝等,都会热情地款待我,使我备感温暖。其间,我们总会提及我们两个班与"乃昌兄"的点点滴滴。

没承想,我与"乃昌兄"的第二次见面竟是诀别。

先生的回眸

夏 敏[①]

20世纪80年代初,我就读于位于咸阳的西藏民族学院语文系。在民院这所学校,我遇见过多位给予我人生濡养与学业加持的老师,其中于乃昌老师是对我有至深影响的一位。1994年,我有幸与他合作出版了《初民的宗教与审美迷狂》(青海人民出版社)。这是我的第一本书,它将我们师生的名字永久地连接在了一起。离开咸阳后,我在北京、厦门两地出版的另一本书《喜马拉雅山地歌谣与仪式——诗歌发生学的个案研究》(黑龙江人民出版社,2005年),可以说是于老师学术思想的一种再延续。老师回眸的众多弟子中,我应该是其中之一;我回眸的诸多先生中,于老师则自然放在最前列。

于老师与我的渊源,要从我的大学时代说起。

1981年秋,17岁的我千里迢迢从雪域高原来到秦都咸阳求学。从学长口中不断耳闻于老师的大名,但无缘谋面。大二上语言学概论课,由

[①] 夏敏,集美大学文法学院教授,主要从事文艺美学研究。

他的夫人邓卫群老师执教。一进教室，她先自我介绍："我叫邓卫群，名字跟'文革'无关！"我心想，邓老师自白如此与众不同，可见她先生也肯定了得，不是一家人不进一家门嘛！这更增加了我对于老师的某种神秘感。终于盼到大三下学期于老师的美学课，一个身材矮墩、额头巨大、声音磁性十足的中年人走进了我们的视野，满足了我之前对于老师的所有期望。于老师上课旁征博引，思维缜密，各家名言信手拈来。第一次点到我名字的时候，他在我脸上稍稍停留了一下，我疑心邓老师向他提到过我。因为我曾课下向邓老师多次请教过国际音标记音问题，而且语言学概论课我是班上唯一分数上90的学生。

在于老师的美学课上，我知道了朱光潜、李泽厚、王朝闻、蒋孔阳、蔡仪、叶朗等大名鼎鼎的美学大家，课后我疯狂阅读迄今读起来仍然费解的《美学》（黑格尔）、《判断力批判》（康德）、《美学史》（鲍桑奎），在一些不爱听的课程上，我偷偷阅读《诗论》、《文艺心理学》（朱光潜）、《人间词话》（王国维）等书，关注80年代美学的各种论争。于老师的博学与教学魅力使得他的课堂始终座无虚席，我成了于老师课上的活跃分子和抢答者，以至于后来于老师美学课都习惯性地叫我发言，回答完问题，我都会收到于老师投来的赞许目光及同学们羡慕或嫉妒的眼光。他的课我自然考了头名，而且此后我把构建审美关系作为生活方式的不二选择，迄今不曾太多改变。

毕业论文选题在即，在语言学和美学之间我犹豫不决。我知道一旦选了美学，于、邓二师中的一位必然是我的指导老师。选美学，必招来本对我已有"议论"的同学们的"口水话"，我担当不起。于是选了语言学，记录整理我的家乡方言，题目叫《金乡方言记略》。做这篇论文我颇为用功，假期在老家做方言调查，毕业前完成5万字的本科生毕业论文，比如今硕士研究生毕业论文还要长，论文成绩与答辩成绩邓老师给了全优。

大四虽然没有于老师的课了,但是于老师对我的赏识不减。一天,他在路上遇见我,说他的一篇文章要发,编辑要清晰的手写稿,他手头潦草的稿子没空誊写,想让我帮忙抄稿。我拿到老师的草稿誊抄,发现有些地方措辞不当,便偷偷地做了修改。这篇文章发出来后,我发现自己修改过的地方全部登出来了。我不禁一阵窃喜,原来老师的文章做学生的也可以修改。

当时我们系中年教师实力非常强,除了于、邓二师外,吴逢箴老师的唐代吐蕃题材诗歌研究、程福宁老师的文章学研究、胡秉之老师的当代文学研究、陈恩渠老师的古代汉语教学、廖光耀老师的小说创作……都能激发起我们的学习热望,让我从最初的学校自卑中,生发出对母校的热爱与自信。

因老师们的厚爱,我留校做了一名大学教师。我这个乳臭未干的21岁小青年,与自己的老师成了同事。我在民院从教10年,于老师夫妇一直关心我、呵护我,与我保持亦师亦友的良好关系。每周开系或教研室会,我们都会碰到。于老师没有架子,总爱跟我有一搭没一搭天南地北地聊大天、聊学术,也聊他在喜马拉雅山腹地门巴族、珞巴族地区田野调查时的种种惊险。他甚至希望我能参与其中,这说明他对我的信任与器重。

有良师做榜样,赶上80年代文化热,我日夜以书为伴,恶补了思想史、文化史、宗教学,像模像样做起了学问。文学、语言学、美学、人类学、社会学、哲学等名著能读尽读,我成了学校图书馆的最早进入者和最后离开者。留校几年后,我的学术论文陆续发表在期刊上,后来又迷上了《西游记》研究,于、邓二师,系主任吴逢箴老师,曾经的班主任胡秉之老师,总会在第一时间向我道喜并给予鼓励。其他系的师辈学者,如史学的顾祖成老师,民族学的彭英全老师,藏学的文国根、张天琐、申新泰诸师，哲学的乔根锁老师，见我痴迷学术，都乐于和我一起谈论学术心得，并给予我许多鼓励。

1991年，于老师主持的国家社科基金课题《门巴族、珞巴族文学史》召开结项论证会，他邀请刘魁立、关纪新、樊骏、李坚尚等知名学者做评审，我被安排做会务工作，也参与了旁听，于老师的学术发言获得与会专家的一致好评。此后不久，于老师接到与冯玉柱、彭书麟二位教授联合主编"中国少数民族美学思想丛书"的编纂任务，于老师承担撰写少数民族宗教与审美的任务，囿于手头任务太过繁重，他将该书的实际撰写工作交给了我。我既兴奋，又不安，却鬼使神差接了活，真可谓初生牛犊不怕虎，没咋细致考虑就应承了下来，由此开启了3—4年的艰苦写作。先由于老师拉出一条粗纲，由我根据写作需要边改框架，边"填肉"。他鼓励我放开写，他说："小夏，依你的才气和功底，完成这部书没有任何问题！"于老师这番话于我十分受用，于是我撸起袖子加油干，其间工作拖沓或遇有瓶颈难以为继时，于老师总是递过来一支烟，笑呵呵地宽慰我："你可以的！"聊完书稿，他便把整包烟留下，我明白他心里其实很着急。

原本要写少数民族主要的宗教信仰与审美的关系，可是我写了3年还没有走出原始宗教与审美的关系写作，所以这本书其实是一部未竟之作。由于距离出版时间越来越近，经过协商，我们将书名定为《初民的宗教与审美迷狂》。1994年8月1日，这本书画上了最后一个句号。该书由我撰写，除了少许改动，于老师并未参与写作，署名时我仍将于老师的大名放在我前面，表示他对我的帮助、信任、欣赏、栽培与提携的感激及致敬和敬仰。我人生的第一本书是献给于老师的。

1995年5月，我调离了西藏民族学院。我到先生府上道别，他以家宴的方式招待了我。受二位老师关怀、呵护的这些年，于老师于我如师如父，邓老师于我亦师亦母。于、邓二师对我的离开甚是不舍，但他们对我日后的发展充满了信心，鼓励的话说了一堆。告别时，两位老师热情地拥抱了我，邓老师的眼里噙着泪花。

我在新单位集美大学干了不到一年，就向领导提出赴北师大随中国民俗学泰斗钟敬文先生访学的要求，并获得批准。1996年9月，在北师大图书馆后的园囿边，我第一次见到94岁高龄、将指导我一年学术工作的钟老。一见面钟老就讲述了他和于老师交流的一段往事，高度赞扬于老师的门巴族、珞巴族文化研究，他说已经读了我和于老师合作的这部"大作"，希望我在下面的访学日子能出好成果。随即我向钟老提出这年访学想完成《喜马拉雅山地歌谣与仪式——诗歌发生学的个案研究》一书，这也是于老师对我的一个期望，钟老赞成我的想法，希望尽快实施撰稿任务。

接下来就是一段苦作舟的日子，从著作的框架确定，到资料的收集，再到观点的清理，钟老与我有过多次难忘的讨论。1996年12月12日，在钟老的亲自安排下，我在北师大中国民间文化研究所向同行们介绍了于老师在门巴族、珞巴族民间文化上的田野调查、整理与出版情况，钟老给予了热情洋溢的评价。于老师知道我在钟老门下受教并集中心力撰述新作，十分高兴，他将其历经千辛万苦、多次深入喜马拉雅山区收集到的已整理或未经整理的文字材料和音像资料全部无偿寄给我使用，对我而言可谓雪中送炭，让我十分感动！访学结束，这本书的初稿如愿完成，但之后在出版方面遇到许多麻烦，直到8年后即2005年才得以出版，后记中我写道："愿以此书出版告慰钟老的在天之灵，也特别向全力支持我、提携我的于乃昌老师送上谢意！"

再次见到于老师是在1998年深秋的西藏民族学院校庆活动上，未料这也是我最后一次见到于老师。于老师亲自主持、全程聆听了79级师兄刘伟先生和我的学术演讲。离开民院时，于、邓二师设家宴为我饯别，邓老师特地为我买了一大口袋猕猴桃让我带回厦门。作别的情景至今难忘，两位老师分别拥抱了我，希望我常回母校看看。

离开后一段日子，咸阳传来消息，于、邓二师随子移民奥克兰，我也没了二老的联系方式。近些年，我从老同事口中间接地获知他们曾回民大度假的消息，据说停留时间都不是很长。大概是 2017 年夏天的一个傍晚，我大学班主任胡秉之老师打电话来，说是于、邓二师回民大，这会儿在他身边。他告诉我，于老师听力有些障碍，还拄着拐。他把电话给了于老师，我们短暂聊了一下，这是我时隔 9 年再次听到于老师的声音，还是那么铿锵有力，照旧带着磁性。我们都可以感知到彼此的激动，考虑到老师年事已高，我主动打住话题。这次通话，竟成了我跟老师的最后一次对话。

疫情几年，我回过母校几次，还从代理于、邓二师学校事务的朱红师姐那里要到于老师的微信号，不知何故于老师那边没有加我。前不久回民大做讲座，我通过不同渠道获知于老师已于 7 月初故去的消息。

知此我非常震惊，也非常难过，在我生命历程中如此重要的一位老师悄然离去，我不愿相信这是事实。于老师的离去，就像我的一位至亲离去一样，我的内心一直无法平复。

于老师于我，无异于生命中难以割舍的重要存在。他不仅与我的学术人生有关，而且也影响了我对世界的认知和价值观的确立。他是一位令人崇敬、叱咤风云、如雷贯耳的名师，用"先生之风，山高水长"8个字形容于老师是绝不为过的。多年来，我内心深处最柔软的地方一直珍藏着于、邓二师，他们堪称我的恩师与贵人，我的生命似乎一直与二老联系在一起。每当我慵懒、无为、偏离目标时，总能想起二位老师，仿佛他们一直在向我回眸，他们简直就是神一般的存在。

先生往矣，亦永在矣！我生命中每一度和煦的春风里一直有您！

点亮通往美学世界道路的引路人

——追忆我的恩师于乃昌教授

朱 红①

恩师，一个多么温暖而崇高的称呼。在人生的长河中，总有一些人会在不经意间走进你的生命，留下深深的印记。我的大学恩师美学专家于乃昌教授，便是这样一位让我永生难忘的人。当我得知恩师于2024年7月初驾鹤归西的消息时，心中满是悲痛与不舍，那些与恩师相处的点点滴滴，如潮水般涌上心头，让我久久不能平静。

于乃昌老师留给我的最初印象，还得从1979年9月我从西藏自治区机修厂，考入西藏民族学院语文系读大学说起。记得当时79级学生入校时，生源比较特殊，一部分是在西藏下过乡或工作过年龄稍长的大同学，还有一部分是从学校到学校的应届毕业年龄稍小的小同学。

对于我们这些刚刚踏入大学之门的莘莘学子来说，在学习文学概论这门理论课时，感到了一些理解上的难度和困惑。于老师在得知这一情况后，在授课中就采用了举例说明法，恰当得体的例子对我们理解一些

---

① 朱红，西藏民族大学文学院教授。

有难度的文艺理论问题带来了极大的帮助,效果很是奏效。尤其是当时我对老师讲到的"文学就是人学"这一观点,印象颇深。于老师当时分析说,高尔基的"文学就是人学"这一观点,深刻揭示了文学的本质:文学以人为中心,以人的思想、情感和命运为核心内容;文学的目的是人,通过弘扬人道主义精神提升人的精神境界;文学通过典型化的方法塑造人物,反映社会现实对人的影响。这一观点不仅为文学创作提供了重要的理论指导,而且也为文学研究提供了深刻的视角。记得于老师的板书和授课风度与他本人一样,都非常洒脱,给学生们留下了非常深刻的印象。

在20世纪80年代初的大学校园里,美学如同一束光,照亮了我们对艺术与人生的探索之路,而这一切,都离不开引领我们走进美学世界的于老师。他不仅是我们的导师,而且也是那个时代思想解放的见证者和传播者。

为了让学生们更好地理解美学原理,于老师给我们推荐了许多参考书,主要是当时的一些美学大师及其他们的著作。例如,朱光潜的《西方美学史》、李泽厚的《美的历程》、宗白华的《美学散步》、蔡仪的《美学原理》、黑格尔的《美学》等,让我们在美学长廊里增长了见识,奠定了一定的美学理论基础。

美学的曙光,朱光潜与《西方美学史》。作为中国现代美学的奠基人之一,朱光潜的《西方美学史》是中国第一部系统阐述西方美学思想发展的专著,代表了当时中国对西方美学研究的最高水平。于老师在课堂上告诉我们,朱光潜先生的书不仅是学术著作,而且也是他一生对美的追求与思考的结晶。他用生动的文笔和严谨的逻辑,为我们打开了一扇通往西方美学世界的大门。我们仿佛跟随他的脚步,从古希腊的柏拉图、亚里士多德,到近代的康德、黑格尔,一路领略美学思想的演变与发展。

《美的历程》，时代的美学经典。80年代初，中国正处于美学热的高潮期，而李泽厚的《美的历程》，无疑是这一时期最具影响力的美学著作。于老师在课堂上提到，这本书不仅是一部中国美学史，而且也是一部中国文化的百科全书。李泽厚先生以其独特的视角，将中国美学的脉络贯穿于历史的长河中，从先秦的理性精神到魏晋风度，从盛唐之音到宋元意境，他用简洁而深刻的文字，勾勒出中国美学的宏大画卷。

　　宗白华与《美学散步》。美的诗意与灵性除了朱光潜和李泽厚外，宗白华的《美学散步》也是于老师重点介绍的美学经典之一。与《美的历程》的宏大叙事不同，《美学散步》更像是宗白华先生在美学世界中的随性漫步。他以细腻的笔触，探讨了中国艺术的灵性与意境，强调审美过程中的个性与趣味。于老师在课堂上引用了宗白华先生的话，散步是自由自在、无拘无束的行动。他告诉我们，美学不仅是理论的构建，而且也是对生活美的发现与感悟。宗白华先生的文字如同清泉，滋润着我们的心灵，让我们在忙碌的学业中，也能停下脚步，欣赏身边的美好。

　　美学的传承与思考。80年代初的美学课堂，不仅是知识传递的地方，而且也是思想的碰撞场所。于老师通过介绍这些美学大家及其代表作，让我们感受到了美学的魅力与力量。他告诉我们，美学不仅是艺术的理论，而且也是人生的哲学。它教会我们如何在平凡的生活中发现美，如何在复杂的世界中保持对美的追求。

　　如今，那些课堂上的讨论和思考，依然在我心中回响。于老师用他的热情和智慧，为我们点亮了通往美学世界的道路，而朱光潜、李泽厚、宗白华等美学大家的思想，也成为我们这一代人精神世界的重要组成部分。在那个充满希望与探索的年代，美学不仅是一种学术研究，而且也是一种对生活的热爱与追求。感谢于老师，感谢那个时代的美学大家，他们用思想的光芒，照亮了我们前行的道路。

在讲到艺术美之音乐审美时,我有许多美好的回忆,而其中最为珍贵的,便是那段与于老师一起聆听欣赏交响乐的日子。那些旋律,那些情感,那些在音乐中共同度过的瞬间,至今仍在我的脑海中回响,成为我生命中不可磨灭的一部分。于老师是一位温文尔雅很洒脱的中年人,他戴着一副眼镜,眼神中透着对艺术的热爱与执着。他的课堂从不枯燥,每一次讲解都像是在讲述一个动人的故事,而那些由于老师为我们精心挑选的交响乐作品,则是他手中最神奇的魔法棒,轻轻一挥,便将我们带入了一个充满幻想与情感的世界。那段时间,便携式录音机是他上课必带的重要教具。

记得第一次在课堂上欣赏交响乐时,老师选择了贝多芬的《命运交响曲》,当那熟悉的短—短—短—长的旋律响起时,整个教室都安静了下来。于老师没有多说什么,只是静静地站在讲台上,目光随着音乐的起伏而变化。那4个音符仿佛是命运的敲门声,敲在了我们每一位同学的心上。音乐的激昂与挣扎,让我们感受到了贝多芬在命运面前的不屈与抗争。那一刻,我仿佛看到了那个在无声世界中呐喊的音乐巨人,他的音乐穿越时空,直击我们的心灵。

《田园交响曲》是贝多芬失聪后对大自然的深情表达,他通过音乐描绘了乡村生活的美好与宁静。这部作品并非简单地描绘自然景色,而是通过自然引发的情感体验,展现了贝多芬对理想生活的向往。它开创性地将自然元素融入交响乐中,为标题音乐的发展奠定了基础。整部作品细腻动人,宁静而安逸。《田园交响曲》与《命运交响曲》同时创作,但风格截然不同,展现了贝多芬音乐创作的多样性。通过对比教学,于老师最后总结道,音乐是人类情感的表达,而交响乐是这种表达的极致。它能够跨越语言的障碍,让我们在旋律中感受到生命的喜怒哀乐。

从那以后,我们便开始了与交响乐的奇妙之旅。莫扎特的《G小调第四十号交响曲》以其优美的旋律和细腻的情感，让我们仿佛置身于一个充满诗意的梦幻世界；柴可夫斯基的《悲怆交响曲》则让我们在悲怆与绝望中，体会到了人性的复杂与深沉。每一次欣赏，都是一次心灵的洗礼；每一次讲解，都让我们对音乐有了更深刻的理解。

《B小调第八交响曲（未完成）》是舒伯特最著名的交响曲之一，其独特的两乐章结构和未完成的状态引发了人们无数的遐想和解读。这部作品以其简洁而深刻的音乐语言，展现了浪漫主义的典型形象，开辟了浪漫主义交响曲创作的新阶段，它被广泛认为是浪漫主义音乐的经典之作。

门德尔松是19世纪浪漫主义时期的重要作曲家，他的作品以优美、精致、典雅著称，将古典主义的严谨与浪漫主义的幻想完美结合。《E小调小提琴协奏曲》是门德尔松最著名的作品之一，以其华丽的技巧和甜美的旋律著称。它不仅是小提琴协奏曲史上的经典，也是浪漫主义音乐的代表作。门德尔松的音乐作品风格典雅，情感细腻，是19世纪音乐宝库中的明珠。

于老师不仅让我们欣赏音乐，而且还教会了我们如何去聆听。他告诉我们，要用心去感受每一个音符、每一个旋律，去体会作曲家的情感与思想。他常常会在播放音乐时停下来，让我们感受自己听到的内容，分享自己的感受。在这个过程中，我们学会了如何用音乐来表达自己的内心世界，也学会了如何去欣赏他人的感受与理解。这种对音乐的热爱与分享，让我们之间变得更加亲近，也让我们的大学生活充满了艺术气息。

在欣赏交响乐的过程中，于老师还给我们讲述了许多关于作曲家的故事。那些伟大的音乐家们，有的在贫困中坚守音乐梦想，有的在病痛中创作出不朽的篇章，还有的在动荡的时代中用音乐为人们带来希望与力量。这些故事让我们对音乐家们充满了敬意，也让我们更加珍惜眼前的音乐作品。于老师说，音乐是人类的精神财富，而这些伟大的作曲家是我们的精神导师。他们用音乐告诉我们，无论生活多么艰难，我们都要坚持自己的梦想，用艺术来表达内心的真善美。

在讲到绘画审美时，于老师为我们重点介绍了达·芬奇。达·芬奇是文艺复兴时期杰出的艺术家、科学家和发明家，他的艺术成就在绘画领域尤为突出。于老师还重点介绍了达·芬奇几幅代表作的特点和影响。《蒙娜丽莎》是于老师向我们首推的达·芬奇的一幅作品。于老师向我们介绍说，这幅画是达·芬奇最著名的肖像画之一，描绘了佛罗伦萨富商弗朗西斯科·德尔·乔贡达的妻子蒙娜丽莎。画中人物的微笑神秘而迷人，被称为"美术史上最美的一只手"，展现了达·芬奇对人物心理和情感的深刻洞察。在谈到这幅画的特点时，于老师分析说，达·芬奇运用了渐隐法，使画面的色彩和光影过渡自然，营造出一种朦胧而神秘的氛围。这幅作品以其神秘的微笑和细腻的绘画技巧闻名于世，成为文艺复兴时期艺术的象征。

《最后的晚餐》也是于老师为我们重点分析的一幅名画。于老师首先向我们简介这幅壁画描绘的是耶稣与十二门徒共进最后一餐的场景，是达·芬奇绘画生涯中尺寸最大、最具抱负的作品。紧接着分析这幅画的特点，达·芬奇巧妙地运用透视法，使画面中的建筑结构与观者的空间感紧密结合。人物通过各自的表情和手势表现出惊恐、愤怒、怀疑等复杂情感，展现了他对人性和情感的深刻洞察。最后谈到这幅画的影响，这幅作品被认为是世界上最伟大的艺术杰作之一，其构图和情感表达成为后世艺术家学习和借鉴的典范。欣赏完这两幅名画后，于老师最后总结说，达·芬奇的作品不仅展现了他在绘画技巧上的卓越成就，而且还体现了他对人性、自然和科学的深刻洞察，他的作品对后世艺术的发展产生了深远影响。

在讲到雕塑审美时，于老师主要为我们介绍的是法国著名雕塑家罗丹和他的名言。罗丹的名言是，生活中从来都不缺少美，而是缺少发现美的眼睛，这句名言后来也成为我一生追求美的座右铭。于老师还顺便为我们推荐了一本参考书《罗丹艺术论》，于老师介绍说，这本书是罗丹对欧洲雕塑史的科学总结，也是对他个人艺术经验的高度概括。书中涉及艺术创作的一般性问题、对雕塑艺术规律的见解，以及对历史上著名艺术家和作品的评述。它集中反映了罗丹的艺术观和美学思想，是近代西方艺术世界的重要著作。

罗丹是19世纪末20世纪初最重要的雕塑家之一，被誉为"现代雕塑之父"。他的作品以深刻的情感表达和对人性的细腻刻画著称，于老师重点解析了他的代表作《思想者》。这是罗丹最著名的作品之一，最初为《地狱之门》的一部分，后来被独立出来成为单独的雕塑。作品描绘了一个裸体男子，蹲坐在石头上，双手交叠托腮，陷入沉思。它象征人类对知识、命运和存在的深刻思考。

大四来临，毕业论文的选题方向，就成了班上同学们热议的话题。也许是基于老师的学识，人格魅力及美学课的影响力，全班四十几名同学中，竟然有十几人的毕业论文都选了美学，可见于老师讲授的美学课在同学们中的影响力之大。我的毕业论文也选了美学，当时结合自己的兴趣点，论文的题目是《衣饰打扮的审美标准》。作为指导老师，于老师为我推荐了普列汉诺夫的《没有地址的信——论艺术与社会生活的关系》，并且要求我一定要深入研读。普列汉诺夫的《没有地址的信——论艺术与社会生活的关系》这部经典著作，主要探讨了艺术与社会生活之间的关系，强调艺术的社会性和阶级性，是一部具有深刻理论洞察力和现实意义的著作。我在研读这部经典著作期间，果然受益匪浅。

普列汉诺夫的这部经典之作，是马克思主义美学史上第一部运用唯物史观研究艺术起源的成功之作，具有重要的理论和历史价值。它作为马克思主义美学的经典著作，不仅在理论上具有开创性，而且还在实践中为美学研究和文艺创作提供了重要的指导。它对艺术起源的唯物史观解释和艺术与社会生活联系的探讨，至今仍具有重要的学术价值和现实意义。

大学期间，我们非常荣幸，能够将所学知识和理论与实践教学相结合，利用学校地处文化大省的便利，再由相关老师带队参观了陕西的一些名胜古迹，进一步深化了在课堂内所学的知识和理论，收获满满。

西安半坡遗址是中国新石器时代仰韶文化的重要遗址，具有极高的历史、文化和科学价值。于老师带领我们一边参观，一边重点讲述半坡遗址的文化价值、艺术价值和工艺价值。半坡遗址彩陶工艺体现了当时人们的艺术审美观念，如尖底瓶的设计，巧妙地运用了重心原理，体现了先民的高度智慧。

记忆颇深的是于老师还仔细分析了人面鱼纹彩陶盆，这是半坡遗址出土的最具代表性的文物之一，具有极高的艺术价值和历史意义。它的特别之处在于，一是独特的艺术风格。造型与构图：盆内壁以黑彩绘制了两组对称的人面鱼纹，形成人鱼合体的奇特形象。艺术手法：整个图案简洁古朴，线条流畅，黑白对比强烈，充满了动感和神秘感。这种大胆夸张的艺术手法展现了半坡先民丰富的想象力和高超的艺术才能。二是深厚的文化内涵。人面鱼纹可能与半坡人的图腾崇拜有关，鱼可能被神化为图腾，象征着氏族的繁衍和富足。人面鱼纹彩陶盆不仅是中国古代艺术的瑰宝，而且也是研究史前文化的重要实物证据。以其独特的艺术风格和深厚的文化内涵，成为中国古代文明的重要象征之一。

于老师带领我们去看兵马俑，不仅让我们领略了中国古代文明的辉煌，而且还让我们深刻感受到了其独特的文化艺术价值。于老师对兵马俑的主要艺术风格与雕塑成就做了分析，一是写实主义风格，兵马俑以写实手法塑造，每个陶俑的面部表情、发型、服饰、手势等细节都各不相同，体现了古代工匠高超的艺术修养和科学分析水平。二是生动传神，兵马俑神态各异，有的刚毅果敢，有的憨厚淳朴，有的文雅内敛，体现了中国艺术传神的特色。三是布局宏大，兵马俑坑整体布局宏大，利用众多静止的陶俑排列，形成排山倒海的气势，给人以强烈的视觉冲击和敬畏感。它被誉为世界第八大奇迹，是中国美术史上一座惊人的写实雕塑奇峰。

毕业前夕，我们还去了延安清凉山，这里是集历史文化和自然景观为一体的旅游景区，具有深厚的历史文化价值和艺术价值。

首先是历史文化价值。一是清凉山自古为佛教圣地，山上保存有隋唐至清代的各类建筑和大小石窟，其中万佛洞是陕北四大石窟之一。万佛洞开凿于隋代以前，唐、宋、金、元、明、清历代皆有造像或维修，窟内雕有形态各异的石佛万尊，石刻艺术巧夺天工。二是摩崖题刻，清凉山有诗湾、水照延安等景点，诗湾处有历代名人学者摩崖题刻50多处，真、草、篆、隶参差错落，布满全湾。三是历史建筑，清凉山古建筑群是中国古代传统建筑的精华，具有很高的历史价值。

清凉山的万佛洞石窟及琉璃塔被国务院公布为全国重点文物保护单位，其石窟艺术体现了高超的雕刻技艺和鲜明的地域特色。

清凉山的自然风光和深厚的历史底蕴吸引众多的艺术家前来创作。例如，石鲁的国画作品《延安清凉山》，以其独特的艺术风格展现了清凉山的壮美。

通过实地参观学习和老师的讲解分析，我们进一步了解到，清凉山不仅是一座历史文化名山，而且也是红色延安的"新闻山"。1937—

1947年，中央印刷厂印刷车间就设在清凉山上。清凉上以其丰富的文化遗产和艺术价值，成为延安的重要旅游胜地。

参观咸阳市茂陵博物馆，近距离感受汉代石雕艺术。这是一座以汉武帝茂陵、霍去病墓及大型石刻群而闻名的西汉断代史博物馆，具有极高的文化艺术价值。于老师特别提醒我们要注意观察和感受汉代石雕艺术的雄浑大气和生动传神。霍去病墓前的大型石刻群是中国现存时代最早、规模最大的石刻艺术珍品，被誉为"千古绝品"，以简洁的线条和浑厚的造型著称。这些石刻包括"马踏匈奴""跃马""卧马""伏虎"等，均展现了汉代石雕的高超技艺和艺术风格。这些石刻不仅具有极高的艺术价值，而且还体现了汉代工匠的创造力和想象力。博物馆内还收藏了大量汉代文物，如错金银铜犀尊、四神纹玉雕铺首等，这些文物体现了汉代工艺的精湛和艺术风格的多样性。

被誉为"唐代露天石雕艺术博物馆"的乾陵，位于陕西省咸阳市乾县，是唐高宗李治与女皇武则天的合葬陵，是中国历史上唯一由两位皇帝合葬的陵墓，也是唐十八陵中规格最高、保存最完整、艺术价值最高的陵墓。我们班在于老师的带领下，一边观赏唐代的建筑、石刻、壁画与文物，一边思考其文化艺术价值。一是建筑艺术，乾陵的建筑风格宏伟壮观，其陵园布局仿照唐代都城长安营建，分为内城和外城，整体设计体现了"天人合一"的哲学思想。陵园内的神道长达千米，两侧排列着128件大型石雕，包括石狮、翼马、鸵鸟、蕃臣像等，这些石雕造型生动，刀法细腻，是中国古代大型石雕艺术的杰作。二是石刻艺术，乾陵的石刻艺术体现了唐代雕刻技艺的高超水平。其中，无字碑、述圣纪碑等石刻均为艺术珍品。三是壁画与文物，乾陵的陪葬墓中出土了大量珍贵文物，包括唐三彩、壁画和石椁线刻画，这些文物反映了唐代的社会生活、艺术风格和工艺水平。唐三彩以其色彩艳丽、造型生动著称，是唐代最具代表性的工艺品。

于老师通过这些生动的课堂讲解、实际生活中的细微观察及对艺术创作的引导，让我深刻理解了艺术与生活的结合。他让我明白，艺术并不是高不可攀的，而是生活的一部分；生活也不仅仅是日常的琐碎，而是充满艺术美感的源泉。这种理念一直影响着我，让我在平凡的生活中，始终保持着对美的追求和发现。

1983年7月，汉语文专业本科毕业后，我留校任教，被分配到了语文系语言教研室，师从于老师的夫人邓卫群老师，作为助教从讲授的角度再一次去听邓老师的语言学概论课，并开始为学生做辅导。

我同两位恩师的关系，从师生到同事再到朋友的追忆时光，那些曾经的点滴已化作岁月的珍宝，深藏在记忆深处。我常常在夜深人静时，翻开那些泛黄的照片，回忆起与他们从师生到同事，再到朋友的这段旅程。初见他们时，他们站在讲台上，眼神坚定而温和。那时的他们，都是我们敬仰的老师。他们总是用浅显易懂的语言，将复杂的知识传授给我们。课堂上，他们的声音抑扬顿挫，每一个知识点都像是被赋予了生命，让我们听得入迷。毕业后，我有幸与他们成为同事。在工作中，他们依旧是那个值得信赖的人。他们总是毫无保留地分享自己的经验，耐心地指导我们。于老师在青年教师的传帮带工作中树立了典范。无论是去西藏做田野调查，还是在文学院实施导师制，尤其是对青年教师评职称的论文指导，于老师都给予了我们热情帮助和悉心指导。

后来，我们成了朋友。朋友之间的相处，就更加随意和自然。我们会一起在周末去郊外踏青，感受大自然的美好；会在生日或节假日聚在一起，分享彼此的生活趣事。如今，他们虽已不在身边，但他们的音容笑貌深深地印在了我的心里。从师生到同事，再到朋友，这一路走来，他们就像一盏明灯，照亮了我前行的道路。虽然岁月无情，但是这份情谊永远不会褪色。我会带着他们的教诲，继续前行，用爱和温暖去回报这个世界。这段关系的转变，不仅是身份的变化，而且是情感的升华。它让我们懂得，人生中有些缘分，是值得我们用一生去珍惜的。

于老师和邓老师退休后，因为儿子在新西兰，他们后来的大多数时间居住在国外。

出国后，主要是他们从国外打电话给我，因为国内的越洋电话太贵了，我根本打不起。通过他们从国外打来的电话，我了解他们在国外的情况，他们也会通过我了解学校的情况。自从有了微信，我和恩师夫妇的联系便捷了很多。每年我的生日，他俩都会打来祝福的电话，让我很是感动。后来我和恩师夫妇联系，更多是通过微信语音通话或视频进行交流。

他们也常常回国探访老同事、老朋友，几乎每次回国前都会告诉我，我和先生就会去机场接送他们。记得有几次，他们还委托我帮助他们安排聚餐地点，邀请的主要是文学院的老同事、老专家夫妇，当然也包括民院的好朋友。几乎每次回国，我和先生都会开车带他们去西安建筑科技大学看望他们的老朋友叶雪英老师，可见恩师夫妇对昔日友情的珍重。

2016年，恩师夫妇虽然已年满八十，但是2016年、2017年、2019年他们也都曾回国。2019年5月7日，是两位恩师最后一次回国。母亲节这天，我和先生带他们去河堤路百姓厨房聚餐，随后又去观赏了古渡廊桥重建后的夜景，并为他们拍照留影，度过了愉快的一天。同年七一党的生日，我们又约上两位恩师，在新图书馆的柳树旁为他们拍照留影并外出聚餐，再次为我们的师生情谊留下了美好的回忆。每次翻阅这些照片，从中我都可以看出恩师夫妇当时的愉悦心情。能在恩师夫妇年老体弱之时，在他们最需要人关心照顾的时候能为他们提供帮助，让他们开心快乐，这是我这一生无怨无悔的选择，也是最值得我欣慰的一件事。

如今，恩师于乃昌教授虽然已离开了我们，但是他的音容笑貌永远留在我的心中。恩师的教诲，如同一盏明灯，照亮了我人生的道路；恩师的关怀，如同一缕春风，温暖了我曾经迷茫的心灵。恩师虽然走了，但是他的精神将永远激励着我前行。

恩师，您在天堂还好吗？我会永远铭记您的教诲，努力成为一个像您一样有智慧、有爱心的人。愿您在天堂没有痛苦，没有烦恼，安息吧！

缅怀于乃昌先生

张学海[①]

于乃昌先生是位学养深厚、著作等身的大学者,他20世纪八九十年代在文艺学和美学理论上的建树,特别是开创西藏审美文化研究先河的贡献为学术界公认。在我的印象中,他是思想活泼、精力充沛的前辈,也是平日里谈笑晏晏、亲切随和、温柔敦厚的长者。于乃昌先生荣退之后,随儿子居住国外,消息杳然。突然听闻于乃昌先生逝世的消息,内心十分惊愕,与他生前交往的点点滴滴不由得浮上心头。

我于20世纪90年代初参加工作,分配到语文系文艺理论与写作教研室承担马列文论教学任务,其时于乃昌先生是文艺理论与写作教研室主任。初见于乃昌先生是在新学期开学的教研室会议上,他50多岁,身材不高,自然卷的头发向后微微梳理着,露出宽广的前额,一副略带变色的眼镜后面是睿智而含笑的双目,他称我为"小同事"。未见他本人

---

① 张学海,西藏民族大学文学院教授。

之前已经听闻他的事迹，那是在入职培训时看一部纪录片，是学校电教中心随于乃昌先生在门巴族、珞巴族部落调研拍摄的，旖旎的风光、独特的风情令人遐想。见了他本人，尤觉得亲切。那时文艺理论与写作教研室共有10人，是语文系人数最多的教研室，每两周一次教研会议自然、亲切的氛围让我和诸位老师熟识起来。姚伯良老师是教研室分配给我的指导教师，我一方面随堂听他讲课，一方面备课。姚老师身材高大，略带青岛口音，讲课严谨，一丝不苟。他即将退休，身体欠佳，学期中间生病，于乃昌先生随机安排我试讲，接姚老师的课，安排我试讲的是文学概论课程中意境这个部分。在准备试讲期间，他多次到我的宿舍指导我备课，从教材内容的处理到教案的编写，他都细心加以指导，并且要求我将编写好的试讲教案交给他审阅。等到这些准备工作完成后，他才组织了由系领导和专业教师的听课小组。试讲我虽然有些紧张，但是总体还算顺利，于老师在点评的过程中更是给予我很多鼓励。以后每次教研会，他都会询问我上课的情况，耐心指导和帮助我。我初上大学讲堂，离不开于乃昌先生的帮助和鼓励，他严谨的治学态度更是给我留下了深刻的印象。

90年代初期，办公条件差，于乃昌主持的科研项目结项时，需要抄写结项材料，我和其他几位年轻老师一起被请到他家里抄写，见到他的夫人，教语言学的邓卫群老师。邓老师刚刚退休，温婉干练，不大的房间里铺满了书。抄写之余，与于、邓两位先生交谈，约略知道两位先生的经历。于乃昌先生，辽宁大连人，东北师范大学大学毕业。邓先生，北京人，北京师范大学毕业，家中兄妹都已经移居香港。60年代初毕业时，一腔热血报名支援边疆，几经辗转到这里从事教育工作。于乃昌先生的科研调研深入祖国西南边陲的门巴族、珞巴族部落，那里丛林密布，交通不便，全凭走路和骑马。一次于老师从马上摔下来，右手受伤，落下了病根，写字发抖，字就写得歪歪扭扭。依稀记得当时抄写的是门巴族、珞巴族的神话与传说调研稿，其时并不知道它们的价值，只是觉得好奇，后来才知道它们的意义非凡。于乃昌先生关于珞巴族、门巴族的著述颇多，除了《珞巴族文学史》等专著外，还有《〈斯金金巴巴娜达萌〉论析》《珞巴族三大史诗》《珞巴族古史歌的审美价值》等论文。于乃昌先生是新时期门巴族、珞巴族部落调研第一人，他收集的第一手资料成为此后门巴、珞巴部落文化研究的根本依循。后来听他讲起，其中收录的珞巴族神话《斯金金巴巴娜达萌》被国内民俗学专家钟敬文高度赞赏，并引起日本学人的注意，勉励后辈学人孜孜以求，推陈出新。

为传承老辈学人的学术研究，语文系为青年教师办了一个导师制培训班，于乃昌先生是美学培训班的导师。这个培训班利用课余时间，每周举行一次，于乃昌先生不计名利，倾囊相授，全面讲授了他的价值论美学思想。改革开放春风吹面，美学热乍起。他早在1980—1981年参加了全国首届美学教师研讨班，积极参与美学讨论，编写的《美学十讲》代表了那个时代美学研究的成就，写了数篇具有影响的研究论文，是中华美学学会理事。他从马克思主义价值论思想出发，建构了系统的价值论美学体系，是当时国内诸多美学流派中具有代表性的思想之一。我在这个培训班里得到了系统的美学理论学习，深化了对美学基本问题的认知。后来于乃昌先生退休，我曾经用他自编的价值论美学教材给学生上过课，在学习和备课的过程中，于价值论美学的字里行间中不断体悟到于乃昌先生对美学的深刻见解，感受到他丰沛的学术素养和美育育人的高尚情怀。遥想当年，美学培训班所在地4号教学楼一层那间简陋的教室里，几把旧桌凳，一张黑板，于乃昌先生在其间，举手投足中流露出的是渊博学识。充沛激情的情境仿佛就在昨日，念今日，斯人已逝，余音袅袅。

于乃昌先生在西藏审美文化研究上的首创性作用，以及在西藏审美文化上的深刻洞见，是我在自己多年科研实践中不断感知和领悟到的。20世纪80年代美学热中审美文化崛起，它反映了中华民族多元一体的文化格局，加上文化上的寻根热，各民族，特别是少数民族审美文化研究出现。他参与编写了《中国少数民族古代美学思想资料初编》，主编了"中国少数民族审美意识"系列研究丛书。他为《中国少数民族古代美学资料初编》藏族古代美学资料部分所撰写的《附记》，全面分析了藏族古代在文学、绘画、雕塑等方面的艺术理论，成为后代研究者的指南，而对藏族学者、对印度艺术的借鉴和翻译，他提出的"译中有述，论中有译，译介与论述紧密结合"的特点，启发了包括我在内的学者准确认识西藏古代艺术理论创造性继承和本土化实践的思想。于乃昌先生承担并完成国家和部委级人文社会科学研究重点规划项目5项，6次深入西藏各地调研，积累了丰富的资料，撰写了《西藏审美文化》，从宗教与审美、风情与审美、西藏造型艺术、门巴族语言艺术、珞巴族语言艺术等方面全面研究西藏地域性审美文化特点。他的开创性研究成为西藏民族学院的铭牌，在西藏和国内学术界产生了广泛的影响。20世纪90年代初，在邓小平南方谈话精神鼓舞下，全民掀起了从商热潮，脑体倒挂现象比较突出，《西藏审美文化》甫一出版，就面临这样一个独特局面。我担任班主任的班级同学帮助于乃昌先生卖书，结果应者寥寥。想来，于先生和那个时代的学术一样寂寞，但是在于乃昌先生的影响下，西藏审美文化研究成为西藏民族大学文学专业持续的研究热点，启发了后来学者在西藏审美文化研究的田园中不断深耕。西藏当代文学研究、西藏视觉文化研究、西藏文艺美学理论研究等先后多次获得国家社科基金立项，成为学院和学校发展新的学科增长点。在学科教学中，作为特色性学科，西藏审美文化被确立为语言文学专业的选修课，并入驻智慧树网络课程平台，吸引了国内外青年学子。回看于乃昌先生在西藏审美文化研究的首创之功，是无论如何评价都不为过的！

于乃昌先生随和亲切，无论什么时候相见，一双镜片后的双目总是闪烁着微笑。无论教研会，还是平时见面，于乃昌先生总是关心地问起我的生活和工作情况，俨然长者。他著作等身，成就非凡，对于我请教的问题总是虚心指导，循循善诱，提供和推荐研究书目。对于学术热点问题讨论，他见解独特，饱含激情，从不让人觉得刻板，富有年轻人的活力。听同事讲学校舞会，于乃昌先生翩翩起舞，是舞场上的焦点。退休之后，于乃昌先生随儿子定居国外，很难看到他的身影。几次回国来校，我们几次相聚，见他神采奕奕，精神矍铄。谈起国外生活很少，却常常留心学术界研究和学院的发展，说起当年为防蚂蟥缠着绑腿，徒步门巴族、珞巴族部落调研的情境，仿佛回到青年时期。现在回想起他退休后第一次回校时我们见面的情景：初冬，晨雾，一对老人脚步匆匆，赶着公交车，我仔细端详，在惊诧中辨认，那是于乃昌和邓卫群伉俪。打过招呼，看着健步疾走的两人，心理赞叹他们退休后的好身体，一定会长命百岁。

于乃昌先生在门巴族、珞巴族文化和西藏审美文化研究中的开拓性作用，让我们后辈学人高山仰止！他执教四十载，桃李满天下，德行学养惠泽后人无数。我仅说了说与他交往的几件小事，借此表达对于乃昌先生的缅怀之情！

向于乃昌老师学习

邓志军

1979年9月，我考入西藏民族学院语文系79级汉语文专业本科。我来自西藏部队，21岁，之前是炮兵。

大学一年级，上文学概论的大课，为我们授课的就是于乃昌老师。他中等个，体瘦，前额大，脸庞端庄，一开口洪亮的声音自带威严。

于老师授课很有艺术性，包括他艺术化的批评。刚入学我有一次在课堂上睡觉，于老师批评道："我在上面讲课，你在下面深沉地思索？！"

于老师在讲课时，对我们这批基础较差的学生，总是潜移默化地引导。我们在听课时，一边在文学艺术的审美意境中神游，一边又能置身于现实社会中。

于老师对学生予以明确指导：大量阅读中外文学名著，打好理论基础，勤写勤练，提升艺术鉴赏能力，学以致用，这是于老师教给我们看世界的方法论。

大学二年级，我开始尝试写诗和散文，还写了一部篇幅较长的电影剧本。我除了请教学校老师外，还请教了诗人马丽华、文艺评论家白烨。

大家认为这部作品寓意深沉，但意象刻板、语言生硬，缺乏生活气息，并说文学创作不是一朝一夕之事，应多了解、体验生活，坚持不懈。

大学三年级，于老师讲美学理论，介绍了全国学术界的人性大讨论，涉及文学艺术的美与丑，以及艺术生命的真善美……

由此，激发了我重视理论基础学习的兴趣。我如饥似渴地读文艺理论、美学理论方面的书籍，如费尔巴哈、黑格尔、康德、柏拉图等人的著作，以及西方哲学史、中国哲学史，感觉很有收获。

尤其是我从于老师教我们的文艺理论、美学理论，还有多种专题课中，领悟了于老师的教学方法：先明确主题，讲透概念的内涵与外延，再纵向追溯历史渊源，横向旁征博引，后落实到现实的运用。于老师每堂课均脉络清晰，深入浅出，加之讲课时举手投足尽显气宇轩昂的风采，学生们都喜欢上他的课。

大四毕业前，我写了两篇论文，一篇是浅论美学方面的，属于文学理论范畴；一篇是论人性方面的，属于哲学范畴。

于老师说我写美学理论的论文，若能将文艺与美学的理论粗浅融合，可以考虑优秀；写论人性的纯哲学论文，已经偏离汉语文专业，又缺乏哲学高度，属于偏科，只能是合格。

我自己觉得《论"人性"》一文是自己4年学习的理论收获，有点痴迷，后来作为毕业论文递交上去。在毕业论文答辩中，于老师和高光耀老师用马克思关于异化的理论，指出了我论文有关人性哲学讨论与现实问题的缺陷，作为学生我心悦诚服。最后经评议，我的这篇毕业哲学论文为合格。

毕业离校前，于老师还把我叫到他家，与我畅谈我们西藏军人学生的未来，鼓励我向另外两名军人学生田娅、石明海学习，贴近生活，理论联系实际，学以致用，回到西藏要有为于军队和社会，我表示会牢记在心。

1983年8月，我大学毕业后到西藏军区报到，并按要求返回原部队到基层见习。其间，我了解到西藏和全军野战部队干部普遍文化水平偏低后，经所在部队党委、军区党委同意，向中央军委提出了《更新军队中高级干部文化知识结构的建议》。

1984年6月，我接到通知，调我到西藏军区文化教育办公室，负责军区党政干部自修大学在职干部高等教育班的教学工作。

第一次担此重任，我的压力非常大。我首先想到的就是于乃昌老师，我下定决心学习运用于老师的教学方法上课。白天我紧张地熟悉党政干部所学系列课程、编写教案纲要，晚上睡前再一幕幕回想于老师的授课情景、方法，包括神情姿态。

第一堂课讲授政治经济学，我结合教材，运用于老师的逻辑教学法，从商品概念的内涵与外延开始，逐步构架起各个层次、章节的系统理论体系，深受学员们的喜欢。大家认真听讲并认真做笔记，普遍反映通俗易懂，便于掌握。

此后讲各门课程，均照此法。每次上课，都在第四节留出10分钟，用于解答疑问。学完一门课程，就增加一节课堂讨论，这也是我向学员们学习，学员们相互辩论、提问求证的过程。

通过两年多的教学，我所教西藏军区班全体学员获得自治区高等教育自学考试唯一的集体优秀奖。在表彰大会上，学员代表——西藏军区文化教育办公室主任路统信上台领奖。

1985—1987年，我国裁军100万人，西藏军区也撤销了军区文化教育办公室，我转到军区编外干部办公室工作。

做编外干部工作，我还是个新兵，就效仿于老师对我的亲切关怀、谦和真情，发扬我军优良传统，从关心、爱护编外干部出发，走进边防基层部队开展工作。

一次，军区张政委巡查下属边防军分区、驻防部队后，要求编外办派工作组深入基层部队，做好编外干部善后工作的调研。我奉命率工作组，先到山南军分区，再到一线边防守备团改营、师改旅野战部队，走访编外干部，与他们促膝谈心，了解他们有什么困难并找到解困的办法，做好倾听、沟通工作，并向上级反馈他们提出的意见和建议。

我在做好工作的同时，还结合教学到西藏各地调研，撰写了《论西藏经济发展的社会政治因素》《论财政的本质与规律》两篇论文，受到自治区政府和相关方面的重视。我还作为西藏自治区代表参加了在成都举办的西南民族地区经济发展讨论会及在淄博举办的全国中青年财政理论研讨会，后成为西藏经济学会会员。

1987年底，西藏军区编外干部转业全部完成，随之军区编外办撤销，我也转业。

2024年10月，我已在地方退休多年，想给尊敬的班主任汪朝光老师和我毕业论文的指导老师于乃昌写信汇报一下我近年来的情况，可只写了个开头，便惊悉于老师已于7月病逝的消息。

我今天深切缅怀于老师，有感于他为师的严于治学、科学教学，亲切关怀学生的恩师风貌；追思于老师的恩泽，就是要向于老师学习，更好地回报社会。

向于乃昌老师学习，继续传承、弘扬他的精神，努力向前……

怀念于乃昌老师

宋卫红[1]

于乃昌老师晚年去新西兰之后，我们以微信联系，起初时时能看到他在朋友圈分享一些文章和生活片段，近年未见分享，还想着于老师大概因为眼睛不好，毕竟八十七八岁的人了，谁知他已于半年前故去。一时间，惊愕和悲伤涌上心头，多年来受于老师教诲的往事也自记忆深处浮现出来。

初识于老师是在1997年，我大学毕业后分配到当时的西藏民族学院语文系。系主任问我对什么学科感兴趣，我说我喜欢美学，正好文艺学教研室缺人手，我就被带到了教研室主任于老师的办公室。当时的我虽然选择了这个专业方向，但是其实只在大学里学过几门文艺学相关课程，除了一腔对美学的单纯热爱之外，并没有多少知识积累，也不知道眼前这位60多岁的老师是美学和西藏民族文化方面的国家级专家。我见到于老师时只感到忐忑紧张，害怕他提一些专业问题我回答不上来。没想到

---

[1] 宋卫红，西藏民族大学文学院副教授。

于老师非常和蔼可亲,在询问了我美学课都学了些什么和我毕业论文的内容后就对我说,无论我以前学习过什么样的美学体系,到了西藏民族学院,面对来自西藏或将要去西藏工作的学生,知识内容都要更新,要根据学生的特点把美学理论和西藏文化实际结合起来。他立即为我制订了新教师培训计划:参加工作的第一年不能上讲台,要通过旁听本教研室的所有课程、当教学助理、批改学生作业和答疑等方式提高教学技能。

我首先旁听的是于老师的审美学课。第一节课他就解释说,这门课在其他学校都叫美学,研究美是什么,但他认为这样的名称似乎表明美是一种实体,其实美只存在于人与世界的实践性关系中,只存在人的审美,而不存在实体的美,所以本校这门课程的名称显得独树一帜。他拿出从喜马拉雅山区门巴族、珞巴族原始部落带回的木锄、石锅等生产生活工具生动地论证他的理论,这样的理论观点和教学方法都让我大开眼界。于老师独到的理论观点都记录在他的《审美学纲要》一书中,这本书跟当时大部分的美学教材以理论思辨和演绎的方法不同,不仅借鉴了价值论、科学方法论,出现了审美价值运算公式,而且大量运用他在20世纪八九十年代多次在西藏进行田野调查的第一手材料做论据,从鲜活的审美现象中归纳出独特的理论体系,从方法到内容都让我耳目一新。除了听课外,他还让我认真通读这部教材,自己找关键词,并为这些关键词做索引和要点总结,然后多次交流、修改,这种方式让我掌握了读理论著作的基本方法,在日后受益匪浅。

那时候的教室没有电脑、没有多媒体,于老师的课却一直是"多媒体"的。他几乎每次上课都会在教材教案之外带点别的东西:讲审美的历史性时,他带珞巴族的原始生产工具(其中的几件现存于本校图书馆,这些物品具有活化石一般的价值);讲宗教与审美的关系时,他带的是两尊藏传佛教的金铜造像;涉及一些图表时,他带的是自制挂图;讲绘画雕塑时,他搬来了幻灯机;讲音乐时,他提了录音机;讲舞蹈时,他还自己喊着节拍扭动几下,逗得学生们哈哈大笑……就这样,汉语文专业最晦涩难懂的课程之一被他上得生动有趣,深受学生欢迎。当时有很多区内学生的汉语水平并不好,但大家都很喜欢上于老师的课。

我还听了于老师开设的文艺欣赏与评论、文化人类学和西藏审美文化课,后两门课我上学的时候都没有接触过,一听就感觉打开了新世界的大门。于老师退休后,我接手西藏审美文化课的授课任务,在一遍遍的讲授中总能想起于老师上课时的风采。

我第一次上讲台也是在于老师的课上,是作为助教为学生答疑。前面的一次课于老师让学生把不懂的地方、想要进一步了解的地方都写在纸上,让我准备几天后在课堂上回答。我拿到这些字条就犯了难,30张字条30个问题,每个都回答的话要占多少课堂时间啊,但于老师只给了我一节课的工夫。于是我把这些问题归了类:经过简单查找即可找到答案的问题不予回答,不易解决的归结为若干问题链条,然后系统解答。课后,于老师对我处理问题的方法、回答的内容、讲课的口才及板书都做了一一点评和指导,我才明白这次课堂答疑相当于给我的新教师岗前培训做结业考试,他就是那么出其不意,但又在情理之中。课前当我因第一次上讲台而紧张冒汗时,于老师说:"小宋,我对你有信心。"这句话在28年之后仍在我心里闪闪发光。

除了学术和教学方面的指导外,于老师在生活中作为美学家表现出的敏锐的美感和创造力也时时让我惊叹。我第一次去他家拜访,看见墙上挂着个奇怪的东西,于老师说那是鲨的壳。我从来没有见过谁家把这个东西当作装饰品,于老师解释说:"它看起来跟非洲的木雕面具非常像,有一种原始的美,我喜欢这种奔放的美感。"还有一次在课堂上,于老师展示了一张西藏摩崖石刻的照片,山崖上精细地刻画着一个护法神的面部，而他的身体只有部分粗略的线条，大部分保留了岩石的自然形状，看起来就好像一个神灵自粗粝的自然中挣脱而出。于老师说，在西藏成千上万的艺术形象中他最欣赏的就是这个摩崖石刻，他欣赏的是形象中蕴含的巨大生命力，人强大的力量从荒蛮的自然属性里挣脱出来，艺术家独特的创造力正是这种伟大力量的表现。

其实于老师本人也是个艺术家，而且是多面的。他的书法很有自己的风格，学校教师书法展时我见过几幅，个人特点突出，辨识度极高。学生活动要演话剧，于老师就帮着改剧本并做导演，说我们不做传统话剧，而是要打破各种艺术壁垒，在表演中融入音乐、舞蹈和美术，还要打破第四堵墙，演员要和观众互动。这件事留给我的印象很深刻，因为我没想到一位大教授居然亲力亲为地参与学生的演出活动，也没想到话剧还能这么演。于老师舞也跳得很好，我还记得他退休那年系里搞活动，音乐一起，于老师就说："来，快三步，一起跳！"其实我根本不会跳，于老师带着我踩着节奏旋转，我感到天旋地转，气喘吁吁，而于老师意气风发，气定神闲。那一年我24岁，而于老师已经63岁了。于老师对新生事物的接受度也很高，换句话说，他是个时髦的老头，经常走在时代的潮头。20世纪90年代末互联网开始慢慢普及，但基本上还没有个人电脑，学校组织教师们在机房学习上网。我和于老师邻座，当我还在尝试怎么使用搜索引擎时，发现于老师居然在发电子邮件，他居然有邮箱并已经开始使用它与世界联络，我顿时觉得自己作为年轻人却比老人落后了一个时代，惭愧不已。

1999年，于老师退休，后来又出国，此后我们在微信上保持联系。我曾几次把我的论文发给他，希望获得一二指点，没想到每次他发回来的指导建议都是洋洋洒洒好长的一篇，几乎与我的论文差不多长。考虑到他的年龄和眼疾，他的反馈让我非常感动，后来都不好意思向他求救了。

前辈学者认真严谨的治学态度，都够我学习一辈子的了。每次他回国我也会登门拜访，有时聊起当年他到门隅、珞隅考察时遇到的艰险，他就拿出几袋黑白照片，一一讲述照片背后的人和事，几十年前的往事仍然记忆分明。他见证了一个民族从原始社会到社会主义社会跨时代的跳跃式发展，他的记录和鲜活的记忆具有极其重要的社会价值和学术价值。他把他的一套《宗白华全集》和当年上课时使用的两厚本幻灯片送给我，说这些幻灯片现在虽没什么实际用途了，但这是他们那一辈美学教师辛辛苦苦收集起来的，算得上是教学工作的老古董，送给我是表达一种工作精神的传承。这些东西我一直好好地珍藏着，偶尔翻出来看看，就觉得有一股暖流从前辈兢兢业业的工作中发源，穿过几十年的时光，在我的工作和生活中流过。还有一年，于老师回来说在国外几年都没看过国产电影，于是我就带他去电影院看了吴天明导演的《百鸟朝凤》，看完一起吃饭，相谈甚欢。那天正好是6月1日，我开玩笑说今天出来就是给您这个八龄童过节呢，于老师笑得像个孩子。

　　于老师在我记忆中的形象就定格在这孩子般的笑容上，热情、好奇、活泼、有趣。他的人格魅力长久地感召着我，他不仅是我学术和教学工作上的领路者，而且是我生活上的榜样。我觉得，他在我心中就是一个行者，就像他当年热情地在美学理论方面进行突围，勇敢地前往喜马拉雅腹地进行探索，现在他是去一个未知的世界继续他的考察了。

　　行者无疆，永远在路上。

　　祝福您，于老师！

"乃昌兄",我的老师于乃昌

石明海

2024年11月22日11时43分,收悉同学刘伟发来于老师7月在国外病故的短信。

手机黑屏了,而记忆的隧道逐渐显现,合欢树亲切地摇曳,音画时而模糊,时而清晰,但只言片语甘如饴,一角画面也洞天。

迟来的悼念,无尽的哀挽!

每当那熟悉的脚步声传来
便见到一双甩尖子黑皮鞋上锃亮的小星星
油亮的头发像一把春光四溢的秧苗在婆娑
不时划动学生的心田冬水
教我们美学,他的课美在新鲜
也美得让人抓耳挠腮
兴趣盎然,有时根本分不清课堂内外了
跟谁都有一聊

有时课间站在走廊与我们共享一根烟

叽叽喳喳闹麻了

一段燃烧的光阴

转存不灭的多少点点滴滴

过往的音画如原野上的花朵跳闪

迭香续断

美感的发生就是两因赴会

正向作合成就美

本具存在乃为因

对，一枚因由而生的果

这样描述，会不会促生美不可言的玄之又玄呢

波特的绘画被人从垃圾桶捡起

却卖出了令人咋舌的亿万美金

有一文不值的美吗

愉悦的阳光，清爽的空气

等等，感时花溅泪，恨别鸟惊心

美在惊鸿一瞥，也在慢嚼细品

一枚硬币怎样挺住了一个教堂的垮塌呢

假恶丑不过是真善美的熵增形态

对标现实，改造客观，审美将来

本身就是我们的使命啊

要求正果，必广泛学习多学科

哦耶，山……大呀

哈哈，乐在其中自会美不胜收

有时云蒸雾绕，有时探幽发微

那和风细雨，那激流越石

那娓娓道来

仿佛不远处伸手可掬的泉水叮咚

泾渭两河从黄土深刻的伤痕一清一浑地淌来

叉丫交汇的河床上散落着夕阳的碎银波光

一天助农秋收刨花生结束

自然少不了坐下来抽根香烟

女生都闪了

放纵了的男生裸泳得欢声拍岸

我吐着烟圈，嘴角留有花生浆

你看这花生，顾名思义，还包含了

壳籽根茎枝叶细胞分子原子粒子量子

一个词，你一观照立马就长成了参天大树

枝枝叶叶，根根须须，林林总总

每次新发现便又产生新词语

积沙成山，集流成河，汇聚为海

挖矿一样递进

语言便这样搭建着我们的世界

能防止话语权垄断

方能让真理灼见，文明照耀大野

我理了理，试图抓住来龙首尾

人脑中本具存在的因萌芽了识见

凝结为语言

便有了思想、交流、巫术、宗教、文化、艺术、审美、科学等

终极意义在于奔赴彼岸的约会造就极乐大美

问题来了，反观现实，我们是否踏上了最便捷的道路

还真难说

是一言难尽吧

他扔了烟头又点燃一根，陷入沉思

而我的耳畔不由得响起阴幽走廊的高谈阔论

天体在运转，宇宙在膨胀

语言在披荆斩棘，拓荒前进

老子提醒我们，道恒无名

你得自己去创造新的表达、新的文明

这就需要我们不懈努力

宇宙元嘛，我叫宇宙丸子

科学家称奇点

当初就一鸽蛋大小

炸裂为宇宙，出了万千大世界

气象恢宏又奥妙无穷

我们感叹她的神奇

更庆幸到此一游

谁给了引爆的一瞥呢

……

不知不觉，夜色驾着徐徐凉风

不紧不慢渐次将黄河泾渭喧嚣村舍远山近峦收纳入袋

返吧，先生起身说出这两字时

崩落了一粒排卵的花生

83年毕业了，一别两宽

念起又相逢

那双甩尖子在蹚过古人猿洞、莲花生磐石、门隅、两巴、苯教、贝叶经、

傩戏、东西板块、风情民俗的沟壑大川

传说般出现在布达拉宫山下

顺便考察一下落地拉萨的学生

几杯薄酒，几句随遇而安的工作生活

卡拉OK的随意轻松

快活了当下

也让从前过往快活得天高云淡

不禁赞叹起那双甩尖子耕耘古往今来的犁铧

竟能自如游弋音乐，乐悠步点

优雅地翻转吟唱的体韵

脸上门隅的篝火烟尘被红晕逐一扫荡

吞杯啤酒，又蹲步到莫斯科郊外的红河谷

酒干倘卖无的红尘滚滚

大家拍起了巴掌，把情绪拉高了维度

美哉，乃昌兄

乐在其中，又能乐享其外

没有告别的离别

便是不存在的离别

今之，斯人已去，远在天边，音容留存

儿子入了新西兰

而这，崛起的高楼总有些压迫感

要说民院的环境相当不错了

邓老师……

当然……

好哇,听说那边少污染适合两老健康长寿

米哈村……是的

米哈村,自由畅想地,旖旎风光

当然……自然……蔚然……

一片白羽晃晃悠悠沿着晚来的信息

将我带到天涯海角之南、赤道之南

一枚漂浮于海蓝之上的土块

一个芬芳馥郁的岛屿王国

与国王并排坐了下来,双脚放于水中

偶尔蹼动下沙里的彩贝

水浪喁喁嗫岸,海带缠绵流光

我们都默认这种交流更能传情达意

或许在期待海水浸蓝了脚丫

走一串正经的蓝色狂想曲

这次只有我在吸烟

时间在烟卷上闪烁红灯

烟氲慢慢散开,静谧的蓝天

凭空出现了翻飞的海鸥

它们滑翔着抵足列队

一排一排,层层叠叠

乘着波浪涌来

一排排涌来,便感到一阵阵咸湿的拂风

一排排涌来,涌上了沙滩

倏然骤起拥走了乃昌兄

渐渐升离了海面

一道弧跨彩虹由浅变深变亮丽

上了虹桥，这才发现并不佝偻的老师

头顶没了那葱绿的春苗

聊剩几缕晶莹的白云飘呀忽呀

我把矶石敲到了最大声

天地迅疾嗡嗡回响：唵嘛呢叭咪哞

我展臂拽向海心

凝注石击海水的涟漪与巨大虹影圆形

以及影影绰绰的猎游鲸群

一切都那么真真切切

又那么真实迷离，隐入浩淼蓝色

怀念恩师于乃昌

康 浩①

有人将您比作灯烛

在黑夜里照亮别人

我却视您

为夜空中的明星

在懵懂的时候给我指明前行的方向

也有人将您

比作园丁

辛勤耕耘着春天

我却视您

为世上最圣洁的清泉

以美的哲理净化我的灵魂

---

① 康浩，1983年毕业于西藏民族学院语文系，毕业论文《试论自然美》由于乃昌老师指导。

呜呼哉

先生与我

恩重如山

在我眼里

您不仅是阳光

给我以光明和温暖

您也不仅仅是甘露

解我以干渴

还记得春天

您的周围

开满了鲜花

到了秋天

您的树下

早已是硕果累累

悼于老

黄 波[1]

噩耗传来惊校园，

门珞专家[2]升瑶天。

审美文化[3]昭学子，

教书美育出高才。

严律弟子成状元，[4]

老教协会勇挑担。[5]

蜡炬成灰心亦甘，

后辈躬身祭于贤。

---

[1] 黄波，西藏民族大学文学院教授。
[2] 20世纪70年代以来，于乃昌教授6次深入喜马拉雅山区，调研门巴族、珞巴族文艺和文化，被美誉为"门巴族、珞巴族文化专家"。
[3] 1989年8月，西藏人民出版社出版了于乃昌教授的专著《西藏审美文化》一书，该书可谓中国少数民族美学的创新论著。
[4] 于乃昌教授对学生很随和，也很严格。有一次，大一期末考试，80名同学考文学概论，只有16名及格，于老师说："从那以后，你们都知道怎么学习了。"
[5] 于乃昌教授退休后，当选为陕西省老教授协会西藏民族学院分会第一任会长。

怀念恩师

孔艳霞①

2024年12月1日下午，我在大学同学群里看到一条信息："这是我们的校友夏敏教授写的一篇悼念于老师的文章，于老师今年七月在国外去世，愿老师一路走好！"打开链接仔细看了夏敏教授的文章，方知于老师已经去世，顿时心里非常难受，往事一幕幕浮现在眼前……

于老师是我大学的恩师，是我工作后的同事，应该说是我人生的指路人。

1972年7月，我初中毕业，正处在人生的十字路口。是上班还是下乡，我面临选择。此时西藏民族学院到我们学校招生，而于老师就是这次招生的领导。记得他给我们毕业生介绍民族学院情况时，就像一个演讲家，生动形象的语言给我留下了深刻的印象。他说，西藏民族学院位于咸阳，渭水河畔，有优美的环境和良好的教学条件，请同学们积极报名，成为一名大学生，对于你们一定是不错的选择。他组织了摸底考试，我参加了考试。其实当时我真是不想去，第一我不想当老师，第二我不想去一个离家很远不熟悉的地方。于老师亲自到我家，给父母讲上学的好处。

---

① 孔艳霞，西藏民族学院汉语文专业毕业，从事政治理论教学。

我的父母十分支持我去上学，母亲说，燕子，去上学吧，听于老师的话。就这样，16岁的我离开父母，离开了家，跟随于老师他们，乘着大卡车，一路风尘仆仆到达柳园，然后乘火车去了古城咸阳。于老师那时也就30多岁，一路上，他不仅要照顾我们十几个学生的生活，而且还要哄我们开心。因为年纪小动不动就哭鼻子，于老师就给我们讲故事，至今我还能想起于老师那惟妙惟肖的讲述。

到学校后，由于不适应新的环境，我总想退学回家。一见到于老师我就会流眼泪，于老师总是安慰我，拍着我的肩膀说，坚强点，人总是要离开父母、离开家的。每个周日，于老师就把我叫到他家里吃饭，让我感受到家的温暖。那时生活条件不好，每次去吃饭，于老师和邓老师总要想办法做一些好吃的。在他的关心帮助下，我度过了那段艰难的日子，安心地投入学习。大学期间以至毕业工作后，老师夫妻俩都是我的依靠，是我的良师益友。

滴水之恩，当涌泉相报。随着时代的变迁，我愈加感谢于老师当年把我从一个小丫头带进了高等学府，并且成为一名大学教师。于老师退休后，只要有事需要我帮忙，我和爱人都会尽力去做。后来我去了深圳带孙子，于老师老两口也去了新西兰带孙子，见面的机会很少。尽管有网络，偶尔也能视频通话，但是几乎断了来往。前几年回学校度假，遇到于老师回国办事，我们在咸阳最好的饭店为他接风，又请老师到家里吃饭。我还陪他去西安购买东西，走时由我爱人开车送到机场，没想到那次见面竟成了最后一次。

于老师绝对是位令人崇敬的名师，用"先生之风，山高水长"来形容绝不为过。我是老师招、老师教，又和老师一起工作的学生，和这样德高望重、才华横溢的老师相识，是我三生有幸。尊敬的于老师，如果有来生，我还做您的学生！

于乃昌教授的学术精神

林少海①

于乃昌教授1960年东北师范大学中文系毕业后到西藏民族学院执教,主要从事文艺学、美学、文化人类学的教学和研究工作,并取得丰硕的学术成果,素有"门巴族、珞巴族文化研究专家"之美誉。2024年7月,于乃昌教授不幸因病辞世,享年88岁,永别了他心爱的学术研究,永别了他心爱的亲人与学生、朋友。他生前孜孜不倦地钻研,著作等身,为后人留下了宝贵的精神财富。这些精神财富足以让他在美学研究、西藏审美文化研究领域占有重要地位,被后世学子所钦佩。

纪念于乃昌教授最好的方式,就是要学习他的人文精神,沿着他所开拓的门巴族、珞巴族文学艺术和文化研究之路继续前行,将这方面的研究做深做实做细,取得更多的学术成果,不断推动门巴族、珞巴族文学艺术和文化研究向前发展。我认为,如果想研究西藏的审美文化,门巴族、珞巴族文学艺术和文化,那么于乃昌教授的相关著作是最好的参

---

① 林少海,北海市作家协会会员,发表多篇随笔,曾获多个文学奖。

考书。这些学术著作，都是由于乃昌教授亲自深入西藏各地开展调研，收集诸多珍贵材料之后撰写而成的，论述精辟，多有创见。

有些学人认为，文科的学术研究，无非就是到图书馆、档案馆、博物馆、文化馆等查查资料，然后汇总、分析、提炼，就可以写出一部学术著作了。当然，倘若真的这样做，的确也可以写出一部学术著作，但是这样的学术著作，很可能是人云亦云，只是材料的堆积，了无新意，这就导致含金量大打折扣，更不要奢望这样的学术著作能够经得起时间的考验与流传后世了。话说回来，我并非说学术研究必须走出去考察，而是说学术研究离不开实地考察，不能只满足于翻阅典籍。想在学术研究上有所发现、有所创新、有所成就，那么就不能偷懒，不能投机取巧。2019年6月，于乃昌教授曾做过一次题为《田野作业——文化人类学研究的必由之路》的学术报告，提出了文化人类学研究必由之路田野作业的三点宝贵经验：一是要有理论储备，以马克思主义的历史唯物观为指导思想；二是要有尊重的态度，尊重事实，尊重讲述人的讲述；三是要做全面综合的考察，田野考察要树立面对以人为中心的文化网络观念，考察要全面细致，实事求是，才能得出科学的结论。这三点是于乃昌教授的治学经验与研究心得，值得学子们认真学习与借鉴。

于乃昌教授曾与同事顾祖成、陈立明等，先后6次组队进藏实地考察了门巴族、珞巴族的文学和文化情况。门巴族与珞巴族都是中华民族大家庭里历史悠久的少数民族，门巴族主要分布在西藏东南部的墨脱、门隅等地，民族语言为门巴语，属于汉藏语系藏缅语族藏语支，但是没有本民族文字，通用的是藏文。珞巴族主要分布在西藏墨脱、米林、察隅等地，没有本民族文字，本民族的历史故事、传说，靠口口相传。2011年，珞巴族始祖传说被列入国家级非物质文化遗产名录。门巴族、珞巴族文学和文化研究的很多学术空白亟待填补，于乃昌教授在这方面可谓用功甚勤，贡献良多，这体现在他的一些代表性著作与论文中。这些学术著作与学术论文，以宽阔的学术视野与严谨的学术态度，宏观与微观相结合，既有宏大的叙述，又有以小见大的见地，为学子们在这方面的学术研究开辟出了一条新路，提供了新的学术思路与方法。

于乃昌教授对学术研究是认真的，是不遗余力的，即使在退休之后，为了支持西藏民族大学南亚研究所的工作，他将自己珍藏多年的进藏考察调研的第一手关于门巴族、珞巴族文化的宝贵录音资料，以及当时调研使用的录音设备等，全部捐赠出来，这有助于研究所对门巴族、珞巴族文化的深入研究。曾有人言："学术者，天下之公器也；书籍者，天下学术精神所寄存者，亦公器也。私其学于一己，则其学亡；私其书于一家，则其书亦亡。"学术的宗旨，就是要为国家、为人民造福，助力文化传承与文化建设，从事学术研究者当具备这样的觉悟与坚守。于乃昌教授此举令人敬佩，也由此可看出他坚守的学术责任感与使命感。

于乃昌教授的辞世，无疑是学术界的一大损失。德国哲学家费希特曾经在德国耶拿大学做过一次题为《论学者的使命》的演讲，他认为："学者的使命主要是为社会服务，因为他是学者，所以他比任何一个阶层都更能真正通过社会而存在，为社会而存在。"于乃昌教授是一个真正的学者，他的学术研究是不朽的，他的学术精神也是不朽的，是会薪火相传的。

承嗣篇

神与物游

——中国民族神话的仪式性审美

夏 敏

摘要：作为仪式性叙事重要组成部分的中国民族神话，从思维构成到仪式言说，彰显了中国民族独树一帜的仪式性审美，体现了中国民族神话独特的审美价值。中国大地上与众不同的生命意识，构成了这种神话——仪式性审美创造的原动力，为东方美学提供了一个独特的审美视域。

关键词：民族神话；审美意识；仪式性审美；生命意识

世界上每个民族都"在幻想中、神话中经历了史前时期"[①]，并带着丰富的精神遗产步入文明时代。中国少数民族有丰富的远古神话，这些神话以"活态"的风貌重现了远古神秘的世界。30余年来，中国少数民族神话的大量收集、整理和出版，证明了中国民族神话的发生多数与仪式相关，它们带有早期神话的明显特征。在独特的"神思"

---

① 中共中央马克思恩格斯列宁斯大林著作编译局编《马克思恩格斯选集》第1卷，人民出版社，1972，第6页。

作用下,仪式中的神话叙事与日常叙事有着明显差异。仪式中特殊的神话讲述显现了特别的神话思维,呈现出独树一帜的仪式性审美。中华民族聚集在太平洋以西的广袤大地上,各民族神话的仪式性审美,既有着各自不同的地域风貌与族群差异,又互相影响交流,使其神话也沾滞着多元一体、趋于一致的美学特征。本文认为,带有浓厚仪式性特征的中国民族神话,既属于膜拜、巫术并存的仪式性文化,它同时又是审美型文化。中国民族神话创造中的思维心理活动和神话中强烈的生命意识和人的价值显现,无疑都具有审美意义。

一、精神胜利法:中国民族神话的仪式感与审美意识的发生

"神话"一词拆开来讲,"神"即神或神圣的、神灵的,"话"即表达、话题、说话(言语)、话语、语言、符号。"神话"一词字面义可理解为关于神的表达或其他。关于神话的性质,著名人类学家林惠祥先生在他的《文化人类学》中曾做过归纳:(1)神话是传袭的(traditional),它们发生于遥远的史前时代或即所谓神话时代(mythopoeic age)。(2)是叙述的(narrative)。(3)是实在的(substantially true),在民众中神话是被信为确实的记事。以上是表面的通性。(4)说明性(aetiological)。(5)人格化(Personification),神话中的主人翁不论是神灵或动植物,都是有人性的。(6)野蛮的要素(savage element),神话是原始心理的产物。以上是内容的通性。[①]

神话是叙事文学的主要源头。初民需要神话并创造神话,神话是多种社会历史因素和创造主体心理因素合力作用的结果。从心理因素来看,

---

① 林惠祥:《文化人类学》,商务印书馆,1996,第267—268页。

神话是过于弱小的先民对过于强大的自然力的想象性征服，是他们的精神胜利法。这种精神胜利法，一方面反映了人与自然的矛盾，另一方面先民视其具有战胜自然的实际效能。"虽然神话也反映某些真实的对立物，但它总是企图在意识中借助虚幻的形象和实体来征服这些对立物。"① 比如，射日月神话，矛盾对立双方是人和日月，胜利者却是人（如汉族的羿，瑶族的格怀，壮族的侯野，水族的伢俣，布依族的年王、王姜，伏羲或伏羲兄妹，苗族的杨亚等），这些被神化的人具有高超的技艺和济世救民的英雄品格。通过他们，神话创造者圆全了精神上的自由和道德上的至善。

  通过神话叙事，现实的不自由在精神上得以自由补偿。一方面初民的现实难题是一种压在人们心中的一个过重的心理负荷，自然力是如此横暴：太阳晒得土地干裂，洪水灭绝人种，猛兽袭击生民，水火时有时无，地震频生，疫病流行……另一方面人的生命意识，人性的自由而乐生的审美追求，又会与之相抵触。作为原始信仰重要内容的神话，是人们实现其精神需要和审美追求的一方乐土。从狭义上来看，人对自然的征服和主宰，在神话中突出地表现为巫咒控制型神话。人们在这类神话中企图公开控制和影响自然力，使之听命于人。例如，各种征服自然的神话，各种文化现象起源的神话，它们讲述英雄的成长及其与魔鬼（或其他）较量的故事，表现了与人为善的道德观念。神话主角多是半人半神，反映了人试图借助某种巫力而使自然听命的心理。从广义上来看，（a）人对自然和宇宙本体认识的神话（如日月星辰等天体神话、自然现象神话，袁珂先生称后者为"物活论神话"），以及（b）自然和文化历史渊源的神话（如创世神话、风俗

---

① ［苏］乌格里诺维奇：《艺术与宗教》，王先睿、李鹏增译，生活·读书·新知三联书店，1987，第80—81页。

神话、物象特点的推原神话），都体现了人试图对自然施加精神影响和观念价值，是原始心理对人现实界的形象的、人格化的改造，换言之就是征服。乌格里诺维奇说："神话乃是解释世界和虚幻地改造世界两个方面尚未分解的统一。"① 上述神话类型（a）是灵性（自然）崇拜的产物，神话类型（b）分别是图腾崇拜、生殖崇拜、英雄崇拜的产物。人类心智居于何种阶段，就有何种阶段特殊的物质和精神需要，就有与之相称的文明规约和乐生指向。神话原型常暗示我们，狩猎社会开创了人类最早的文明，最早的神是动物，是图腾神。神话时代初期，人的愿望就寄托在它们身上。那时，作为食物来源的动物既是被征服的对象，也是初民的神。它们是人性善的象征，是神话的主角，它们是创世的设计师、工匠和化生者，如彝族造万物的虎，藏族的牛，普米族的马鹿，等等。

神话是幻想的产物。维柯说："各异教民族的原始祖先都是些在发展中的人类的儿童，他们按照自己的观念去创造事物。……在他们的粗鲁无知中，却只凭一种完全肉体方面的想象力。而且因为这种想象力完全是肉体方面的，他们就以惊人的崇高气魄去创造，这种崇高气魄伟大到使那些用想象来创造的本人也感到非常惶惑。"② 神话时代的幻想有别于后世艺术表现中的幻想，这是因为它混融于仪式，具有巫术臆想的一般特征。比如，为了强调此一意象而使彼一意象显得朦胧、模糊。哈萨克神话说，萨甘加用高山做钉，把地钉在巨牛的一个角上，巨牛摇头驱蝇或将地从这一个角移到那一个角时，就会发生地震。那么牛站在哪里？高山怎样能将地钉在牛的一个角上？既然钉住了牛何以又能将地从

---

① [苏]乌格里诺维奇：《艺术与宗教》，王先睿、李鹏增译，生活·读书·新知三联书店，1987，第69页。
② [意]维柯：《新科学》，朱光潜译，人民文学出版社，1986，第162页。

此角移至彼角？在初民的想象中，这些在逻辑上讲是有缺陷和疏漏的想象，其实是他们的"逻辑"，一种伟大的才能，是神话创造主体的心理条件。①抽掉幻想不能构成神话。马克思说："任何神话都是在想象中并且借助想象来征服自然力，支配自然力，造成自然力；因而自然力一旦在实际上被统治，神话就消失了。"②可见，在想象中征服、支配自然是神话产生的重要心理动机。

有的学者把神话的幻想手段初步分为下列3种形态：(a)接近幻想：云南弥勒县彝族阿细人的神话说，远古时兄妹吃野果，喝雨水，穿树叶，住山洞，睡石板等和考古发现的旧石器早期、中期的采集生活基本相像。(b)创造性幻想：即把同一表象做变形处理，或把不同的表象做重新组合。哈尼族洪水神话说，幸存者是两个女性（孤女与寡妇）。她俩受动植物的"灵魂"所感，生育出形形色色的草木禽兽，胸以上生出飞鸟，胸以下生出走兽，唯有人是生殖器所生。(a)(b)两种幻想结合起来又形成了(c)综合幻想：永宁纳西族神话说，洪水过后只剩一个男子，叫曹德鲁若，他看见仙女柴红吉吉美在泸沽湖洗澡，曹挽留柴与之繁衍人种，柴答应了并从天上带来种子和家畜。③

神话是初民心灵真实的反映，是初民群体意愿和情感的宣泄处，祭礼中神话的诗文背诵总是伴随着高度的情感刺激，使个体融于群体之中。神话中的幻想形式是初民心理的戏剧化形式，它主要以集体无意识为主导。神话幻想走得再远，它都要作为集体无意识（原型）的陈述方式，神话想象是社会化和集体性想象。乌格里诺维奇指出："神话并不是个

---

① 袁珂：《中国神话史》，上海文艺出版社，1988，第418页。
② 中共中央马克思恩格斯列宁斯大林著作编译局编《马克思恩格斯选集》第2卷，人民出版社，1972，第113页。
③ 李景江、李文焕：《中国各民族民间文学基础》，吉林大学出版社，1986，第104—105页。

人幻想、个人想象的产物，而是原始公社（氏族或部落）集体意识的产物。"①

从原始宗教心理构成而言，恐惧产生宗教，求解和征服欲也产生宗教，原始文化中未与宗教分离的神话亦然。某些情况下（如要求遵循部族的社会制度、风俗和规范），恐惧可能产生神话。鄂伦春族火神神话说，一个女人因火星灼了自己，便骂骂咧咧地拿刀把火捣灭。当晚无论如何生不着火，她去邻家借火，路遇一个一只眼睛流血的老太太在哭，并称是这女人捣火时所为，女子吓得告饶。从此鄂伦春人一直敬火，严禁用刀生火。但是只有恐惧并不能产生神话，恐惧、危机，而又有摆脱恐惧、危机的需要，即为了生命和生存的需要，推动先民去了解和解释造成恐惧和危机的超自然的神秘存在，以期征服。神话叙事者对于现实世界，不只感到恐惧、压抑、绝望，同时也力图支配它们、改造它们，使之为自己服务。但在当时的条件下，他们的"改造"只能带有幻想性质，只能在幻想中诉诸实现。神话越是奇幻，就越与原始民族的思维接近，越能洞见他们天真而朴素的直觉认知和征服欲望。

我们不能按照后世世俗化了的神话（如故事、传说、寓言、童话中的神话成分）来判定神话的性质，因为那只是准神话。真正的神话是与仪式相结合的，兼具神圣性和真实性。它们绝不是不分场合、不拘形式、随便什么人都可以讲说的。神话叙事语言被认为是灵验的，说出来是能产生相应结果的。神话展演时语言这一有限工具的无限利用所体现的神秘属性，使它总是和咒语一样在仪式中优先使用。神话和符咒最初都属于仪式，所以神话的语言和符咒一样被视为有巫术的力量，是灵性的语言。马林诺夫斯基说："神话不是过去时代底死物，不只是流传下来的

---

① [苏]乌格里诺维奇：《艺术与宗教》，王先睿、李鹏增译，生活·读书·新知三联书店，1987，第78页。

不相干的故事；乃是活的力量，随时产生新现象，随时供给巫术以新证据的活的力量。"① 同时，神话的语言在仪式中被视为禁忌语（linguistic taboo）。尽管神话是有情节的叙事，但是讲述神话的每一个字都充满了神力。有报道说，阿昌族活袍（巫师）赵安贤一次破例给收集人演唱神话史诗《遮帕麻和遮米麻》时唱丢了几个地方，在调查人员一年后重来复核时，他把全诗重唱一遍，并在上次漏掉的地方单独补唱。

可见神话展演非常神圣。神话神圣性的前提是初民相信神话具有真实性（即神话讲述的都被认为是千真万确的，如从不怀疑远古的多日现象和英雄射日的真实性）才相信它的神圣性。维柯说："一切古代世俗历史都起源于神话故事。"② 马林诺夫斯基也说，蛮野人看神话，就等于忠实的基督徒看创世纪、看失乐园、看基督死在十字架上给人赎罪等。神话便不只看作真的，且是崇敬而神圣的，具有极其重要的文化作用。③ 神圣性和真实性是神话的基本属性，正是这一属性才将它与寓言、童话区别开来。

西藏米林县里龙沟珞巴族女巫亚热跳鬼的一则田野记录④，为我们了解神话和仪式并存及神话的神圣性和真实性提供了一个不可多得的实例。

1986年六七月间的某日，晚七时半至凌晨二时。纽布（女巫）亚热（70多岁）在祭主××灶室内，身穿法衣坐于火塘靠门一侧的牛禄位置之几前，饮茶、喝酒、吸烟。助手准备法器，点燃松枝，闭目端坐的纽布击

---

① [英] 马林诺夫斯基：《巫术科学宗教与神话》，李安宅译，中国民间文艺出版社，1986，第71页。
② [意] 维柯：《新科学》，朱光潜译，人民文学出版社，1986，第433页。
③ [英] 马林诺夫斯基：《巫术科学宗教与神话》，李安宅译，中国民间文艺出版社，1986，第85、92页。
④ 关东升主编《中国民族文化大观·藏族·门巴族·珞巴族卷》，中国大百科全书出版社，1995，第178—186页。

掌三声以示请鬼，10分钟后纽布起舞遂进入迷狂。接下来的几个小时内，纽布亚热用特定歌调演唱各种神话，中间穿插舞蹈卜卦，其顺序如表1：

表1 纽布热亚用特定歌调演唱神话顺序表

序号	附体鬼灵	歌调	大意	神话类型
1		兵得哪	祭祀和巫术的起源	风俗推源神话
2		纽布依（迎鬼词）	请鬼、迎鬼	
3		纽布依	回忆跟随先师学习巫术的经过	
4		阿尤白	人间纽布由天上西木荣乌佑委任，巫术由阿巴达尼传教，阿巴达尼的本领由太阳、月亮传教	
5	依芒	翁木纳	夸耀本领	涉及多种神话
6	永公（魔鬼）	艾依亚	故地重游	
7	达宾（蝙蝠鬼）	阿鄂纳木	富贵、愉快、平安	
8	众恶鬼		弑父娶母	俄狄浦斯型神话
9	乌松	帝巴儿	叙述成为纽布的过程并介绍巫术本领	纽布起源神话
10	熊鬼灵	包包米	讲述自己被猎人所害	
11	金芒	翁木纳	介绍巫术本领	
12	金玛尧乃(鹰鬼)	艾依亚		创世神话
13	凌波鬼	翁木纳	叙述凌波人和博日人的战争及凌波人的历史	
14	虎灵	翁木纳	博嘎尔部落史及太阳东尼家乡的情景	
15	百肖（猴子鬼）	艾依亚	帮助布鲁、布秀打铁	英雄神话
16	白龙（鸟鬼）	白龙白	帮助阿宾肯日发明弓与箭	英雄神话
17	西木荣鬼		夸赞纽布亚热	
18	比尼		挽留亚热	
19	百奈		炫耀自己	
20	金芒		劝比尼、百奈回去	

从这次类似于独角戏纽布跳鬼的情况看,鬼灵除金芒鬼灵2次出场外,均未重复出现;歌调用了9种,按使用频率计,翁木纳最多(4次),其次是艾依亚(3次),再次是纽布依(2次),其余各1次。神话和卜卦及剧情性的歌舞表演交叉进行,神话以文化(宗教、技艺、医药)起源和创世为主。其中,众恶鬼的唱词特别引人注目,它为神话母题的跨文化研究提供了相当珍贵的材料:

感谢你(达宾)帮了我们,

感谢你奉献牺牲。

可是——

我要娶美丽的姑娘,

众多的姑娘未娶上,

却娶了我的亲娘。

根多男子在打仗,

未来帮助打仇人,

却把自己的父亲杀伤。

这个颠倒错乱、违背生活逻辑的叙述,展示了一个东方民族的俄狄浦斯情结(Edipus complex),故事借众恶鬼之口无可奈何地违背禁忌规范而弑父娶母,表现了男子对母亲怀有柔情而把父亲视为仇敌的潜意识。同时,也反映了对乱伦的恐惧,却允许它在众恶鬼那儿发生,这一性欲的达成被置于神话展演中。

结合其他民族神话讲述分析这个跳鬼的实例,可知:(1)神话非常庄重而神圣地寓于祭仪之中,从而形成神话仪式的一体化。阿昌巫师演讲神话史诗《遮帕麻和遮米麻》多是"在祭祖和丧葬这样两种意义重大的场合讲述的，破例演唱则要求得到神祇同意"①。又如，我国的洪水神话都是在民族的重大祭祀、典礼、节日活动（如纳西族祭天、彝族祭祖、基诺族祭鼓）时讲述。说明祭仪的一个主要特征就是表述，祭仪的体态（如献祭膜拜、巫术舞蹈）、实物（如祭品、法器）和语言都是含有宗教意义的表述，前两者的表述语汇在准确性、丰富性和生动性上往往不及语言，神话就是原始宗教仪式中最神圣的语言。基辛把神话和仪式放在一起讨论时说，神话记载世界的前因后果和未有人类以前的自然界之奥妙。人们认为神话不但是真实的，而且是神圣的。宗教仪式乃是赋有神圣宗教意义的规范行为经过严密组织化的一种表现。人类在仪式中就像在神话中一样，揭露出一种对区分创造文化的人类和其他动物及自然现象的鸿沟所产生的迷惑。兼有语词、实物和行为的神话/仪式是高度一体化的，神话是仪式的语言方面，仪式是神话的行为方面；仪式的操作与神话的传播同步进行。"在成人仪式上，由老人讲解神话传授氏族不可变更的原则、行动规范。在节日、婚嫁，由歌手演唱神话或古歌，追溯本族根谱。"②神话与仪式的混融，共同满足了群体和个体的需要。人们需要温暖明丽的太阳就有了射日神话/仪式，人们需要谷种和火种就有了盗谷种和火种的神话/仪式。乌格里诺维奇说，神话最初见于仪式活动本身，仪式活动仿佛再现神话中的事件和形象，从而把它们移入现实。神话的真实存在同人们一定共同体的生活具有直接联系。许多神话带有秘密的性质，只有皈依者——譬如在澳大利亚人那里，只有接受成年礼的男子——才允许聆听。讲述神话，或者在仪式中再现神话，这总是氏族或部落生活中的一种庄严神圣的壮观，一件意义重大的

---

① 刘魁立、马昌仪、程蔷编《神话新论》，上海文艺出版社，1987，第90页。
② 李景江、李文焕：《中国各民族民间文学基础》，吉林大学出版社，1986，第63页。

盛事。①

（2）神话唯有祭司和巫师讲述才有神力。从民间收集的神话，不少是脱离于祭仪的世俗性神话故事，真正的神话存在于仪式上的严肃讲说。讲述者是仪式的主角——祭司、巫师，他们是沟通神与人的中介者，是神的代言人，但即使是他们也不能随便讲述神话。阿昌族巫师应客讲述神话时"提上陶罐从山里取回泉水，净过手，换上新衣，坐在神桌前，两头点上'长明灯'，闭上双眼，口中念念有词——说是请求住在遥远地区的遮帕麻和遮米麻……当他慢慢睁开眼睛后说：'遮帕麻和遮米麻同意了。'这才用庄严而又抑扬顿挫的活袍调唱出了《遮帕麻和遮米麻》"②。

珞巴族女巫亚热在祭主家跳鬼时身穿法衣吉拉布，入神之后方得讲述神话。非此种祭仪场合，不是神职人员，则不得讲述。贝克威思谈到他收集的印第安人神话时说："这些故事和歌曲都具有神圣性，不可随便演唱，除非为了正当的目的。……只有某些拥有继承权的人才可以传播这些知识（按，指神话）……其他人甚至于都不得对外人提起它。"③

（3）讲述神话多采用韵语，因而是唱诵的。神话传播非常注重音响效果和节奏。押韵、顿律和歌唱、舞蹈经常混在一起表达神的旨意，语音是修饰过的，当然是不同于口语的。珞巴族女巫亚热讲述神话的歌调和内容有一种固定的配对关系，假设给歌调和内容替换原有的配对关系（比如白龙鬼灵不用白龙白调而用翁木纳调），那么可能就是亵渎鬼灵的行为。

---

① [苏]乌格里诺维奇：《艺术与宗教》，王先睿、李鹏增译，生活·读书·新知三联书店，1987，第66、79页。
② 兰克、杨智辉整理《遮帕麻和遮米林》，杨叶生译，云南人民出版社，1983，第76页。
③ 刘魁立、马昌仪、程蔷编《神话新论》，上海文艺出版社，1987，第89页。

二、仪式状态下神话创造的思维活动

自然力的横暴使人以神话／仪式施加控制。初民通过神话／仪式调适人与自然的平衡状态。为体现人和自然力的亲和，或将自然力人格化（泛生信仰），或相信超自然力无所不在（泛灵信仰），或根据鸟兽等自然物象将社会群体间的血缘关系加以分类（图腾信仰）。神话创造了一个光怪陆离、神奇虚幻的世界，这是神话思维作用的结果。从灵性灵物的神话直至祖先／英雄神话，几乎囊括了神话时代人们的心灵史。

（1）心象对物象的改造。神话是幻想的产物，幻想是心象的促产婆。神话以幻想为主要特征，故它创造的不是外界事物本身，不是现实映象世界，而是幻象世界即心象世界。神话形象不再是事物本身，而是同人一样有血有肉，有快乐有悲伤，有如人间一般的社会关系的生命体。例如，世界各地的日月星辰等天体神话无不把天体当作活物来对待。壮族《三星的故事》说，日月星原是一家人，日父月母星为子，残暴狠毒的太阳，每天拿星星充饥，天空中的朝霞和晚霞就是被太阳咬嚼出来的星星的血。这个毒日食子的故事实乃壮族先民未知而求知、恐惧而崇拜、无能而有心、顺从而逆反——剧烈冲突的信仰心态影响所致，它们生成幻想和幻象，以此作为感应客观物象的心理基础，去重构物象，创造出奇幻的神话形象。

心象的核心是"灵"和"情"。上述神话中的三星（日月星）是有灵的，故有日食子之说。"情"则表现为月亮妈妈对孩子的慈母之爱：明朗的晚上她总是带着自己的孩子在天空中漫游，也表现在星星的天真无邪和对母亲的亲情：每当明媚的夜晚，星星们就在月亮身边欢快地游玩，调皮地闪动着蓝色的眼睛，但它们一想到白天就要被太阳吃掉，就忍不住流泪。每天早晨，我们看到树叶上和草地上，有一颗颗亮晶晶的水珠，那就是星星掉下来的泪。"神话中只是把这些自然物作了初步的拟人化，赋予了它们各自的性格、行为，所呈现的多种自然现象……朝霞、月圆缺、露珠、星灭星现等，便被圆满而富有诗意地解释出来了。"[1] 从这个意义上来讲，万物有灵、万物有情，是先民感应世界的心理模式，它丰富了神话的想象世界。可以说，神话是通过对现实的人化去创造人化的现实，是以创造主体的主观投射和移情实现的。

（2）"无我"与"有我"、"非我"与"是我"的二律背反。人力生产常使先民不能区分"我"与"物"，万物有灵观又使"我"被"物"吞噬，"我"消于"物"，"物我同一"，"我"即"物"，"物"即"我"。狩猎采集民族的宗教体系虽非常驳杂，但其特色均为"天人合一"。滕堡对伊杜里森林中非洲匹美人的描述，提出了强力的"天人合一"而非对抗自然的意义。汉族创世神话讲盘古垂死而化生万物，藏族和哈尼族有牛化生的创世神话，怒族有被天神砍死的巨兽化生万物的神话，等等。如果说此类天地先成于人以前的神话还有一点"我"的影子的话，那么仅仅是"非我"的"我"。

从另一方面来看，先民又处处以人类自我为尺度，即"人格同化"或"人化"，把人的尺度向整个自然界延伸，使神话形象"有我"和"是我"，人与自然同质化、同形化。具有神秘属性的神话故事中的灵物或自然精灵是"人格同化"的结果，就连那些征服人类的神其实也是幻想中的征服自然的人。例如，很多民族都说是大神创世，有的继而创人（如彝族《梅葛》中的创世天神格兹苦、布努瑶的创世神密洛陀、傣族的天神混散和拉果），这些天神都有人情、有人性，是人们对自己大写的结果，

---

[1] 袁珂：《中国神话史》，上海文艺出版社，1988，第418页。

因此神话归根结底是人的自我表现、自我观照、自我崇拜。神话中关于"我"的二律背反,使神话形象具有客观自然属性和主体心理属性的二重性。

(3)变无序为有序的积极努力。对各族先民来说,世界是无序的。自然时空的捉摸不定造成了心理时空的颠倒错乱,神话世界呈现出来的是一个纷繁芜杂、时空无序、因果颠倒、阴错阳差的世界图景。珞巴族神话中,天和地被说成夫妇俩,他们生了9个太阳;太阳的眼睫毛,落到了地上变成了鸡;牛身上的毛变成了树木和百草;猴子变成了人。哈尼族神话中创造万物的是牛,它死后左眼变太阳,右眼变月亮,牙变星星,肉变土地,舌变成虹。一说远古大雾变大海,中生一鱼,见世间无天地,便将右鳍上甩为天,左鳍下甩为地,一摇身从脊背送出七对神一对人,世上乃有天地神人。分析这些神话的神话素[1],不论是将它们按人的生存方式(如珞巴族的),抑或按物的体貌结构(如哈尼族的)来表现天地不分的混沌状态,还是进而将它们分解成各有体征和名称的有序构成(如天/地/日→夫/妇/子,牛左眼/右眼/牙/肉/舌→日/月/星/土地/虹,雾/鱼右鳍/左鳍/脊背→海/天/地/神与人),均体现了原始思维混沌之中暗含着一种原逻辑思维,体现了"在粗鄙的野蛮人中早就存在着一种求知欲"[2]。同时,也说明宗教对狩猎采集民族就像对其他人类一样,是在满足一些关键性但更为精微的需要,如傅里曼所明确论证的,宗教信仰投射出人类对宇宙的精神冲突;它回答疑问,为人类行动赋予意义和合法性的构架;它也从死亡、不确定、紊乱的现实世界中,理出秩序。而且宗教也有助于缓冲人类彼

---

[1] 神话素是列维-斯特劳斯在《结构人类学》中提出的一个概念,意指神话结构分解出的叙事单元。
[2] 朱狄:《原始文化研究——对审美发生问题的思考》,生活·读书·新知三联书店,1988,第729页。

此之间的关系,它用智慧和信仰来限制小聪明和一意孤行的行动,也控制住危险短视的理性。神话的表面无序中隐含了原始宗教对世界有序化的努力。我国的创世神话叙述了宇宙最初的混沌无序,但经神话的有序化努力,这些孤立而无序的神话素都被放到了神话心象中的特有位置上,如珞巴族的日母月父、壮族的日父月母星星子、黔北仡佬族的日兄月妹等。这些神话素一旦按照人们用所知(表象)所想(从联想、幻想、想象到具象),去补充心力(理性)之不足,求解未知(本质和规律),以达到有序,那么散乱的神话素在神话结构中即得到有序安放。"因此,创世神话对我们第一个启示就是在貌似混乱的原始思维中呈现了某种具有明确方向的思考秩序。人类意识发展的神话阶段,就是对世界是怎样开始的问题来开始的。"①可见,神话是主观建立起来的世界图景。

(4)崇仰心理和征服欲望的互补。作为对神灵的陈述,神话和它混同的原始宗教一样,交织着恐惧和勇气、顺从与抗争、崇仰和征服的矛盾心理。人们射日心理的现实基础是日的过于强大,不可征服。人们恐惧它、求祈它、膜拜它,便在神话想象中影响它、征服它,对太阳软硬兼施的仪式和对一切过于强大的自然力的软硬兼施的神话是一致的。满族神话说,天有十日(托里),带毛的野兽们上天乞求天神阿布卡恩都里发善心收回10个托里未果,人们便制造弓箭射掉8个托里,只余2个做日月。因为前一种缘故人们拜日,因为后一种缘故人们射日。畲族神话说,乌云蔽日,连月不开,人们求神问卜不见天眼重开。青年勇团历经磨难,亲赴双龙山除掉放乌烟的恶龙,拨开乌云,使人们重见天日。珞巴族神话讲,先祖阿巴达尼误入恶鬼格波和伦波的窝穴,使自己丢失

---

① 朱狄:《原始文化研究——对审美发生问题的思考》,生活·读书·新知三联书店,1988,第719页。

了后眼，魔鬼还要吸他的血，阿巴达尼因此创造了祭祀和巫术。祭祀为了膜拜，巫术为了征服。膜拜和征服是神话中并存的两种正反互补相成的心理倾向。

这种心理倾向表现了神话创造思维的顺势和逆向统一。它们可能是并列式的统一，也可能是混同式的统一。其现实根据（a）世界作用于人，人是受动的，此类神话就有了现实性和信仰性；（b）人反过来改造世界，人是主动的，此类神话就有了理想性和抗争性。以神话为人生教科书的原始时代，人与现实的同化和对抗，使人总是在崇仰者和征服者两个角色中自由变换。崇仰是为了缓解、消除冲突所致的紧张、恐惧，以求心理平衡；征服则是一种自由意志的实现，在现实领域实现不了就用虚幻的办法。崇仰绝不是单纯的顺势和受动。过于强大的现实可能是崇仰对象，人的自由本性也可能是崇仰对象，崇仰可以看成是人对其自由本性所怀有的一种献身、崇敬和赞叹。表面上它淹没、压抑、低估了自我意志和自我感觉，本质上却是合乎自身自由意志为本性的人的生存理想，是人的精神价值的延展。在原始信仰中，人不能自禁地把自己交付给神，但真正的审美注意是人自身，神话本质上是以神作为自身意志实现为表征的。天地是神造的，人是神造的，谷种、水源和火是神发现的，文字、宗教、技艺等是神造的，人在神造中灌注了实现自我的需要。看似矛盾的崇仰心理和征服欲均体现为人的价值实现的可能，进而可以说，在每一个表达崇仰心理的神话故事背后，都潜藏着人征服他的现实界的勃勃雄心。

三、从仪式寻找中国民族神话的审美价值

（一）神话创造中美的规律体现

和所有审美活动一样，人在神话创造中是按美的规律来塑造的，马

克思把美的规律看成是"物种的尺度"和"内在固有尺度"的统一:"动物只是按照它所属的那个物种的尺度和需求来进行塑造,而人则懂得按照任何物种的尺度来进行生产,并且随时随地都能用内在固有的尺度来衡量对象;所以,人也按照美的规律来塑造物体。"① 这两种尺度的统一,即客观尺度和主体尺度的统一、合规律和合目的的统一。

神话创造以主体尺度为最高尺度。神话实际上是关于特殊对象(第二自我)的故事。神话以主体来测度对象,反倒像对象也具有了主体的禀赋,不过这个主体不是空洞的抽象,神话中的一切对象(自然、社会)都是主体情态的符号。卡西尔在其《符号形式哲学总论》中指出:"我们发现,除了知觉的世界以外,其他一切领域确实都自由地制造出各自的符号世界。……如果用我们的感觉经验所提供的通常经验标准来判断,神话的创造当然是'不真实的',可是恰恰在这种不真实中存在着神话功能的能动性和内在自由。这种自由决不是任意的,无章可循的。神话世界不是偶然怪想的产物。它有其基本的形式法则。这些法则在神话的一切具体表现中起作用。"② 苗族神话《公鸡请日月》中,造物主阳雀射日后,所余二日吓得躲藏不出,阳雀先后派遣花牯子(花牯牛)、飞龙马和公鸡去请日月复出,前二者声大相凶反使日月隐藏得更深,唯公鸡叫声亲切动听,显得热情、谦虚、诚恳,日月深受感动。太阳先从山顶爬出,月亮胆小不敢出来,隔了一天见太阳平安无事,才尾随太阳而去。从此太阳走白天,月亮走夜晚,周而复始。日月和公鸡之间这段趣事当不足信,叙事者只是按人的需要并遵照神话形式法则来编排它们、联系

---

① [德]卡尔·马克思:《1844年经济学—哲学手稿》,刘丕坤译,人民出版社,1979,第50—51页。
② [德]恩斯特·卡西尔:《语言与神话》,于晓等译,生活·读书·新知三联书店,1988,第220—221页。

它们，神话成了人的情感和观念符号的集合体。主体尺度在这个神话中占据首位。日、月、公鸡等自然物象人格化了，却不脱自身属性。神话传播者在人和物象之间拆除了障碍，使主客体互见品性和有无，神话中的太阳、月亮和公鸡具有了跟人一样的品质。

（二）神话是物我精神关系的符号

神话是先民表现人类性需要、情感、理想、意志、目的的创造物。人试图在神话中满足着什么，这种满足是假想的满足，而非物质的直接获得。因为所有神话都在讲已然的过去，强调传统秩序，而不预测未来。神话故事的讲述不在于讲述者希望完成讲述后，就可以对生活产生什么效应，它只体现了人支配自然的精神欲求。神话是物我精神关系的投射，即先民超越物质阈限而对他们所面对的世界按人的尺度提出自由需求时，对象则通过神话活动的自由表现，被虚幻、被改造，创造了一个表现主体的精神世界，使精神需求获得最大报偿。

（三）神话是人性的享受和乐生的生命意识显现

享受生命和愉悦人生的观念在神话中开了一个最早的头。活下去的生命忧患、关切意识和活着快乐的乐生、享受意识，是神话存在的两个重要理由。神话是人生快乐的最初体现。这些快乐叙事有不少世俗化为奇幻故事（童话）、笑话和寓言，神话是喜剧的神圣源头。霍夫曼说，从原始时代起人就要想办法以生为快乐，并不断地发笑。滑稽在主观体验上使人感受到心灵轻快（erlreichterung）、摆脱重压的解放（entlastung）和精神的自由，人在被期待的东西和被实现的东西之间量或质的矛盾的美方面，相当明确地体验到价值要求的空虚性。

神话中的神人不分、万物如人、敌友互变，日常生活现象的拆散和重组、闹剧式的情节、嬉闹无比的消遣，均把人生的快乐内隐于神话的神圣性之中。苗族神话中请日的公鸡倒置头梳于头顶的情节令人喷饭。布朗族神话说顾米亚捕来巨鳌叫它驮地，巨鳌伺机逃遁，顾米亚叫金鸡看守它，巨鳌一动，金鸡就啄它的眼睛，因金鸡疏忽而使巨鳌蠢动即生地震。赫哲人称北斗七星为"晾鱼架星星"，神话说它们是被老翁追砍的笨女婿，连同笨女婿制作的歪歪扭扭的晾鱼架，连同护卫女婿的丈母娘，连同老翁，是一齐被大风刮上天变化而成的。彝族神话《创造万物的巨人尼支呷洛》说，尼支呷洛叫麂子上天请毕摩（巫师）比恩阿子下地念经，让日月复出，却被比恩阿子的妻子一瓢烧烫的水泼在鼻梁上，"它赶紧逃走，但鼻梁已经烫皱了"；野鸡又去了，比恩阿子的妻子"劈头就给它一织布刀，纵然野鸡飞得快，也弄得满脸鲜血地逃回来"；乌鸡再去，被比恩阿子家的漆匠泼了一瓢漆，"于是弄得漆黑一身"；山鹬自告奋勇又去，"一瓢红漆正泼在它的嘴唇上，从此，调皮的山鹬，嘴上就抹了一层永不掉落的口红，使它变得更美丽，而且更会饶舌了"。此类不胜枚举的情趣化个例一反宗教严肃的面孔，给人们吹去了欢快清新的空气，人们借神话维护传统尊严，也不断在其中运用了使人快乐的成分，消解人生的困惑与郁闷，使人在幽默、滑稽的自慰中，体悟快乐人生的含义。

恩格斯在 1875 年 11 月给彼得·拉甫洛维奇·拉甫洛夫的信中肯定了拉甫洛夫的看法："人不仅为生存而斗争，而且为享受，为增加自己的享受而斗争……准备为取得高级的享受而放弃低级的享受。……"[①] 增加享受，不仅指向物质，而且指向精神和文化。高级的享受就是精神和文化享受，在更高层次上是审美享受。人在神话中快乐"求解"与"释疑"，获得了精神享受和精神宴乐的审美价值。

（四）神话意象的美感效应

神话意象是集体无意识作用下的原型意象，它满含神话创造者的信

---

① 中共中央马克思恩格斯列宁斯大林著作编译局编《马克思恩格斯选集》第10卷，人民出版社，1972，第412页。

仰崇拜观念、对世界的情感和人生旨趣。神话意象既具有再现性品质，又具有表现性、幻想性和动情性品质，是神话创造主体与所感受的对象在心灵中的融合，是主观意识和客观物象的统一。

神话意象是心理幻象的产物，其基本形态是怪诞变形。在神话思维中，"创作者对各种表象进行完全出于异想天开的分解和组合，因而造就了神话中大量的神奇怪诞的形象"①。神话变形形象贡献出来的是一种狞厉、粗犷的美。有的神话变形形象是不同表象黏合而成的，汉族的西王母原本是一个"豹尾虎齿，蓬发戴胜"的厉鬼，斩首后的刑天"以乳为目，以脐为口，操干戚以舞"；瑶族的盘瓠犬首人身。有的是某一表象的夸张，水族女神伢俣开天时把混沌一片的东西用手一掰，天地就分开了，此神何其大也；布朗族造天的神巨人顾米亚剥下犀牛皮造成天，挖下它的两眼做星辰，拿它的肉做地，骨变石，血变水，毛成草木，脑浆变人，骨髓变成鸟兽虫鱼，此犀何其大也。有的神话形象从别种物体中分离出来独做一个自在的活物，如眼睛、耳朵、湿牛粪、鸡蛋、磨盘、锥子等，在达斡尔族神话《杀莽盖》中都成了活物，它们帮助小孩从莽盖（魔鬼）那里夺回金银萨克（一种小孩子的玩具）。常态的形象不能通神，而只有非同一般的畸变形象才能获得超人的神性。变形便是先民的元气淋漓、富于生机的生活负荷力和野性原始力的本质力量的形象显现。

（五）神话叙事的审美特性

首先，神话叙事的结构是初民心理时空的呈现。罗兰·巴尔特在其《叙事作品结构分析导论》中指出："叙事存在于神话里……有了人类历史本身，就有了叙事。任何地方都不存在没有叙事的民族。"② 神话叙事中有许多共同的模式，我们称之为叙事范式，即除叙事人、叙事角度

---

① 刘魁立、马昌仪、程蔷编《神话新论》，上海文艺出版社，1987，第32页。
② 王泰来等编译《叙事美学》，重庆出版社，1987，第60页。

和叙事的仪式性语境外，神话叙事都有角色（主角、配角）；时态是过去时（讲述的时间仅仅是故事时间的文化秉承）；神话时间的上限不清，神话叙事开端不明（如从前、以前，还有从前），时间在这里如同一团线圈，是层叠和凝聚的。作为开端和承接的时间名词或短语主要有："从前""远古时候""不知是什么年代""有一年""很早很早以前""后来""不久""过了没多久""又一天""几年以后"等，偶尔出现的"现在"只是试图对现存的某种现象（如鸡鸣日出、鸡冠如梳）推原时使用。神话叙事在时间上纯粹是还原式的。

神话的空间不是现实空间，而是随着线性时间转换需要而出现的成层性质的结构，各种成分的空间联系构成神话的整个组织，它既指想象力驰骋界域的大小、宽阔、远近，也指神话叙事的构成单位（神话素）的组合方式。试把黎族神话《大力神》中关于时间的神话素分别垂直排列可见：神话时空不是客观时空，而是心理时空，叙事者对时空的神话见解（即时空观）其本身就是主题。

表2 《大力神》中关于时间的神话素表

事件		时间序列	空间序列
事件一	1	大力神用其躯拱天	天高一万丈
	2	白天大力神射落六日	天还有一日
		夜晚大力神射落六月	天还有一月
事件二	1	大力神造山岭	虹→扁担
			路→绳索
			海边沙土→山岭
		大力神造山上的森林	甩上山的头发→森林
	2	大力神造江河湖泊	汗水→江河
	3	大力神临死之前巨掌擎天	巨掌→五指山

注：→表示变成。

大力神从拱天射日月到临死擎天一线为时间序列，与之相随，天高一万丈到五指山的形成为空间序列。从左边垂直栏看，整个神话有两个事件：第一个事件包含了拱天和射日月两个情节，第二个事件包含了造山岭和森林、造江河湖泊和临死擎天三个情节。这是从时间序列中分出来的叙事结构，它们是空间的线性结构。从右边的垂直栏看，空间的结构单位是随着两个事件及其所包含的若干种行为而展开或转换的结果。将合目的行为加以符号化，是构成神话时空关系的基本叙事方式。列维－斯特劳斯说：

> 不管神话是个人加工，还是从传统中借鉴的，它是从自己的（个人的或集体的）源泉中派生的……它只是它借以活动的各种表现的仓库。但是它的结构仍然是相同的，而且通过这种结构，符号的功能才得以完成……语言有许许多多种，但是对任何语言都有效的结构规律却寥寥无几。如果把大家熟悉的童话和神话汇编起来，那将卷帙浩瀚。但是如果我们从众多的人物性格中抽象出一些基本的功能，那么我们就可以把这些神话故事缩减为小部分简单的类型。①

如果把合目的的行为当作《大力神》神话所指项的话，那么神话时空的各个散点（神话素）必然按照有序化的结构得以整化。

其次，神话不重细部刻画和描述，给聆听者留下了很多空白和未定成分。在这里，空白指的是结构所产生的实与虚的位置间隔，未定成分指的是总体上的朦胧意象。前面所析神话《大力神》的两个事件转换之

---

① ［英］特伦斯·霍克斯：《结构主义和符号学》，瞿铁鹏译，刘峰校，上海译文出版社，1987，第35—36页。

间，就是空白；至于未定成分，比如大力神从何而来，身躯到底有多大，使人似有所悟却又什么也没有直接得到。这是原始思维本身的特性造成的。列维－斯特劳斯在《野性的思维》中指出，由于原始人在文化、技艺低级状态的思想赖以对周围世界做出反应，其手段是修补术（bricolage，有人译作零敲碎打）。他认为修补匠所收集和使用的零件（成分）是预先限定的，就像神话的组成单位一样。在理论平面的神话思维与实践平面的修补术之间存在着类似性。[1]这样的修补术使神话传承者总在运用塑造心灵之象和幻化之象，来补充（或修补）视觉映象和记忆表象之不足。列维－斯特劳斯认为这并不表明原始人缺乏逻辑，事实上这是一种和我们不同的逻辑。

再次，神话叙事的地域性。神话都由本民族人用本民族方言讲述，本民族神话都讲述本民族眼中看到的世界。山神神话只见于山地民族，洪水神话只见于洪水多发区。迪尔凯姆认为，神话最明显的特征是它的非个人特征，它的思想是不依赖于它的个别成员而存在的，神话的所有基本主题都是人的社会生活的投影，神话反映了社会（本身就是一种"集体精神"的体现）的全部基本特征。它不是任何个体的发明，不是个体与个体之间的交流活动。[2]神话的地域性绝不排斥共性，世界原始民族的神话普遍存在着惊人的相似性，有着情节接近的神话类型。例如，相似的审美意识、相似的母题（如恋生、求解、惧死、宣性）、相似的情节（如遍及世界各地的洪水神话，如古希腊人和珞巴族的弑父娶母神话）及相似的表达（如面具充当神话形象，把神话编入仪式中排演）等，这些相似是由于人类心智的跨地域相似（集体无意识）造成的。

---

[1]［法］列维－斯特劳斯：《野性的思维》，李幼燕译，商务印书馆，1987，第25—39页。
[2] 朱狄：《原始文化研究——对审美发生问题的思考》，生活·读书·新知三联书店，1988，第678—679页。

从媒介变化看当代审美文化生产

朱 霞[①]

摘要：20世纪90年代以来，随着媒介的变化及媒介的全面市场化转型，电影、电视、互联网等新兴媒介及其产品日益渗透到人们生活的每个细节，媒介及其符号价值越来越成为经济世界的组成部分，媒介以其特有的技艺和商业资本联袂创立了一整套审美标准与社会趣味，并越来越控制了人们的精神活动，媒介制约和影响着当代审美文化的生产和消费方式，当代审美文化日益变为一种新的视觉文化；当代审美文化生产体现了愈来愈鲜明的娱乐性与非历史化倾向；技术本体化是当代审美文化生产中无法回避的问题，加强当代审美文化生产的人文价值是文化发展的必然要求。

关键词：媒介变化；当代；审美文化；生产

20世纪60年代以后，伴随着西方国家后工业社会的来临，资本主

---

① 朱霞，西藏民族大学文学院教授，主要从事文艺美学研究。

义发达工业社会的意识形态愈来愈明显地暴露出弊端，在此背景下，一大批西方学者，特别是法兰克福学派的学者们敏锐地察觉到了经济发展所带来的巨大文化变革，他们从人文关怀的角度出发，对资本主义文化包括审美文化的现实进行了激烈的批判。詹姆逊就曾一针见血地指出，审美生产已经普遍地转换成为商品生产。德国哲学家沃尔夫冈·韦尔施也认为，当代西方社会无论从个人风格，还是都市规划和经济一直延伸到理论都行进在审美化的过程中。在此过程中，经传媒传递和塑造的现实愈来愈非现实化和审美化，最肤浅的审美价值一统天下，并与日俱增地支配着我们文化的总体形式，这种以新的文化基体的享乐主义对总体的文化建设敲响了警钟。20世纪90年代以来，中国学者对当代审美文化及其生产与消费做出了各种不同的界定和反应，"当代审美文化是指在现代商品社会应运而生的、以大众传播媒介为载体的、以现代都市大众为主要对象的文化形态，是一种带有浓厚商业色彩的、运用现代技术手段生产出来的文化，包括流行歌曲、摇滚乐、卡拉OK、迪斯科、肥皂剧、武侠片、警匪片、明星传记、言情小说、旅行读物、时装表演、电子游戏、婚纱摄影等等"①。当代审美文化不同于以往任何文化形态的地方有两点："一是经济动机上升为支配文化行为的主导力量，二是现代科技改变了文化的内在构成和运作方式。"②因此，当代审美文化现象所显现出来的基本特征是："从生产本位走向消费本位而成为一种消费文化，突出娱乐性、休闲性和刺激性而成为一种消遣文化，倾重包装效果而成为一种形象文化，失去深度性而成为一种平面性的视觉文化，日趋瞬间化而成为一种'用完即扔'的快餐文化。"③央视《梦想中国》《星

---

① 姚文放：《当代审美文化批判》，山东文艺出版社，1999，第3页。
② 同上书，第4页。
③ 同上书，第13页。

光大道》及各省卫视的相关电视栏目如《超级女声》、国内一些城市相继出现的主题公园、各种实景演出等，是国内不同传媒机构或利益集团对当代审美文化生产与消费的反映。同时，提供这些产品的制造业也成为当今最热卖的朝阳产业——文化产业。

一、媒介变化与当代审美文化生产

所谓媒介，是沟通中各种信息得以贮存、传达或表现的物质器具与传播工具。在人类历史的长河中，每个时代都有其突出的代表性媒介。媒介变化与审美文化的生产经历了漫长的发展演变历程。从书写文字时代到印刷术时代，再到互联网时代，不仅是一个文化资源不断被分享、文化民主不断扩展的过程，而且也是审美文化生产方式变动不居的演变过程。媒介在审美文化生产过程中起着举足轻重的作用，在传播古老文化的同时也在摧毁文化，在摧毁原有文化的同时又在制造更多的变种文化。不仅媒介和技术的发展使审美从封闭的文学艺术文本中迈向更加广阔、庞杂的社会文本，而且正在急剧扩张的媒介和网络化革命也造就了当代审美文化价值陈述过程的新特征：不确定化、时尚化、精致化和视觉娱乐化等。从远古工艺物品时代，到20世纪90年代以来，以文化全球化和大众传播媒介的全面市场化转型为标志，大众媒介和网络媒介联手形成了新型审美媒介，在促进文化传播和文艺审美活动方面具有以往各种媒介所不具备的特点，形成独到的新媒介优势，甚至形成了新的媒介文化。传媒及传媒产品日益渗透到普通人日常生活的每个细节，在公共领域与私人生活空间中无处不在、无时不在。媒介通过信息传输打破了社会各阶层与职业之间的界限，使原本被独占或垄断的信息为每个人自由地拥有。"在当代社会，公众往往接受媒体所呈现的社会现实，因此，当代文化实际上就成了'媒体文化'。……媒体的巨大影响在很大程度上是通过传播过程自身性质产生的，传播过程本身不可避免地以某些方式改变了被传送内容的特征"①，使人类生活中所有事物都可以被制造成或理解成审美的事物，并运用媒介新技术去创造新的审美文化。媒介主导的消费文化的话语形态逐渐成为日常生活的中心话语。

20世纪60年代，法国情景主义者居伊·德波指出，在当代社会，最发达的商品形式是形象而非具体的物质产品，并预言在20世纪的后50年，形象将会取代汽车和铁路的地位，成为美国经济的驱动力量。法国社会学家鲍德里亚对影像文化的研究证明，当代社会的各种文化产品、形象、表现方式，甚至感觉和心理结构都已经成为经济世界的组成部分，人们已经无法将经济或生产领域与意识形态或文化领域区别开来，当代社会已进入由符号控制的历史阶段。媒介符号的基本形式是所谓的拟像，拟像区别于传统形象。传统形象建立在形象与现实的模仿关系之上，形象具有指涉现实的符号性质。拟像也是一种形象，它建立在形象与现实的拟真关系上。拟像看起来真实，却不是任何现实之物的摹本。拟像不指涉现实，而只指涉自己，与任何真实都没有联系，拟像最终取消和替代了现实。而任何社会的媒体形态都是一种社会文化的生产模式，在市场经济条件下，媒介对现实的拟像化再现，受不同利益集团和意识形态的支配，越来越控制了人们的精神活动。不同的社会利益集团通过种种手段，使媒介拟像打上自身利益和个性旨趣的烙印。鲍德里亚在其著名的《消费社会》一书中进一步指出："铁路带来的'信息'，并非它运送的煤炭或旅客，而是一种世界观、一种新的结合状态，等等。电视带来的'信息'，并非它传送的画面，而是它造成的新的关系和感知模式、

---

①［美］戴安娜·克兰：《文化生产——媒体与都市艺术》，赵国新译，译林出版社，2001，第4—5页。

家庭和集团传统结构的改变。谈得更远一些,在电视和当代大众传媒的情形中,被接受、吸收、'消费'的,与其说是某个场景,不如说是所有场景的潜在性。"① 英国的安吉拉·默克罗比在谈到后现代主义与大众文化时也说过:"后现代主义社会代表了一个空前自觉的时代。它喜欢在荧屏上注视自己,并且抹杀了现实和幻想的界限,让人无从分辨什么是真,什么是幻,从而使得人们改变真实和虚构的定义。后现代主义社会又是一个被大众传媒所控制的社会,大众媒体不但是现实生活合法的一部分,而且,更重要的,成了现实生活本身。"② 和传统的审美文化不同,当代审美文化正在日益变成一种视觉文化,以其虚拟性、游戏性、娱乐性的表象吸引大众参与,它所具有的表演性、仪式性、公众性也越来越引起大众观赏和消费的热情。供人消遣、娱乐、享受、消费,成为当代审美文化的主要功能。

由于媒介在组织大众方面的特殊感召力,甚至可以说,媒介的魅力决定了当代审美文化的魅力。《超级女声》就是一次成功的媒介攻略,是各种媒体和各路文化大腕、青春少女合谋上演的商业神话。从《超级女声》到《快乐男声》,从某种意义上来说,超女、快男不仅标志了经典美学话语的转型,而且也标志着媒介变化和当代审美文化生产向日常生活渗透、日常生活借助审美而被装饰与美化的新趋势。

二、当代审美文化生产的非历史化倾向与娱乐性、消费性

当代审美文化生产遇到的最大障碍是商业动机主宰一切,以及对感

---

① [法]让·鲍德里亚:《消费社会》,刘成富、金志刚译,南京大学出版社,2001,第132页。
② [英]安吉拉·默克罗比:《后现代主义与大众文化》,田晓菲译,中央编译出版社,2001,第10页。

官享受的无限制追求,"商业资本不规范运作的基本原因就是利润至上主义,利润就是一切。为了收视率,不惜迎合观众的低级趣味。审美文化在今天成为一种常规的文化产业,但如果被商业资本不规范地运作,那么它的品位下滑就是必然的"①。这些都已经成为当代审美文化(包括现实中国文化)所面临的一个又一个现实问题。美国的波兹曼教授在《娱乐至死》一书中指出:"有两种方法可以让文化精神枯萎,一种是奥威尔式的——文化成为一个监狱,另一种是赫胥黎式的——文化成为一场滑稽剧。"波兹曼警告说:"如果一个民族分心于繁杂琐事,如果文化生活被重新定义为娱乐的周而复始,如果严肃的公众对话变成了幼稚的婴儿语言,总而言之,如果人民蜕变为被动的受众,而一切公共事务形同杂耍,那么,这个民族就会发现自己危在旦夕,文化灭亡的命运就在劫难逃。"②

在生产过剩的消费社会中,人们生活的核心是消费。消费社会除了通过放假等行政手段和贷款等经济手段致力于如何使大众成为敢于消费、善于消费、迅速消费和无度消费的消费者外,媒介与消费主义联手,通过各种传媒鼓噪,使日常生活审美化真正成为现实。审美在当代社会不再是一种与现实生活隔离的艺术,而是造就现实、推动现实、支撑现实机器疯狂运转的根本动力。这也是为什么《超级女声》《梦想中国》等类似电视节目在全国越来越多的原因。已故美国波普艺术大师安迪·沃荷有一句后现代名言:"每个人都可以成名15分钟。"如《超级女声》作为一档娱乐节目,不仅引发男女老幼的参与激情,而且全面激活了一切可能涵盖的经济增长点。《超级女声》的品牌拥有者——天娱传媒有限公司董事长王鹏一句话道破天机:"所有环节都尽量为老百姓提供参

---

① 童庆炳:《媒体变化与审美文化的品位追求》,《北京社会科学》2003年第2期,第2页。
② [美]尼尔·波兹曼:《娱乐至死》,章艳译,广西师范大学出版社,2004,第202页。

与的平台。"海选、观众投票、黑幕炒作,这一切无疑是消费社会的陷阱,表面上的平等参与掩盖了本质上的消费特质。鲍德里亚从现代社会人与物的关系入手,揭示了消费社会的特质,即人们所进行的不是单纯、物质和功能性消费,而是文化的、心理的、意义的消费。消费不仅消费物质,而且也消费符号,而无论是对物质还是对符号的消费,最终不是为了实用,而是为了意义的完整和齐备。消费社会消解了传统的道德观念,从更为广泛的社会角度来看,所有社会都是在极为必须的范围内浪费、花费与消费的,浪费远远不是非理性的、疯狂的或精神错乱的行为,而是具有积极作用的,"支出的增加,以及'仪式'中多余的'白花钱'竟成了表现价值、差别和意义的地方"①。

在一个消费社会中,消费者的欣赏趣味、经济能力决定了消费行为的发生。例如,如果说18世纪西方小说的产生与资产阶级的欣赏趣味、文化程度、经济能力有关,是当时占优势地位的中产阶级读者大众的选择的话,那么当代审美文化的生产与消费可以看成是消费社会中大众的文化选择,这种选择从表面上看是出自消费者的共同意愿,而实际上是消费社会自身运作所致的必然结果。正如《超级女声》及其他类似的电视节目一样,广大参与者手机短信投票、网上发帖等表面上是自觉自愿的行为,实际上亿万忠实的观众是被电视网、互联网、通信网这三张网和一只巨大的看不见的黑手牵引,成全了一场持续的全民娱乐风潮,最终鼓了生产方及其参与生产各方的钱袋。

消费社会中审美文化的感性化发展趋向,使得当代审美文化追求纯粹瞬间极乐的体验和感受方式。王朔式的"玩的就是心跳""过把瘾就死"就是这种体验的极端方式,这种体验方式在很大程度上是由当代审美文

---

① [法]让·鲍德里亚:《消费社会》,刘成富、金志刚译,南京大学出版社,2001,第22页。

化生产方式决定的，审美文化生产中追求爽、酷、飙、囧等取代了传统审美文化沉思、静观的感受体验方式，同时也必然生产出这样的消费者：他好奇的眼睛到处扫描，看起来对一切美的东西都感兴趣；他总会被新的视觉对象吸引，他的目光不会在任何一个美的事物上面长久停留，更不会沉思、静观体味事物的美；他看后就忘，用后就扔。

三、当代审美文化生产与技术本体化

技术是人类依据自己的生存需求和对自然规律的认识，动用工具按照一定的程序改造自然物、制作出能够满足自己需求的物品的活动。现代工业技术以大批量、标准化的方式深刻而广泛地改造自然物的原初形貌，为人类的生存构筑了一个远离自然的、技术理性化的工业品世界。法兰克福学派第二代主要代表人物哈贝马斯，对现代科学技术的批判可谓入木三分。哈贝马斯认为，晚期资本主义社会出现抬高技术、排斥政治问题的倾向，将社会问题重新界定为技术问题，崇尚技术统治论，技术现象及其现实趋向已经构成人类生存的基本文化语境，形成一种与技术活动、技术物品密切相关的审美文化。当代审美文化生产、进程及其总体发生背景，不可避免地遭遇技术发展所带来的一系列问题，以及由这些问题所引发的诸多理论挑战。在当代审美文化领域，技术及技术力量正以一种本体化的方式渗入文化实践的审美形式之中，并逐渐成为人类生存活动和审美活动的主体，形成所谓的技术霸权。技术本体化作为一种当代现象，正不断地改变着当代审美文化生产及当代生活中的审美原则。技术力量作为直接驾驭艺术形式和审美价值的叙事元素，技术手段、材料、方式不再是游离于审美活动之外的存在，而是在沟通并实现审美效果的过程中，直接产生出一种与经典审美话语相区别的新的审美话语形式，甚至生产了人们的审美感知方式和审美价值观念。一个值得一提的个案就是，由陕西旅游集团公司斥资亿元精心打造的大型实景历史舞剧《长恨歌》，把传统舞剧这一高雅的艺术形式，与真山、真水、真景物和现代科技的声、光、电、水下设施等结合在一起，构建了一个亦真亦幻的宏大场面，演绎了唐玄宗李隆基与贵妃杨玉环生生死死、缠绵悱恻的爱情故事，表现了大唐盛世的恢宏气象。虽然它的艺术价值、美学价值、文化价值不容忽视，但是其制作过程中经济价值的考量不容置疑。在这个审美文化生产的个案里，声、光、电、水下设施等技术手段是其成功的关键。由此可见，在整个媒介传播所制约的当代审美文化语境中，离开了技术的存在和运用，艺术与审美活动势必减弱其原本可能产生的迷人光彩。

随着新型审美媒介和科学技术对大众日常生活的渗透，技术化社会中人们日常生活的审美色彩不断加剧。无论以人物为载体的"形象"（如影视明星、超级女声），还是以物质环境为载体的"形象"（如豪华的居室），或者直接以物质材料为载体的"形象"（如名牌服饰、高级汽车），无不是以技术手段、技术材料制造出来的：从家居用品到服饰，从城市建筑到公共设施，从电子产品到图书文具，从交通工具到超级市场，这些以工业技术本身为审美客体的产品所显现的和谐的造型、飞动的线条、绚烂的色彩及充满想象力的图案，甚至悦耳的声调等，无不体现出技术物品的审美效应。正如德国学者沃尔夫冈·韦尔施所说："在我们的公共空间中，没有一块街砖，没有一柄门把手，的确没有哪个公共广场，逃过了这场审美化的蔓延。'让生活更美好'是昨日的格言，今天它变成了'让生活、购物、交流和睡眠更加美好'。"[1] 但是，我们也不能回

---

[1] ［德］沃尔夫冈·韦尔施：《重构美学》，陆扬、张岩冰译，上海译文出版社，2002，第137页。

避技术本体化对当代审美文化生产的负面影响：如以技术更新为支撑的工业品的无限泛滥刺激了个体感官享受欲望的迅速膨胀，致使大众对各种技术产品的新"形象"（"影像"）产生深度迷恋，使人的生存实践及其价值实现不断在原有规范基础上受到巨大挑战，审美文化生产的消费性趋向加剧，生命精神的平庸化、大众日常生活价值深度不断被消解。因此，加强当代审美文化生产的人文价值，避免在审美文化生产中过分依赖科技、远离自然，避免出现用物质毁灭人性、用数据毁灭审美、用技术理性毁灭情感的趋向。西方一些后现代学者试图用后现代的文化观念来整合科技与人文两种文化精神，正如德国学者彼得·科斯洛夫斯基所说："艺术与科学的分离是不自然的，对双方都有害。因为若是这样科学就成了僵化的、无想象力的纯粹的方法论、学究知识，或盲目的实验，艺术则成了随意性和随心所欲的主观想象力——这种想象力不再趋近普遍性的游乐场。"①

还应该看到，媒介变化与当代审美文化生产是在当代社会多元文化的语境中展开的，"一个真正审美化的文化对差异和被排斥的事物是很敏感的——不是光沉浸在艺术形式和设计的关系之中，而是同样关注日常生活，关注生活的社会形式"②。20世纪以来，艺术的特征最为突出的表现是范式的高度多元化，加之各种现代传播媒介的推波助澜，审美生产的模式因此日益多元。无论我们从当代中国审美文化生产与消费的各种具体事件中做出怎样的解读，在考察各种当代审美文化生产与消费的各种现象时，应当注意到当代艺术活动、日常生活的审美形式所隐喻的社会整体和个人的价值结构变更，尤其是其中包裹的某种意识形态企

---

① [德]彼得·科斯洛夫斯基：《后现代文化——技术发展的社会文化后果》，毛怡红译，姚燕校，紫方国审校，中央编译出版社，1999，第140页。
② [法]让·鲍德里亚：《消费社会》，刘成富、金志刚译，南京大学出版社，2001，第43页。

图。避免根据不相干的标准或一种标准来判断所有的艺术生产或审美文化生产，避免犯低级的范畴错误，并对当代审美文化生产和消费中意识形态特征或意识形态利益原则保持一个清醒的认识：某种意识形态企图并不在审美的感性现实中直接表露出来，往往被感性现实的审美表象所遮蔽或扭曲，在某种特定意识形态氛围中，审美和艺术活动与人的日常生活的审美形式及其经验的每一种变更或转换，都不仅仅是一个简单的事件。随着商品观念大规模地主宰了人的精神世界，随着技术话语和消费主义、享乐主义倾向对人文价值领域的不断侵入，我们有必要对当代审美文化现象及生产保持一份清醒的认识。

（本文原刊《西藏民族学院学报（哲学社会科学版）》2011年第1期）

宗教与身体
——《乐论》文艺美学观念的两重性

张学海

摘要：《乐论》是藏族古代最重要的音乐理论著作，它全面地阐述了藏族古代音乐艺术的创作和表演理论，对西藏古代的音乐理论和实践产生了广泛而深刻的影响。由于西藏古代文明形成的特殊性，《乐论》在阐述音乐的社会功能、美学理想和叙述方式上，具有明显的宗教特点；在音乐美感特点、音乐分类和艺术表演方面，体现了鲜明的身体意识。宗教和身体构成了《乐论》文艺美学观念的二重维度。

关键词：《乐论》；宗教；身体；两重性

《乐论》是藏族古代的音乐理论著作，作者是藏传佛教萨迦派的第四代祖师萨班·贡噶坚赞。他既是西藏历史上具有深远影响的人物，也是一位颇有造诣的大学者。《乐论》是他依据古印度的音乐理论，并结合13世纪西藏民间和宗教音乐的实践写作而成的，对藏族的音乐理论和实践产生了深远的影响。由于藏族文化形成的特殊因素，这些文艺美学思想的内容表现出与众不同的特点。《乐论》是藏传佛教文化典籍，具有鲜明的宗教观念,而在对音乐艺术具体问题的论述中,受到艺术自身独特性的影响,又有突出的身体意识。

一、《乐论》的宗教观念

藏族古代文艺美学的著作和思想是由于宗教思想传播的需要,作为卷帙浩瀚佛教经典的一部分,由藏传佛教的僧侣自印度佛教典籍翻译、注疏和阐释与撰写而成的。所以藏族传统文艺美学著述在内容和形式上都以藏传佛教的思想为指导,具有鲜明的宗教特点。

首先,作为工巧名之一的《乐论》创作,具有鲜明的宗教目的。自7世纪起,佛教传入西藏,逐渐得到人们的普遍信仰,成为西藏社会的意识形态主体,深刻地影响了藏族的世界观、人生观、价值观、道德观、审美观等。佛教教义源于释迦牟尼的四谛说,"四谛即苦谛、集谛、灭谛和道谛,人生最苦,致苦有因、涅槃常乐、解脱循道"[①]。所以佛教把通晓"五明",学习各种知识,获得智慧视为从烦恼的此岸渡到觉悟彼岸的6种方法之一。贡噶坚赞在《乐论》中说,能"为助友人之兴而著此文"是"靠前世通晓此学艺的业力,此生方才获得纯洁的智慧"。劝诫人们要学习:"自己若无心思学习一切知识,想成为遍知像天涯一般遥远,这般考虑之后,胜者和诸佛子谆谆嘱咐要把知识钻研。"学习知识是利乐众生、超度苦海的法门。"想做指引众生走向未来的明灯,或是想成为天神和凡人的上师,就是那已经被列为圣贤的佛子,也要尽最大的努力来学习。"在古代西藏社会,教育为宗教人士所享受,为宗教垄断。对他们来说,学习知识就是为了成为明灯、上师或佛子,《乐论》

[①] 彭英全、乔根锁:《藏族传统思维方式管窥》,《中国藏学》1993年第2期,第14页。

于此就体现了明显的宗教目的和动机。《乐论》开头部分"向上师和文殊菩萨合掌致敬！向从诸胜者之法言神变中，生成的金刚妙音躬身致敬"的赞颂语，就是依照宗教的仪轨，发愿传真佛语。

其次，《乐论》把圆满完善视为音乐形式美的理想，体现了藏传佛教的美学理想。藏传佛教以为人性就包含着佛性，关于宇宙本体和佛法佛性就存在于现实事物的形象之中。藏传佛教僧侣的修持方法从根本上来说，就是通过现实事相直觉地体认世界本体，证悟万法皆空。佛法佛性与具体形象的结合，就是圆满完善。《乐论》把圆满完善视为音乐形式美的理想，贡噶坚赞说："如果一切皆圆满完善，智者为增长安乐当取之。"《乐论》主要阐述了藏族古代音乐创作和表演两个方面的理论。第一，在创作上，贡噶坚赞强调音乐与歌词要巧妙配合，"用音结合词，或用歌词去结合音"。音乐"悦耳动听，节奏熟练，停顿恰当"，歌词"语言优美"，音与词的和谐统一才是符合《乐论》艺术理想的音乐，"用音过多则影响理解内容，词句冗长一般人会生厌情"。结合藏语语音的特点，贡噶坚赞具体地阐述了音与词结合的方法："在扬升音上结合转折歌词，在变化音上结合低旋歌词，在扬升音上结合扬升歌词，在转折音上结合转折歌词，在变化音上结合变化歌词，在低旋音上结合低旋歌词，反之歌词上结合各类音亦可。"音乐与歌词的巧妙结合，形成了藏族音乐艺术丰富的表现内容和优美抒情的音乐风格。仅就作曲而言，美妙动听的音乐来自各种音调多种形式的组合和变化。"或本音或他音或混合，可有二三四种任意结合"，"像弓和箭要搭配一样，单一方式唱不出优美歌声，它们交织组合在一起，才能听起来悦耳动听"。再就作词来说，要根据不同的表现对象，来确定使用相应的词语。贡噶坚赞说，对伟人宜赞颂，对卑劣者宜贬抑，对能够抗衡的势均力敌的对手宜驳斥，让所有的人都喜悦。这种创作歌词的原则，不仅强调词语和表现对象的统一，而且反映了藏族古代独特的伦理观。第二，在音乐表演方面，贡噶坚赞强调艺术表演者要根据演唱内容的要求，恰当地运用身体动作和面部表情，使表演者的神情举止与演唱内容和谐一致："唱鲁体民歌要露骄矜相，站立着用手托腮；唱祭祀歌曲要净身，眼下视，虔诚地做美好跏趺状；唱悟因缘的歌要用手势，并做蹲坐或美好坐姿；唱忏悔歌要面带羞惭，下跪合掌以表示谦恭。如唱赞美歌要面带喜色，唱贬抑、抗衡的歌要带威慑貌，唱悟因缘的歌要显出理解之状，唱教诫歌要表露告诫之容，唱忏悔歌要表现懊丧之心，唱欢乐歌要露出欣喜之情。"表演者在演唱时，举止动作和表情神态与音乐表现内容的完美配合，能赋予音乐形式以生命，使音乐从抽象的形式变成表现的人的情感的活态生活，从而实现了音乐存在的三要素，即行为、形态和观念的完美统一。总而言之，无论是创作，还是表演，《乐论》都以各种因素之间的和谐统一为音乐美学的标准。

最后，《乐论》的音乐理论阐释方式，体现藏传佛教独特的思维方式和推论方法。藏传佛教密宗是佛教基本思想和藏族本土文化有机结合的产物，最能体现藏传佛教的特点。藏传佛教密宗的思维方式就是具象思维。藏传佛教认为人的本性，都是清净的，具有佛性。由欲望而生的烦恼，迷失了本性，可以通过对现实的观想，体悟缘起性空之理，觉悟成佛。所以通过对具体事相的体认来证悟佛性，是佛教修持的基本方法。这种证悟成佛的方便法门，从思维方式来看，就是"从具象直达本体，从直觉进入体验，用感官直接去诱发心灵顿悟把握佛性的思维方式"，具有具象思维的特点。具象思维也称形象思维，就是仅依靠感官直观，而不是经过概念、判断和推理的逻辑过程，直接地把握本质和规律的思维方法，它的最大特点就是运用具体形象去反映抽象的意义。《乐论》在阐述其创作和表演的思想时，没有使用抽象的理论术语，而是运用具体生动的形象举例和譬喻，揭示了音乐深刻的文艺创作思想。再者，藏传佛教僧侣在学习佛教经典的辩经活动中，形成了比量逻辑推论方式。作为理论表达的基本原则，比量逻辑推理方式也鲜明地体现在他们的理论著述中。可以说，比量逻辑推论是藏传佛教理论思维的独特形式。比量逻辑思维常常运用宗、因、喻三支的固定模式进行思维。宗是观点主张或大前提，是逻辑推理之本；因是理由或原因；喻是比喻，三者结合推出结论，而比喻是其中必不可少的一个环节，没有了使用形象的比喻，推论得到的结论是不正确的。所以《乐论》在阐述音乐思想时，不只是使用了生动、具体的形象进行比喻，说明道理，而且多次反复强调了比喻的价值，如"对于会应用这些音调的人，还要举喻说给他们听，可用箭、弓、铁钩、犁杖、伞、犀角、金刚杵、青稞、波浪和圆轮来做比喻"。意思是说，发平直的音似箭，转折音似弓，上转折音似铁钩，下转折音似犁杖，下部增大似犀牛角，中部细小似金刚杵，中部粗大似青稞，低音和高音连接似波浪，粗略和细致相混似轮子。比量逻辑推论方式对比喻的强调，成为藏传佛教思想者表达理论思想的深层自觉意识，深刻影响着他们的表达方式。这种在逻辑推论中对形象化比喻的重视，实现了感性和理性思维形式的结合，纠正了一般理论思维割舍感性形象，只重抽象推理的思维褊狭，显示藏传佛教整体思维的特点。

二、《乐论》的身体意识

胡塞尔说"身体是所有感知的媒介"，"身体形成了我们感知这个世界的最初视角，或者说，它形成了我们与这个世界融合的模式"[①]。艺

---

① [美]理查德·舒斯特曼：《身体意识与身体美学》，程相占译，商务印书馆，2011，第13页。

术是以感知觉为媒介，表现情感的人类活动方式，感知觉是艺术创造和欣赏的核心。在影响艺术形式的多种因素中，身体对音乐艺术的作用尤为突出。从音乐的起源来看，它与人的身体相关，"在混沌初开的音乐感萌生阶段，音乐性的音高感、节奏感等就已从人声的语音曲折中产生了。这种语音的曲折以及相随的音高关系，就构成了口语声调的扬抑起伏"①。身体是音乐艺术的创作、表演和欣赏的基础，是音乐美感实现的基本条件。在音乐艺术形式中，身体发挥着远比艺术形式更为重要的作用。因而在《乐论》的音乐理论思想中，强调了身体自身特性在音乐实践各环节的主体性价值，所以《乐论》阐述作曲、作词和表演的思想中贯穿着明显的身体意识。

首先，身体是音乐美感实现的条件，使音乐具有普适性。因而在《乐论》中，作者强调对于音乐，无论智者与愚者，也不论男女，"全都以之为美"。乐音是音乐织体构成的基本材料和元素，凭借能欣赏音乐美的耳朵，外在的节奏和旋律与人的内在生命节律就可以同构对应，调适身体，净化心灵。

其次，身体是《乐论》音乐分类的标准。《乐论》以身体为标准，将音乐划分为俱生乐和缘起乐两种类型。所谓俱生乐是指同自己的身体相俱而生的音乐，靠人的身体发音部位如胸、喉、颚、舌、鼻、齿、唇等发出的乐音，由于发音部位有喉、舌、鼻音变化，使声乐具有丰富的表现力。缘起乐是指用身体撞击乐器及其依赖外缘而生的音乐。从音乐的发生来看，俱生乐先于缘起乐。人类文明早期，乐器简陋粗劣，主要靠身体发出的音乐，即声乐，传情达意，叙事言说。所以《乐论》在论音部分，主要阐述俱生乐，讲依托身体的音调，它在时间上的运动所构

---

① 修海林、罗小平：《音乐美学通论》，上海音乐出版社，2002，第32页。

成的丰富变化，突出身体在音乐中的价值与意义。《乐论》注意到人的身体随着年龄和性别不同而有变化："青年时唱歌节奏明快，到了中年时嗓音优美，人到老年时精于唱词。通常妇女们嗓音细弱，男子们的嗓音粗壮，青年时期嗓音细弱，到了壮年变得粗壮，老年变得嗓子发颤。"同时，自然环境和生活饮食对人的身体会产生重要影响，使音质发生变化："饮用含碱的水，食用油腻的食品，住在多风地带的人们，大都粗犷，与此相反的都柔弱。"人的身体在年龄、性别和生长的环境各有差异，在音乐的表现性上也有不同。藏语善于使用比喻，富于形象的表现力。这种语言特性，也反映在《乐论》中，"什么地方有缠头和净发"之句。缠头和净发意指青年男女欢聚前，要缠上头巾和把头发洗得干干净净。阐释掌握音乐技巧的意义，《乐论》中说"只要在音乐方面有一技之长，在人群中就会如顶饰大放异彩"。在这里，"缠头""净发"和"顶饰"都是喻体，都是指人的身体形象。这些以身体为喻体的文化选择倾向，表现了身体在深层意识的尺度意味。

再次，身体是艺术表达的对象和本体。在歌词创作中，《乐论》提出了艺术表达的原则和方法，即"这方面分为两种方式，即直叙事物或比喻的运用"。"直叙本体即仅仅表述，本体的身、语、意的功能；对身、语、意以外其他方面，诸如财富、政权、种姓、功德、慈善和善言慰藉等予以称赞，这就是赞颂本体所具有的特征。"赞颂本体所具有的特征，就要采用"表示同状的手法即比喻"。在直叙的艺术表达手法中，可以看到藏传佛教"即事而真"观念的深层影响。对象的身、语、意是本体，即漂亮的身体、动听的语言、美好的心灵，是诸多文化品德附着的载体和符号。"若缺了本体，就很难表述其特征"，这种对于艺术表达的观念和认识，体现了藏语语言叙述的一般规律，突出叙述对象身体在艺术表达中的本体地位。

最后，身体在音乐表演中具有重要的作用。音乐表演是一个二度创作，"实际上是体现了一部作品的创作从精神的表现向物质的表现转化的一个逻辑继续"①。在歌曲演唱的音乐实践中，演唱者身体的姿势、动作、表情至关重要：唱鲁体民歌，"站立着用手托腮"，"面露骄矜相"；唱祭祀歌曲，"要净身，眼下视，虔诚地做美好跏趺状"；唱悟因缘的歌，"要用手势，并做蹲坐或美好坐姿"；唱忏悔歌，"下跪合掌以表示谦恭"，"面带羞惭"等。只有身体与演唱和谐统一，"这样说才合乎世间常情，并使所有的人感到美好"。相反，歌唱时"过多摇摆身躯，紧绷面孔，闭起眼睛和似家畜般瞪眼，窘迫和慌乱，是身躯的缺点"；"声音涨跌悬殊，慌张仓促，快慢失常和咧着嗓子发音，以及故意造作，是声音的缺点"；"歌唱时心思非常散乱和昏聩，不悟含义和没有激情，以及失神，是心理的缺点"。艺术表演者在身、语、意方面的缺陷都会导致表演失败，身体在艺术表演中是动态可见的形式，是抽象听觉形式的形象传达。表演者的身体举止和面部表情，生动形象地传达了音乐的表现内容，激发听众对音乐形象的想象，产生审美情感的愉悦和心灵的净化。此外，"精神不贯注和相互攀谈，对演唱不倾心，兴趣索然，不理解内容，是听者的缺点"。听众的身体举止、语言动作和心理情绪对表演者产生影响，增强或减弱音乐美感效果的传达。

《乐论》文艺思想表达中体现的宗教观念和身体意识两个维度，是有机统一的，并不矛盾。在佛教观念中，人之所以在生死轮回的苦海中流转，就是由于六根不净造成的罪业，眼根贪色，耳根贪声，鼻根贪香，舌根贪味，身根贪细滑，意根贪乐境。身体的自然欲望是涅槃成佛的障碍，解脱之道在于禅定修心和持戒修身，其中持戒是基础，就是守

---

① 王次炤：《音乐美学基本问题》，中央音乐学院出版社，2011，第170页。

护六根的大门，戒除身体的欲望。但另一方面佛教修炼者进入禅定之中，要诀之一就是"观想念佛"，就是要心专注一念，思维集中想念佛陀庄严、美妙的形象。《佛说观无量寿经》中说："汝等心想佛时，是心即是三十二相，八十随形好。"所以"在佛教艺术更为成熟的阶段里，这种强烈的感官性并没有被抛弃，而且也不与精神性相对抗，这两者反而是和谐一致的"①。完美的肉体形式和圆融美妙的精神得到高度统一，身体成为佛性的载体与象征。因而佛教对待音乐的观念充满了矛盾，《乐论》论及佛教对音乐由拒绝到接受的过程，音乐"因此间引起人心散逸，及被嘲笑而遭胜者禁止；但为供奉三宝和益于他人，这样做也不是什么过失。因此当衮梅赛津提出学习音乐，'诸佛子，不会的事物，那是全然不会有的'"。氤氲的宗教氛围的形成，需依托音乐，诉诸听觉，形塑身体，规约精神。

　　《乐论》文艺观念二重维度的形成，从表层来看，是由于艺术自律性与佛教他律性的矛盾统一，而究其根源，是由于西藏的自然环境及在此基础上形成的经济结构具有双重性。西藏经济主要由粮食农业和饲养牧畜的结构派生而来。同时，"事实上，居住地的自然环境本身就迫使西藏人的生活具有双重形态"②，形成定居生活和迁徙生活并存的双重社会形态。这种具有双重性的生产生活方式和社会形态，对其思想意识和文化创造产生了决定性的影响。

---

① [英]劳伦斯·比恩尼：《亚洲艺术中人的精神》，孙乃修译，辽宁人民出版社，1988，第26页。
② [法]石泰安：《西藏的文明》，耿昇译，中国藏学出版社，1999，第123页。

藏族神话批评中的症候式分析

——以猕猴变人神话为中心兼论其他

栗 军[①]

摘要：藏族许多经典神话在中国少数民族神话中有一定的影响，如猕猴变人、青稞种子的来历等，藏族神话批评也产生了很多有分量的著述，这些都影响了人们对少数民族神话批评和研究的看法。该文就藏族神话中在特定时代产生的批评影响，借用文学领域中症候式分析方法，重新客观解读藏族神话，分析藏族神话批评中的隐藏问题，以此来梳理藏族神话批评中的主观性、时代局限性及潜藏在无意识中的神话主义。

关键词：藏族神话批评；症候式；猕猴变人；神话主义

藏族神话有很多让人耳熟能详的故事，如猕猴变人、青稞种子的来历等，这些神话故事让人产生很多猜测和想象。关于藏族神话批评，很多研究者也做了大量研究工作，但是由于时代和个人能力的局限，使得很多研究显得没有说服力，也缺乏一些可靠的研究基础，本文试图从症

[①] 栗军，西藏民族大学文学院教授，主要从事中国现当代文学批评、民间文艺学研究。

候式角度，分析以往藏族神话批评的问题，并分析产生这种问题的原因。

症候式批评是文学批评中的一种方法，概念的提出来自蓝棣之："症候本是医学临床用语，指在疾病状态下病人的感受，只可通过问讯获得。然而，我所说的'症候'，是作家不自知的，是无意识的。症候批评理论里的'症候'这个概念，直接来自精神分析大师弗洛伊德。"[①] 蓝棣之以独到的眼光，通过文本细读的方式，努力发现和说明文本的各种悖逆、含混、反常、疑难现象，即作品的症候，并以此切入文本的最深层含义，由作家创作的无意识动因，深入挖掘、分析艺术创作的生动内核，重新阐释作品深刻、复杂的意义。这种症候式的表现，不单对于作家而言，在神话研究领域，也存在于较为客观冷静的神话研究批评者中。在藏族神话批评中有很多反常、含混和深层次问题，可以发现研究者在表达观点和进行评判中，有很多不自知、无意识的问题存在，这也正是藏族神话批评的症候。

本文所指的神话批评，并不是文学理论中的神话原型批评，是指对神话故事的理解、阐释和研究，所以本文的神话批评涉及两个方面：一个方面较为宽泛，为历史、文学史等教科书类知识性的评价，同时也包括常识介绍类；另一个方面为学术论文、学术专著等纯学术批评。

一、猕猴变人神话

在藏族人类起源神话中，最具代表性的就是猕猴变人神话。猕猴神话批评也出现了大量著作和学术论文，其中不乏有分量的作品。猕猴变人神话被认为是带有最朴素唯物色彩的一则人类起源神话，因为它与19

---

① 蓝棣之：《现代文学经典——症候式分析》，人民文学出版社，2006，第1页。

世纪中叶后达尔文的生物进化论不谋而合。许多人没有经过任何论证就想当然地认为藏族原始先民有与进化论同样的思维模式，这种观点出现在 20 世纪 80 年代。也有一些研究者，虽然总想尽可能地客观阐述其论证问题，但是仍不免无意识地和当代社会的主流思想贴合起来。藏族神话批评中所呈现文本的含混、主观臆想，就成为藏族神话批评中的一个症候。

猕猴变人神话，通常出现在两类作品中：一类为现代类，如马学良等主编的《藏族文学史》①、佟锦华的《藏族民间文学》②、周延良的《汉藏比较文学概论》③、张晓明的《西藏的故事》④、莫福山的《藏族文学》⑤、赤烈曲扎的《西藏风土志》⑥、恰白·次旦平措等的《西藏通史——松石宝串》（上下册）⑦等专著类和知识类书籍中；另一类为藏族古典典籍，如《玛尼全集》《西藏王统记》《西藏王臣记》《贤者喜宴》《五部遗教》等著作中，对猕猴变人神话都有详略不同的记载。

现代类的著作有些属于史学专著，著者本应保持最大可能的客观，但还是带有不同程度的研究者主观意识，其中有一些是属于常识类介绍性质的，非常短小且带有著者更为强烈的主观性，如张晓明的《西藏的故事》中就这样介绍："很早很早以前，观世音菩萨派一有神变示现的猕猴到西藏雪国的地方修行。这个猕猴来到了一个黑色山岩上，潜心修习菩提慈悲心，对于佛法有了很深的领悟，就在这时，有一个住在临近

---

① 马学良、恰白·次旦平措、佟锦华主编《藏族文学史》，四川民族出版社，1985。
② 佟锦华：《藏族民间文学》，西藏人民出版社，1991。
③ 周延良：《汉藏比较文学概论》，中央民族大学出版社，1995。
④ 张晓明：《西藏的故事》，五洲传播出版社，2001。
⑤ 莫福山：《藏族文学》，巴蜀书社，2003。
⑥ 赤烈曲扎：《西藏风土志》，西藏人民出版社，2006。
⑦ 恰白·次旦平措、诺章·吴坚、平措次仁：《西藏通史——松石宝串》上下册，陈庆英、格桑益西、何宗英、许德存译，西藏古籍出版社，2008。

地方的岩魔女①来到他面前,用非常爱慕的口气说:'让我们结成夫妻吧!'猕猴与魔女结成眷属以后,生下了六只小猴,他们生性爱好各不相同,在树林里各自寻找生活。过了三年,父猴再去探望时,小猴已繁衍到五百多个,此时树上的果实吃完,又别无可吃的食物。父猴于是返回神界,取来青稞、小麦、豆子、荞麦、大麦芽,撒到大地上,使那里长满不种自生的谷物,猴子们因得到充足的食物,身上的毛和尾巴都变短了,又慢慢懂得使用语言,这样变成了人,成为雪域高原的先民。"②

原始典籍中的猕猴变人神话,主要依据的是《西藏王统记》:受观世音菩萨派遣,一只神变来的猕猴,到雪域高原修行。他在一个岩洞潜修慈悲菩提心,正当认真修行时,来了一个女魔变为盛装的妇人,希望能够和猕猴结为伉俪。起初,猕猴说:"我是菩萨的弟子,不能破戒。"女魔说:"你不做我夫,我就自尽。"女魔接着又说:"我为妖魔,因和你有缘,今日专门找你作为恩爱的人。如果我们结不了亲,那日后我必定成为妖魔的老婆,将要杀害万千生灵,并生下无数魔子魔孙。那时,雪域高原都是魔鬼的世界,更要残害更多的生灵,所以请答应我的要求。"女魔颇为动情,说话的同时也是眼睛流泪。猕猴想:"我若与她结为夫妻,就得破戒;若不与她结合,又会造成大的罪恶。"想到这里,就去观世音菩萨处请示,菩萨则同意其做女魔的丈夫,并说"如此甚妙",还为他们加持。他们结为夫妻后,生下了6只小猴,即6个有情人死后前来投胎的,所以爱好、性情都不相同,脾性有好有坏。父猴后来将他们送到果树林中,让他们自寻食物生活。3年以后,父猴去探视子女,发觉他们繁殖到500只。这时,树林中的果子越来越少,又无其他食物,

---

① 岩魔女,有人称之为度母化身的母亲罗刹女,并非真正的魔女或者女妖。此观点来自恰白·次旦平措等的《西藏通史——松石宝串》上下册。
② 张晓明:《西藏的故事》,五洲传播出版社,2001,第13—14页。

小猴见到父猴，都高举双手向他要吃的，模样十分凄惨。父猴见此情形，自言自语道："我生下这么多后裔，是遵从观世音菩萨，这事让我伤透了脑筋，我还是再请示观世音去。"他旋即来到布达拉山请示圣者，菩萨道："你的后代，能够抚养他们。"于是从须弥上取了天生的五谷种子，撒向大地，大地不经耕种便长满了各种谷物。众猴得到了充足的食物，尾巴也变短了，也能说话，逐渐变成了人，这就是雪域上的先民。雪域人种也分为两类：一类随父猴，性情驯良；一类随母猴，贪欲嗔恚。①

现代专著与典籍中猕猴变人神话故事有着很大的不同，为了能清晰地介绍故事，删去一些和情节无关的内容是必要的，但是为何要删掉女魔和猕猴的心理刻画，这就是症候式的问题了。研究批评者早已从神话崇拜中脱离出来，所以没有太多倾向性的情感，而删除的内容成为后继神话研究中不得不面对的症候。

对于猕猴变人神话在现代专著类的阐述，研究批评者多把其看作具有朴素的唯物主义思想。如马学良、恰白·次旦平措、佟锦华主编的《藏族文学史》中就称，"猕猴演化成人的神话与古猿进化成人类的科学论断，自然只是偶然的巧合。它只不过是古代原始社会时期，氏族的图腾崇拜的反映而已。二者的根本分界线，就是劳动不劳动的问题。但是，神话在叙述猕猴采食林中野果和收食野生谷类等情节时，却闪耀着一定程度的朴素唯物史观的思想火花"②。莫福山的《藏族文学》中这样描述："这些神话中，我们看到在与大自然的不断斗争中，人类已看到了自身的存在和价值。人类不再是大自然的附庸，而是已经有了战胜自然、保护自己的能力。这种思想意识的提高，表明了人类社会的进步和生产力的发

---

① 索南坚赞：《西藏王统记》，刘立千译注，民族出版社，2000，第30—32页。
② 马学良、恰白·次旦平措、佟锦华主编《藏族文学史》，四川民族出版社，1985，第20页。

展。"① 这段话正是针对猕猴变人神话和姐弟结婚繁衍人类神话,如何战胜自然、保护自己的。在猕猴变人中无非是针对猕猴吃了大地上生长的谷物而言,这种判断显然带有现代人对人类社会历史的认识。

这类著作中,《西藏通史——松石宝串》(上下册)分析猕猴变人神话相对客观,有自己的理论根据。著者从古今中外的人类起源传说入手,说到藏族人类起源来自观世音菩萨的化身男性猕猴与罗萨女结合繁衍了人类,也说到了苯教对于起源的记载,是由地、水、火、风、空五大精华形成的。著者的研究态度是唯物论者,所以也认为猕猴变人神话具有朴素的唯物主义思想。

这些著述,对于猕猴变人神话都有不同程度的症候:都不约而同地使用了生物进化论的思想慨叹"藏族先民这种天才的科学想象"②。大多数著作带有著者的主观性,用唯物主义思想进行分析时,虽然部分著作较为客观,有一定的论据支撑,有些还引用了典籍,但是带有现代的评判意味。这种分析将进化论、劳动思想、社会发展史运用于藏族神话的解释当中,忽略了某些藏族族源神话最本质的东西。人类从哪里来,又将到哪里去,神话究竟带给人类怎样的生命超验体验?

猕猴变人神话,在中国各民族人类起源神话中,不但藏族有,而且其他少数民族也有,如羌族、纳西族等,当然有所变异。如羌族神话,开天辟地时,只有一种癞疙宝,学会吃熟食后变猴子,猴子慢慢变成人。③纳西族则有好几个变异版本,如一则是人类祖先丛忍利恩与仙女衬红保白命结为夫妻,一天仙女外出寻找丈夫,被山中长臂公猿所奸污,生下

---

① 莫福山:《藏族文学》,巴蜀书社,2003,第9页。
② 王宪昭:《中国各民族人类起源神话母题概览》,民族出版社,2009,第16页。
③ 丹珠昂奔:《佛教与藏族文学》,中央民族学院出版社,1988,第196页。

小猴子。①另一则说到人类出世的时代,好父亲只有一个,好母亲是两个,猴子和人本是一个宗族的后裔。②虽然部分神话有变体,但是猕猴变人神话在各少数民族神话中都存在着。这类批评虽没有从神话本体太多分析,但也有与猕猴变人神话类似的批评。日本学者伊藤清司虽然也看到了神话传承时民族思维的唯心论,但是也不得不承认这类人类起源神话的进化论色彩。③同时,藏族学者和批评者的研究在一定程度上使猕猴变人神话得到广泛传播,也让更多的人对这则神话产生了特定时代的共同症候。

有关研究藏族猕猴变人神话的批评论文,大部分都比较严谨,也颇能自圆其说,但是其中有症候的表现。丹珠昂奔曾说:"神话'猕猴变人',作为一则藏民族童年时代生活和思想的形象记录,其价值不仅仅在于它是一则优美动人的艺术品,它是藏族先民天才的切实的具有历史意义的'创作',因为它弥合于科学,至少可以说,雪域的主人想得真妙,他们在远古便神奇地想象到了人是猕猴变来。"④为猕猴变人神话天才的想象而折服,这种观点显然是现代人的观点。有研究者对丹珠昂奔的观点进行了批驳,认为其观点过于现代化了。⑤在丹珠昂奔的论文中,原本作者是从学术角度对猕猴变人神话的辨析,在结论中却不由得以藏族神话能弥合科学来对雪域的主人进行赞叹,因而被很多研究者发现,认为这个结论下得过于仓促。不过也有藏族研究者附和丹珠昂奔的观点,认为该神话"带有最朴素的唯物色彩"⑥,这样的结论是颇有问题的,同

---

① 丹珠昂奔:《佛教与藏族文学》,中央民族学院出版社,1988,第181页。
② 同上书,第182页。
③ [日]伊藤清司:《人类的两次起源——中国西南少数民族的创世神话》,王汝澜、夏宇继译,《民族文学研究》1990年第1期,第83页。
④ 丹珠昂奔:《谈藏族神话"猕猴变人"》,《中央民族学院学报》1986年第1期,第100页。
⑤ 郗萌:《藏族"猕猴变人"神话的探索》,《西北民族学院学报》1993年第1期,第63页。
⑥ 才旦曲珍:《浅析"猕猴变人"的藏族人类起源神话》,《西藏大学学报》2006年第3期,第39页。

时也是症候式的。神话本身就是人类对现实世界的虚拟反映,作者也分析到猕猴与图腾有关,承认流传过程中受到了佛教思想的改造,其最终结论显然是用唯物论压倒一切。

从前文猕猴变人神话在主要两个不同版本的对比中可以看出,猕猴变人神话是达尔文进化论的补充证明已深入人心,但是没有多少人意识到这种结论对于神话的解释过于牵强,它可以被看成是一种症候。这种主观上认为藏族先民有朴素的唯物论思想,慨叹藏民族伟大的观念,其实是研究者的一种症候。它是时代的产物,一种受主观因素影响而不自知的状态,也是许多藏民族研究者忽然发现猕猴变人神话能切合唯物史观,能切合达尔文进化论表现出的一种过于轻率的狂喜。

人们在用文字传播神话和研究神话的过程中也在对神话进行着演绎,大多数研究者在介绍这则神话时,都会删去猕猴和罗刹女的对话和心理描写内容,对其宗教身份也一笔带过,语焉不详,如猕猴到底是不是观世音的化身,罗刹女究竟是魔女还是其他都不去分析。这种无意识的省略也是一种症候,宗教思想毕竟是有神论思想,这都是研究者首先要剔除的,但是心理活动和对话的删除忽略了很多人类起源神话本身类似本质的问题。魔女显然对猕猴有要挟的成分,但这个要挟是猕猴权衡了事物发展的结果,同时询问了观世音菩萨得到的,权衡的结果当然是和魔女成亲最好,这符合人类期待向好的方向发展的趋势。神话批评中,人们多侧重叙述在父猴撒向大地的谷物,小猕猴经过若干年都能吃得很好的这些故事情节,这种情节与自然进化论和历史唯物主义不谋而合,因而是重点讲述和重点分析的内容。这种症候,正是新时代大多数研究者,尤其是20世纪80年代早期的一些研究者,受时代视野局限无法摆脱主流思想意识所造成的,同时也是新时期神话主义的一种表现。

神话主义是神话研究学者杨利慧提出的一个概念,她认为当今时代,神话被从其原本生存社区日常生活的语境移入新的语境中，为不同的观众而展现，并被赋予了新的功能和意义。①作为神话故事本体，在各个时代都会发生变异，是神话的本质特性使然。猕猴变人神话在社会领域发生的变异，尤其是在神话批评界的呈现，是受时代主流意识形态影响，但是研究神话的现代学者在阐述其观点时，很多人实际上也是将神话进行了无意识的重新创造。正是在这种无意识的症候式下，藏族神话批评的某些让人无法理解的问题印证了当代的神话主义，在神话批评的众多成就之下，也成为新时代神话主义的产物。因此，很多藏族神话批评中，带有唯物史观，带有意识形态的神话批评结论，一方面可以理解为神话研究批评文本所呈现的症候，另一方面也可以理解为批评者要努力和文化政治语境密切契合的产物。而这也正是时代所造成的一种症候，一种集体无意识的症候。

二、其他藏族神话

除了猕猴变人神话，藏族神话还有很多，其中一则为青稞种子的来历。这则神话讲的是一个叫阿初的王子，不畏艰辛，从蛇王处得到了青稞种子，让人们吃上了香喷喷的糌粑。这则神话原来流传于民间，原出自《藏族民间故事选》，在《藏族文学史》和《汉藏比较文学概论》中，编者和著者的评价都是极其主观的，有明显的症候式表现。原故事在文学史中是这样讲的："神话《青稞种子的来历》中说：古代有一个名叫阿初的王子。他聪明、勇敢、善良。为了让人们吃上粮食，他决心到蛇王那里去取青稞种子。他带着二十个武士，翻过九十九座大山，渡过

---

① 杨利慧：《神话主义的再阐释——前因后果》，《长江大学学报（社会科学版）》，2015年第5期，第5页。

九十九条大河,身边的武士有的被毒蛇咬死了,有的被猛兽吃掉了,有的被野人杀害了。最后,就剩下阿初王子孤单一人了。但是他毫不退缩,继续前进。最后,在山神的指点下,终于从蛇王那里盗来了青稞种子。可是,不幸被蛇王发现了。蛇王既吝啬又狠毒,用魔法把阿初变成一只狗。只有当这只狗得到一个姑娘的爱情时,才能恢复人形。后来,这只狗果然得到一个土司三姑娘的爱情,又恢复了人身。由于他们辛勤地耕耘和播种,大地上长满了青稞。人们从此吃上了黄灿灿的青稞磨出来的香喷喷的糌粑。"①故事中出现的有关蛇王的"杀害了""狠毒"等词,以及描写阿初"聪明、勇敢、善良""毫不退缩"和人们的"辛勤耕耘和播种""黄灿灿"和"香喷喷"等词语,貌似只是在讲故事,却隐藏着一种症候,一种非此即彼阶级意识的症候。《藏族文学史》编者称:"这则神话,情节曲折,生动感人。热情地歌颂了为人类作出贡献的英雄人物,表现了藏族原始先民在强大的自然力面前,毫不畏惧和妥协的态度和征服自然的意志和行为。"②文学史的著述本是相对客观的,但在上述词语的表达中,非恶即善,形容词的褒贬之义,显而易见。在《汉藏比较文学概论》中,作者周延良在讲述青稞种子的来历主要是围绕求生主题来论述的,其措辞有明显的主观性症候,说阿初王子变为狗是做出的壮伟牺牲,他恢复人身和他不惜牺牲自己而为了人们取得粮种的精神与行为却是永恒的,"阿初王子向'蛇王'讨青稞种子是为了他人都能吃上青稞磨制糌粑而不至于饥饿。在这里'死'与'生'的意义已不是孤立的了"③。这类文字完全是一种无产阶级政治意识形态下的文字,讲求为人民牺牲自我,讲究生与死的意义,革命战争年代人们的表述方式,也是

---

① 马学良、恰白·次旦平措、佟锦华主编《藏族文学史》,四川民族出版社,1985,第23—24页。
② 同上书,第24页。
③ 周延良:《汉藏比较文学概论》,中央民族大学出版社,1995,第122页。

单一方法论下研究者的普遍认识。研究者本是以极为客观的态度面对研究对象，但在其自认为客观的论述中，却带有倾向性、情感性的字句表达，也是时代所造成的一种症候。

除了青稞种子的来历的神话之外，还有关于开天辟地创世神话的五种本原物质神话，对这类神话，也有研究者对其的论述过于主观。如德吉卓玛在《藏族创世神话与宗教》中称："这则创世神话反映的是宇宙的本原观，认为万物起源于'五种本原物质'，体现了藏族先民朴素的唯物主义的宇宙观，值得称道。"① 这里主要是指部分研究者在研究批评神话时所隐藏的症候，而大部分研究者本身的研究是有自己充分的论据进行论证的，就如对上面五种本原物质神话，谢继胜就是将汉族五行学说引入了诞生万物神话中②，这种论述就较为客观，自成体系，而无太多无根无据的主观性。

这类神话，与猕猴变人神话相比，由于在某些方面表现出了强烈的唯物论思想，体现了某些英雄主义情怀，就被一些批评者放大，更带有批评者的主观倾向。作为藏族神话的汉文版批评，本身要对作品本体进行重述，但在重述时，批评者的阶级意识等从其汉语措辞中鲜明地表现出来，批评者早已是对神话进行了再创作，而在创作的同时，未能把握严密的论证，其背后隐藏的症候不言而喻。这也可以说是对神话主义的有力补充和佐证。

三、藏族神话批评宏观特征所产生的症候

就最新的神话研究而言，有人评价 2015 年的成果是颇为可观的，

---

① 德吉卓玛：《藏族创世神话与宗教》，《中国藏学》1995 年第 2 期，第 54 页。
② 谢继胜：《藏族神话分类、特征及其演变》，《民族文学研究》1989 年第 5 期，第 78 页。

内容涉及神话理论与方法研究阐释、神话文化内涵阐释等①，但就藏族神话批评研究的现状而言，则显得停滞不前，没有更进一步的推进。先前出现的对猕猴变人神话的讨论，也随时间推移而相对沉寂，后来者大多遵循这一既定思路论述，而无太多创新观点。这种症候式的表现在介绍类文章中常常出现，甚至出现在电子媒介的百度词条当中。百度词条中称猕猴变人神话，"带有最朴素的唯物色彩"。百度词条沿用很多研究者并不十分客观的观点，可见其症候影响之大。

对于专著类的批评研究，却成为后续研究者参照的样板，甚至这种不自知的症候深入头脑。如在佟锦华的《藏族民间文学》中，将藏族神话大体分为3类：一是关于大自然的神话；二是关于人类起源的神话；三是关于劳动生产的神话。②谢继胜在其《藏族神话的分类、特征及其演变》中则把藏族神话分为7类，分别是动植物神话，自然神话，起源神话和图腾神话，神怪神话，历史神话，工艺始祖、奇人神话，其他神话。同时，各类神话也有交叉，同时也在不断挖掘，分类也有相应变化。③专著类作者的分类是依据唯物史观，侧重物质本原和人民对历史发挥的作用，神话的学术研究者则客观地列出了多少种藏族神话，同时又有交叉。对不断挖掘出的藏族神话，应采取不断变化原则而做相应调整。这种分类虽各成体系，但显而易见，著作类的作者没能穷尽藏族神话的所有类型，而仅仅根据唯物论者所看重的物质，并且受时代影响特别看重生产劳动对人类发展的巨大影响，而把其单独归为一大类。分类貌似简单，却反映了专著类批评者的症候，不仅分类范围被缩小了，而且仅仅看重生产

---

① 祝鹏程：《2015年民间文学研究报告——以神话、传说与故事为主》，《民间文化论坛》2016年第1期，第85页。
② 佟锦华：《藏族民间文学》，西藏人民出版社，1991，第1页。
③ 谢继胜：《藏族神话的分类、特征及其演变》，《民族文学研究》1989年第5期，第77页。

生活类神话。对神话主义而言，古老的传统神话在现当代社会被挪用和重述，虽然是传统神话发展的必然，但是得出的"带有最朴素的唯物色彩"，以及看重物质类神话的分类，并不能影响藏族神话体系中最大的特点：一切和神灵有关。

因此可以看出，神话研究批评者的态度很明显地影响了人们对藏族神话的看法。尽管在研究领域，很多研究者都尽可能地客观论述，但是在无意识、潜意识下，用某个时代主流的方法论来进行研究，还是有许多问题，当然这些问题也有研究者能够看出，并提出了商榷意见。如顾浙秦就在其论文《藏族"猕猴变人"神话探微》中指出了丹珠昂奔、恰白·次旦平措等人的问题，并称决不能将藏民族的这种直观智慧当作科学理论。①

藏族神话批评，研究者确实在神话的分类、特征、审美等很多方面做出了突出的成绩，但梳理近30年来的研究专著，甚至是介绍性文字，藏族神话批评却有着一个巨大的症候，即对藏族神话中与唯物史观、进化论等符合时代要求趋向的问题不加具体分析，而从主观情感上给予赞美和认可。这些对神话的主观判断也融入了文学史、西藏通史的著作中，甚至出现在众多介绍类的著作中，让人们一提到藏族神话就认为是藏族先民都有着唯物论思想，而后传入宗教才有了神性色彩。这一隐藏的症候，是研究批评者的主观性和时代局限性所造成的，需要后来的研究批评者细心体会才能感受到，而且对自己的研究要尽量避免这种症候出现，才能有更为客观、更符合神话特征规律、更接近神话本质的研究。

（本文原刊《石河子大学学报》（哲学社会科学版）2017年第4期）

---

① 顾浙秦：《藏族"猕猴变人"神话探微》，《西藏民族学院学报》1998年第4期，第41页。

唐代陇右道河源军经略大使补考①

严寅春②

摘要：河源军是唐蕃在青海对峙时的主力之一，但关于其经略使文献多有阙如，米海平先生从文献中辑得12位。本文以新出土墓志为主，结合其他传世文献，在米海平先生辑录的基础上，新增9人，校补5人，拾遗补阙，使河源军经略大使名录更趋完备，便于学者研究利用。

关键词：鄯州；河源军；经略大使

河源军是陇右节度使所辖诸军之一，驻防鄯州鄯城县，戍守陇右道大本营。河源军最高军事主管为经略大使，一般由陇右节度使、鄯州刺史兼任，军事、政治地位远高于陇右诸军。河源军历任经略大使，散见于各类文献，米海平先生曾经做过辑考，共辑出12位。③近来翻检唐代

---

① 本文为国家社会科学基金一般项目"唐代涉蕃碑志文整理与研究"（项目编号：21BZW095）、教育部哲学社会科学后期资助项目"《唐刺史考全编》续补"（项目编号：23JHQ041）。
② 严寅春，西藏民族大学文学院教授，主要从事唐代文学与文化研究。
③ 米海平：《唐陇右道河源军经略大使考》，《青海师范大学学报》1993年第1期，第112—115页。

新出土墓志，时有发现，故在米海平先生辑考的基础上，进行补考，增加新见，校补不足。

一、新补

（一）李敬玄 仪凤三年（678）

《黑齿常之墓志》："属蒲海生氛，兰河有事，以府君充洮河道经略副使……及居西道，大著勋庸。于时中书令李敬玄为河源道经略大使，诸军取其节度。赤水军大使、尚书刘审礼，既以败没，诸将莫不忧惧。府君独立高岗之功，以济其难。"①仪凤三年（678），李敬玄代刘仁轨为洮河道行军大总管。九月，李敬玄率18万大军与论钦陵战于青海，大败。是役，"（李敬玄）顿于承风岭，阻泥沟以自固，虏屯兵高岗以压之。左领军员外将军黑齿常之，夜帅敢死之士五百人袭击虏营，虏众溃乱，其将跋地设引兵遁去，敬玄乃收余众还鄯州"②，此即黑齿常之"独立高岗之功"，则李敬玄任河源道经略大使当在仪凤三年（678）。

（二）李谨行 永淳二年（683，未上任）

张鷟《朝野佥载》："唐将军黑齿常之镇河源军……将军李谨行充替。谨行到军，旬日病卒。"③《李谨行墓志》载李谨行任廓州刺史、积石道经略大使，"永淳二年七月二日，薨于鄯州河源军，春秋六十有四"④。马驰谓："其卒地不在廓州积石军而却在鄯州河源军（治所在今青海西宁市东南），说明其生前确已调至鄯州以补河源军经略大使黑齿常之遗

---

① 周绍良主编《唐代墓志汇编》圣历〇二二，上海古籍出版社，1992，第942页。
② [宋]司马光编著《资治通鉴》卷二〇二，[元]胡三省音注，中华书局，1956，第6385页。
③ [唐]张鷟撰《朝野佥载》卷六，赵守俨点校，中华书局，1979，第145页。
④ 吴钢主编《全唐文补遗》第2辑，三秦出版社，1995，第291—292页。

缺。"①

(三)殷平 武则天前期

《殷平墓志》："府君讳平,字道衡,陈郡人……光宅之后,频殄西蕃,授右监门卫将军、积石军经略大使、检校廓州刺史、兼知营田事……寻授左监门卫将军、河源军大使……请归宿卫,恩敕允许……圣历二年六月十四日,遘疾薨于道训里之私第,春秋七十有一。"② 则殷平任河源军大使当在光宅元年(684)之后,武则天前期。

(四)马神威 约武则天中期

《马神威墓志》："君讳神威,字□□,扶风人……恩制改授左右玉钤两卫将军,寻授三品,除左豹韬卫将军,充河源军经略大使……迁冠军大将军,又授鹰扬卫将军、褒信郡开国公,食邑二千户,仍检校右羽林卫将军……道之行矣,身则退矣……久视元年九月十五日,薨于乐城里之私第,春秋七十九。"唐代官员致仕一般在70岁,马神威于河源军经略大使任后不久致仕,久视元年(700)卒于东都洛阳河南县乐城里私第,则马神威任河源军经略大使当在武则天中期。

(五)李思贞 约武则天中期

《李思贞墓志》："公讳思贞,字惟洁,平原高堂人也。因官而徙,遂家于京兆之万年县。本姓华,犯周庙讳,改为李氏……河源重镇,积石要冲。扼浑戎之喉,抚烧羌之背。领军统众,非贤不居。时敕授公河源军总帅,仍加右金吾卫白涧府折冲,又加明威将军,累宣威将军,转云麾将军,检校左卫勋二府中郎将,以材进也。易有否蹇,传称改过。君以鱼丽稍却,便为乌府所绳。昔邓禹失律关中,终能济汉;孟明丧师殽底,竟复强秦。以古方今,未为多责。降授太中大夫、行珍州司马,

---
① 马驰:《〈新唐书·李谨行传〉补阙及考辩》,《文博》1993年第1期,第18页。
② 赵君平编《邙洛碑志三百种》九三《周殷平墓志》,中华书局,2004,第110页。

迁溱州司马，寻检校庭州刺史，又检校沙州刺史……长安四年七月十日，卒于沙州刺史之官舍，春秋六十有三。"李思贞在河源军大使任上，连续进阶至从三品，当是屡有战功；后因"鱼丽稍却，便为乌府所绳"，降授太中大夫、珍州司马。此后，李思贞历任溱州司马、庭州刺史、沙州刺史，沙州任满后因故留任，长安四年（704）卒于任，则其任河源军大使当在武则天中期。

（六）何彦则　长安二年—三年（702—703）

《何彦则墓志》："公讳彦则，字元宪，庐江灊人……长安二年，检校鄜州都督，仍摄右肃政台御史中丞，充河源军大使。望雄专席，寄重分符。霜气肃于南台，风声震于西域。邦家是赖，郊境以宁。三年，入拜太子左清道率。"①李迥秀《授何彦则侍御史制》谓其"营屯河右，克赡军储。校律湟中，载清夷落。岁寒弥励，终始不渝"②。何彦则自河源军入为太子左清道率，历任定、恒、苏三州刺史，景龙元年（707）卒于东都观德里第，年66岁。

（七）康太和（琮）　天宝二年—五载（743—746）

《康太和墓志》："公讳琮，敕改太和，字金砖，汲郡人……拔授忠武将军、大斗军使、河西节度副使、右清道率府率。又云麾将军，充河源军使。天宝二载，授右骁卫大将军、关西都知兵马使、都虞候、河源军使、节度副使。五载，授左羽林军大将军，留宿卫。"康太和自大斗军使转河源军使当在开元末、天宝初，因王难得天宝初任河源军使，故暂系其任职上限为天宝二年（743），或早于二年（743），当不应超

---

① 郭茂育、赵水森等编著《洛阳出土鸳鸯志辑录》9—1《唐故苏州刺史上柱国庐江何公（彦则）墓志并序》，国家图书馆出版社，2012，第35—36页。
② [宋]李昉等编《文苑英华》卷三九四李迥秀《授何彦则侍御史制》，中华书局，1966，第2004页。

过元年（742）。康太和任陇右节度副使、河源军使时，陇右节度使为皇甫惟明。四载（745）九月，皇甫惟明在收复石堡城之战中，再次败北。五载（746）正月，王忠嗣继任西平郡太守、判武威郡事、充河西陇右节度使，皇甫惟明贬播川郡太守。同年，康太和也离开陇右前线，调任左羽林军大将军，宿卫京师，直到十二载（753）去世，闲置7年之久。显然，康琮的入京宿卫，与皇甫惟明的被贬一样，都是缘于石堡城之败。

（八）司马志诚　天宝十四载—至德二载（755—757）

《司马志诚墓志》："公讳志诚，字志诚，河内温人……时河西陇右节度使、西平郡王，以石堡为西戎之岩险，姑欲殄灭而高枕。有诏命河东朔方兵马咸委制于西平……西平器公才略，差摄定戎军使……无何即真，时议惟允。累迁神威军使。人杂夷落，城连虏庭。绥怀七年，终始一贯……累迁关西都知兵马使、兼河源军使、鄯城郡太守……洎肃宗幸凤翔，以公威声坐驰，追赴行在，充兴平定武等军使，敕摄绛州刺史。"石堡城之战天宝八载（749），直到十四载（755）安史之乱爆发，西平郡（鄯州）太守一直是哥舒翰，河源军经略使一直是王思礼，则司马志诚接任"河源军使、鄯城郡太守"当在哥舒翰、王思礼等回援平叛之后。又"肃宗幸凤翔"在至德二载（757）二月戊子[①]，则其离任陇右，当在至德二载（757）二月前后。至德二载（757）十月，吐蕃"陷西平"。[②]

（九）田某　至德二载（757）

《唐故青州参军都知兵马使陆府君夫人太原王氏墓志铭并序》："君子讳振威……为河源军经略使田公所厚，随在戎伍，推为心腹。凡处事

---

① ［宋］司马光编著《资治通鉴》卷二一九，［元］胡三省音注，中华书局，1956，第7017页。
② ［宋］司马光编著《资治通鉴》卷二二〇，［元］胡三省音注，中华书局，1956，第7038页。

精详，补充为将。不幸染疾，于至德二年丁酉三月六日，终于青州公馆。"①田公名字失载，端方谓"不知果指何人"②。王思礼自天宝八载—十四载（749—755）一直任河源军经略大使，其后司马志诚继任，乾元元年（758）吐蕃占领鄯州，则田公或是司马志诚的后任，也许是河源军最后一任经略使。陆振威随田公在河源军任，河源军亦被抽调平定安史之乱，故得以"补充为将"，出任青州参军、都知兵马使。

二、校补

（一）黑齿常之　调露二年—永淳二年（680—683）

仪凤二年（677），黑齿常之征调青海，充洮河道经略副使。是年八月，刘仁轨出镇洮河军，准备发兵讨吐蕃。③而刘仁轨与黑齿常之有旧，谓其"忠勇有谋，感恩之士。从我则成，背我必灭"④，故受命出征时，调黑齿常之担任副手。《黑齿常之墓志》："属蒲海生氛，兰河有事，以府君充洮河道经略副使。"⑤

仪凤三年（678），黑齿常之转任河源军经略副使。《新唐书》本传："仪凤三年，从李敬玄、刘审礼击吐蕃。审礼败，敬玄欲引还，阻泥沟，兵不得出，贼屯高压官军。常之夜率敢死士五百人掩其营，杀掠数百人，贼酋跋地设弃军走。帝叹其才，擢左武卫将军，检校左羽林军，赐金帛殊等。进为河源军副使。调露中，吐蕃使赞婆等入寇，屯良非川。李敬玄之败，常之引精骑三千夜袭其军，斩首二千级，获羊马数万，赞婆等单骑去。

---

① 周绍良主编《唐代墓志汇编》乾元〇〇五，上海古籍出版社，1992，第1737页。
② ［清］端方：《陶斋藏石记》卷二五，宣统元年石印本。
③ ［宋］司马光编著《资治通鉴》卷二〇二，［元］胡三省音注，中华书局，1956，第6384页。
④ ［后晋］刘昫等撰《旧唐书》卷八四《刘仁轨传》，中华书局，1975，第2792页。
⑤ 周绍良主编《唐代墓志汇编》圣历〇二二，上海古籍出版社，1992，第942页。

即拜河源道经略大使。"①《黑齿常之墓志》:"于时中书令李敬玄为河源道经略大使,诸军取其节度。赤水军大使、尚书刘审礼,既以败没,诸将莫不忧惧。府君独立高岗之功,以济其难。转左武卫将军,代敬玄为大使。"②墓志谓黑齿常之"代敬玄为大使",当是合二事,概而言之。

调露二年(680),黑齿常之任河源军经略大使。《黑齿常之墓志》:"于时中书令李敬玄为河源道经略大使……转左武卫将军,代敬玄为大使。"③《旧唐书·高宗纪》:"(调露二年)秋七月,吐蕃寇河源,屯于良非川。河西镇抚大使李敬玄与吐蕃将赞婆战于湟中,官军败绩。时左武卫将军黑齿常之力战,大破蕃军,遂擢为河源军经略大使;令李敬玄镇鄯州,为之援。"④《新唐书》本传:"调露中,吐蕃使赞婆等入寇,屯良非川。李敬玄之败,常之引精骑三千夜袭其军,斩首二千级,获羊马数万,赞婆等单骑去。即拜河源道经略大使。"⑤

永淳二年(683),黑齿常之离任。《旧唐书》本传:"常之在军七年,吐蕃深畏惮之,不敢复为边患。"⑥自仪凤二年(677)黑齿常之调任青海,到永淳二年(683)李谨行充替,恰为7年。张𬸦《朝野佥载》:"唐将军黑齿常之镇河源军……将军李谨行充替。谨行到军,旬日病卒。"⑦《李谨行墓志》载李谨行任廓州刺史、积石道经略大使,"永淳二年七月二日,薨于鄯州河源军,春秋六十有四"⑧。马驰谓:"其卒地不在廓州积石军而却在鄯州河源军(治所在今青海西宁市东南),说明其生前确已调至

---

① [宋]欧阳修、宋祁撰《新唐书》卷一一〇《黑齿常之传》,中华书局,1975,第4121页。
② 周绍良主编《唐代墓志汇编》圣历〇二二,上海古籍出版社,1992,第942页。
③ 同上。
④ [后晋]刘昫等撰《旧唐书》卷五《高宗纪》,中华书局,1975,第106页。
⑤ [宋]欧阳修、宋祁撰《新唐书》卷一一〇《黑齿常之传》,中华书局,1975,第4121页。
⑥ [后晋]刘昫等撰《旧唐书》卷一〇九《黑齿常之传》,中华书局,1975,第3295页。
⑦ [唐]张𬸦撰《朝野佥载》卷六,赵守俨点校,中华书局,1979,第145页。
⑧ 吴钢主编《全唐文补遗》第2辑,三秦出版社,1995,第291—292页。

鄯州以补河源军经略大使黑齿常之遗缺"①。又,《黑齿常之墓志》:"及居西道,大著勋庸……迁左鹰扬卫大将军、燕然道副大总管。垂拱之际,天命将革,骨卒禄狂贼也既不睹其微,徐敬业逆臣也人不量其力,南静淮海,北扫旄头,并有力焉。"②则其离开河源军,任燕然道副大总管,不迟于光宅元年(684)徐敬业反周。另外,裴绍业为黑齿常之任河源军经略大使时的副使,光宅元年(684)十二月奉命在军中斩杀单于道安抚大使程务挺,而程务挺则于弘道元年(683)十一月出任单于道安抚大使,黑齿常之当是携裴绍业一道随程务挺"备突厥"③,讨骨笃禄。

案:米海平系黑齿常之在仪凤二年-垂拱三年(677—687),长达10年之久,与《旧唐书》本传在青海7年之说相龃龉。

(二)娄师德 永淳二年—天授元年?(683—690?)

案:米海平系娄师德于永淳元年—万岁通天元年(682—696)。实际上,娄师德在河陇任职,尤其是任河源军经略大使并没有10多年。娄师德先任河源军司马,永淳元年(682)十月白水涧之战中八战八捷,升任河源军经略大使;天授初,转任丰州都督。《新唐书》本传:"高宗假朝散大夫,使从军。有功,迁殿中侍御史,兼河源军司马,并知营田事。与虏战白水涧,八遇八克。天授初,为左金吾将军,检校丰州都督。"④《资治通鉴》"永淳元年"条载白水涧之战后迁河源军经略大使事⑤,《新唐书》失载。前考黑齿常之自调露二年—永淳二年(680—683)任河源军经略大使,永淳二年(683)六月与李谨行交代,则娄师德继任不会早

---

① 马驰:《〈新唐书·李谨行传〉补阙及考辩》,《文博》1993年第1期,第18页。
② 周绍良主编《唐代墓志汇编》圣历〇二二,上海古籍出版社,1992,第942页。
③ 王守芝、严寅春:《裴绍业墓志考释——兼及黑齿常之之行事》,《运城学院学报》2019年第1期,第50—51页。
④ [宋]欧阳修、宋祁撰《新唐书》卷一〇八《娄师德传》,中华书局,1975,第4092页。
⑤ [宋]司马光编著《资治通鉴》卷二〇三,[元]胡三省音注,中华书局年,1956,第6412页。

于永淳二年（683）六月，或是七月李谨行去世，娄师德作为司马顺位接任，《资治通鉴》则是将白水涧之战和接任大使二事合并叙述。载初元年（690）九月改元天授，天授三年（692）四月改元如意，则疑"天授初"为天授元年（690）。

长寿二年（693），娄师德同凤阁鸾台平章事，充河源、积石、怀远等军及河、兰、鄯、廓等州检校营田大使；证圣元年（695），在素罗汗山战役中大败，贬原州员外司马；神功元年（697），自纳言出为陇右诸军大使，仍校检河西营田事；圣历二年（699），转任并州长史、天兵军大总管。① 这两次在陇右任职，一为营田大使，一为诸军大使，其职责与权力大体上相当于玄宗时期的陇右节度使，总揽陇右军政，但未必兼任鄯州都督、河源军经略大使等职。即便是兼任河源军经略大使，也只是这两个时间段，而不是连续任职。

（三）杨矩（杨弘矩） 景龙四年—开元二年（710—714）

案：米海平考杨矩甚详，仅补杨矩原名杨弘矩。《马骏墓志》："君讳骏，扶风人……解巾授左领军卫翊府长上。后为和蕃使、鸿胪卿杨弘矩所籍，奏以偕行。"② 杨弘矩即杨矩，当是中宗神龙元年（705）因避孝敬皇帝李弘讳而改。③

（四）臧怀亮 开元二年（714）

《臧怀亮墓志》："公讳怀亮，字时明，东莞莒人……迁单于都护，借紫金鱼袋。匈奴犯塞，公示弱伏兵，陷敌略尽。恩加银青光禄大夫、单于副大都护、兼朔方军副大总管，迁灵州都督、丰安军经略大使，转

---

① ［后晋］刘昫等撰《旧唐书》卷九三《娄师德传》，中华书局，1975，第2975—2976页。
② 故宫博物院、陕西省考古研究院编著《新中国出土墓志·陕西（肆）》一三八《唐故朝请大夫广州都督府长史上柱国扶风县开国子马府君（骏）墓志铭》下，文物出版社，2021，第126—127页。
③ 严寅春：《金城公主入蕃同行人员考》，《中国藏学》2023年第3期，第65—72页。

鄯州都督、兼河源军经略营田大使，转左威卫将军、兼洮州都督、莫门军经略营田大使、兼陇右节度副大使，复以本官兼胜州都督、兼东受降城大使、朔方军节度副大总管。"①《命姚崇等北伐制》（开元二年二月二十八日）载有"单于副都护臧怀亮"②，《左羽林大将军臧公神道碑》谓"（开元）二年……恩制加银青光禄大夫、单于副大都护、兼朔方军副大总管、上蔡县开国男"③，可知臧怀亮开元二年（714）任单于副大都护，兼朔方军副大总管。《册府元龟》："玄宗时，薛纳为陇右防御使。开元二年，赐纳旌节，敕王晙、臧怀亮、王海宾、杨楚客等并受纳节度，防御吐蕃……四年，以纳摄御史大夫，持节朔方军大总管讨叛。"④薛纳即薛讷之误，薛讷出任陇右防御使，时臧怀亮受其节制，则其此时已由单于副大都护转任鄯州都督、河源军经略使。案：米海平系约开元十年（722），《唐刺史考全编》系约景龙中且为杨矩前任⑤。

（五）王难得　天宝元年（742）

案：米海平据新旧《唐书》"天宝初为河源军使……七载从哥舒翰击吐蕃与积石军"系天宝元年—五载（742—746）。新出土《康太和墓志》载康太和由大斗军使转河源军使，天宝二年（743）加右骁卫将军、陇右节度副使等，五载（746）离任回京（详见前文"康太和"条），故暂系王难得于天宝元年（742）。

---

① 吴敏霞等编著《陕西碑刻文献萃编·唐五代卷》，中华书局，2022，第626—627页。
② ［宋］宋敏求编《唐大诏令集》卷一三〇《蕃夷·讨伐》，洪丕谟、张伯元、沈敖大点校，学林出版社，1992，第647页。
③ ［宋］李昉等编《文苑英华》卷九〇七李邕《左羽林大将军臧公神道碑》，中华书局，1966，第4776页。
④ ［宋］王钦若等编纂《册府元龟》卷七八《帝王部·委任》，周勋初等校订，凤凰出版社，2006，第845页。
⑤ 郁贤皓：《唐刺史考全编》（增订本）卷三一《鄯州（西平郡）》，凤凰出版社，2022，第423页。

三、附录

河源军驻防鄯州，鄯州都督多有兼任河源军使者，但由于文献失载，不少鄯州都督是否兼任河源军使已不可考。故将河源设军以来、文献可徵，且不见于《唐刺史考全编》或虽见于《唐刺史考全编》但系年有补充的鄯州都督（西平郡太守）附录于此，以俟将来。另，裴绍业、元师奖任副使，亦附录于此。

（一）裴绍业　高宗时

《裴绍业墓志》："公讳绍业，字绍业，河东闻喜人……天子按剑，方论平海之功；将军拥旄，即袭渡辽之号。诏公为辽东道副总管……顷之，坐事出为交州常乐府折冲……寻有敕追还，授右领军卫郎将，充河源军副使……改授秦、成、武、渭四州诸军事，秦州刺史，仍讨吐蕃……改授左鹰扬卫将军，仍检校左羽林军将军、上柱国、正平县开国男、单于道安抚大使……垂拱三年岁次丁亥七月癸亥朔廿二日甲申遘疾，薨于苑内羽林军官第，春秋六十有六。"①《资治通鉴》载弘道元年（683）十一月，程务挺为单于道安抚大使，招讨阿史那骨咄禄等；光宅元年（684）十二月癸卯，被左鹰扬将军裴绍业在军中斩杀，则裴绍业"讨吐蕃"当在光宅元年（684）十二月之前。

（二）元师奖　垂拱元年—二年（685—686）

《元师奖墓志》："君讳师奖，字玄成，河南人……既而蛇川纵毒，鳌海挺灾。乃降偏裨，克清边傲。西平之地，实资令德。又纡纶汗，授公使持节都督鄯河兰廓缘淳丽津超罕永定等一十二州诸军事、守鄯州刺

---

① 邹冬珍、卫文革：《山西运城出土几盒裴氏墓志》，《文物世界》2006年第4期，第24—30页。

史，勋官如故。续授太中大夫，余官如故。又充河源道经略副使，又加授通议大夫，又授新蔡县开国男，食邑三百户。河源密迩青海，鄯府控带湟川。夷夏杂居，栋宇斯接。委循良之善政，任文武之异材。公粤自下车，声猷斯美……以垂拱二年正月九日，遘疾卒于鄯州之官舍，春秋六十有六……夫人万寿县君魏郡柏氏……以垂拱元年四月十九日，卒于鄯州之官舍，春秋五十有五。"①元师奖夫人柏氏垂拱元年（685）卒于鄯州官舍，则其时元师奖已经在鄯州都督任。《唐刺史考全编》疑在贞观中。②元师奖兼任河源军副使时，河源军使当为娄师德。

（三）李道谦　武后时

《李璋墓志》："祖弘节，唐银青光禄大夫、上柱国。策平萧铣，以佐命勋封清平县开国公……考道谦，周银青光禄大夫、上柱国、袭爵清平县开国公，改封清河郡开国公，豪延邛三州刺史、成都营三州都督……寻又检校丰州都督营田大使。时西南夷扰乱，改授夔州都督。讨击忠万州夷獠不克，恩敕责除官爵，许随清边军效力。属王孝杰军败，在阵战亡。"③王孝杰军败事，当即万岁登封元年（696）讨契丹事。李璋万岁通天元年（696）卒，年49岁。

（四）马正会　约开元初

《马骏墓志》："君讳骏……皇考正会，皇嘉眉鄜三州刺史、松巂鄯三府都督、左威武二卫将军、扶风县开国子……先府君方领松州，有制令岳牧子宿卫，公解巾授左领军卫翊府长上。后为和蕃使、鸿胪卿杨弘矩所籍，奏以偕行……除宁王府副典军。无何，居先府君丧。服阕，

---

① 庞怀靖：《读元师奖墓志》，《文博》1993年第5期，第56—60页。
② 郁贤皓：《唐刺史考全编》（增订本）卷三一《鄯州（西平郡）》，凤凰出版社，2022，第422页。
③ 吴钢主编《全唐文补遗》第8辑，三秦出版社，2005，第322—323页。

除申王府典军。府废，换忠王府。"① 杨弘矩即杨矩，景龙四年（710）正月送金城公主入蕃；申王即李㧑，开元十二年（724）卒，府废当即此时，则马正会卒年在开元十年（722）左右，其任鄯州都督约在开元初。《唐刺史考全编》疑开元二十四年—二十五年（736—737）任鄯州都督。②

（五）杜宾客　开元末

《杜台贤墓志》："（杜）愿曾孙宾客，以经明行修校理芸阁，自历官守职，皆持□□，倾由执金吾节制陇右……公即陇西之元嗣。"③ 杜台贤元和九年（814）卒，年81岁。《资治通鉴》："（开元十六年八月）辛卯，左金吾将军杜宾客破吐蕃于祁连城下。时吐蕃复入寇，萧嵩遣宾客将强弩四千击之。"④ 杜宾客节制陇右事或在此后。

---

① 故宫博物院、陕西省考古研究院编著《新中国出土墓志·陕西（肆）》一三八《唐故朝请大夫广州都督府长史上柱国扶风县开国子马府君（骏）墓志铭》下，文物出版社，2021，第126—127页。
② 郁贤皓：《唐刺史考全编》（增订本）卷三一《鄯州（西平郡）》，凤凰出版社，2022，第426页。
③ 齐运通主编《洛阳新获墓志百品》九二李文楷《唐故中散大夫□右庶子致仕上柱国南阳县开国男杜府君（台贤）墓志铭并序》，国家图书馆出版社，2020，第179页。
④ ［宋］司马光编著《资治通鉴》卷二一三，［元］胡三省音注，中华书局，1956，第6782页。

阿哈雅克与清代新藏昆仑东线[①]

马天祥[②]

摘要：清朝雍正至乾隆年间，中央政府为有效应对其统治下准噶尔部对藏地的袭扰，先后在藏地北境设立阿里、纳克产[③]、腾格里淖尔[④]、阿哈雅克四路重镇。其中阿里、纳克产、腾格里淖尔皆沿藏北一字排开，唯阿哈雅克一路位置前出，位于藏北羌塘草原东部，控扼昆仑山东部连接噶斯口与喀喇乌苏间的新藏要道。

关键词：西藏；阿哈雅克；准噶尔部

清代康、雍、乾三朝，中央政府为有效应对来自准噶尔部的威胁，保护西藏地区安宁，清廷在藏地北境设立阿里、纳克产、腾格里淖尔、阿哈雅克四路重镇。需要申明的是，准噶尔部属清朝中央政府统治下漠

[①] 本文为国家社会科学基金项目"清末西藏方志整理研究"（项目编号：17CMZ013）。
[②] 马天祥，西藏民族大学文学院教授，主要从事西藏方志整理研究。
[③] 纳克产，又作纳克禅、纳克桑、那克桑等。
[④] 腾格里淖尔，又作腾格哩诺尔、腾格里诺尔、腾格里脑儿等。

西蒙古中的一支，平定准噶尔部战争是中央政府平定地方叛乱的战争，属于独立主权国家内部事务。其中，阿里、纳克产、腾格里淖尔三路皆有史可证，唯阿哈雅克一路仅散见于清中期前的方志与文献之中。通过大量翻检清代文献史料，对阿哈雅克这一藏北军事重镇的沿革、方位进行深入考察，有助于一窥清中期前的中央政府在藏北控驭准噶尔部的策略，进而更为全面地探究那条湮没在历史中连接新疆、西藏的昆仑东线。

一、阿哈雅克沿革考

阿哈雅克之名在《清实录》《清史稿》《平定准噶尔方略》《八旗通志》《清藩部要略》《钦定外藩蒙古回部王公表传》等文献中皆有载录，且多以藏北重镇言之。文献载录颇多简省，并未过多叙述其设置、沿革乃至具体方位。虽然阿哈雅克的设立与康熙五十六年（1717）准噶尔部袭扰藏地有直接联系，但是就传统文献来看，关于阿哈雅克的较早记录见于乾隆末年成书的《钦定外藩蒙古回部王公表传》。《钦定外藩蒙古回部王公表传·扎萨克一等台吉诺颜和硕齐列传》载："（乾隆）十二年（1747），准噶尔使入藏煎茶。驻藏副都统傅清等议设汛阿哈雅克、阿里克路，以旺对领之。"[①] 同样成书于乾隆末年的《清藩部要略》对此有更为详细的记载：

> （乾隆）十二年，朱尔默特策布登疾痊，驻藏副都统傅清等请遣屯阿里克汛，允之。准噶尔使再入藏煎茶，驻藏副都统傅清等遣车稜旺札勒以喀喇乌苏兵三百监之。遣旺对领兵设

---

① [清]祁韵士等：《钦定外藩蒙古回部王公表传》，载《景印文渊阁四库全书》第454册，商务印书馆，1983，第585页。

汛阿哈雅克阿里克路。①

由此似可暂定阿哈雅克设汛当在乾隆十二年（1747），然考《清实录·高宗实录》"乾隆十年十一月"条，又有关于阿哈雅克的确凿记录：

> 据颇罗鼐呈称：本年三月二十日，派深信之萨嘉达克齐、博尔博等三十名，探望准噶尔做善事回巢踪迹。据伊等回告，越过阿哈雅克卡座，到噶斯路上。②

那么阿哈雅克究竟设于何时？这需要以时间为线索，综合《清实录》等多方文献史料进行较为全面的考察。《清实录》中关于阿哈雅克的最早记载即出现于上文的《高宗实录》"乾隆十年十一月"条中，其后"十二年四月"条、"十二年六月"条、"十三年八月"条、"十三年九月"条、"十三年十月"条、"十六年二月"条、"十六年五月"条、"十七年正月"条、"二十七年"条中皆有载录。这些材料虽都言及阿哈雅克，但随着时间的推移，对阿哈雅克的载录也随之产生了微妙的变化。详考《清实录·高宗实录》乾隆十年（1745）时，称阿哈雅克为卡座；乾隆十二年（1747）称卡，同时亦有"其巡察阿哈雅克之卡，派扎萨克头等台吉旺对前往"之语，且同年"六月"条中又有"阿哈雅克、腾格里淖尔一路"之语；十三年（1748）称卡；十六年（1751）称地方；十七年（1752）称路。综上可见，阿哈雅克在《清实录·高宗实录》中，乾隆十年（1745）—十七年（1752），已然由最早的边防卡座逐渐发展为一方重镇。

---

① ［清］祁韵士：《祁韵士集》，三晋出版社，刘长海整理，2014，第327页。
② 《清实录》第12册，中华书局，1985，第258—259页。

在清代边防建制中，卡座或卡伦多简称卡，即最小的边防戍守单位，通常情况下守卫人数10—30人，《清史稿·兵志八·边防》载：

> 视卡伦之大小，定戍兵之多寡……（乾隆）二十四年，勘定准部，北路重地，咸分兵设防，山川隘口，悉置卡伦台站。各卡伦设索伦、锡伯、厄鲁特兵丁自十名至三十余名有差。①

这种卡座的规制，似当为乾隆十二年（1747）驻藏副都统傅清建议设汛之前的规模。较为稳妥地讲，也不排除当时阿哈雅克下辖数个卡座的可能，但毕竟尚未升为路或汛，这是毋庸置疑的。乾隆十二年（1747）之后，鉴于阿哈雅克在防控准噶尔部袭扰中的重要战略地位，驻藏副都统傅清建议将其建制由卡升为汛。因此方有乾隆十五年（1750）时，纳穆扎尔②在奏疏中之言：

> 准噶尔通藏，凡阿里、那克桑、腾格里淖尔、阿哈雅克四路，各于隘口设卡伦。又有勒底雅路，为准噶尔犯藏时间道，亦驻兵防守。③

纳穆扎尔在奏疏中已然将阿哈雅克与阿里、那克桑、腾格里淖尔并称为防御准噶尔袭扰的四路重镇了。

除立足传统史料之外，随着对满文档案的梳理，阿哈雅克的沿革轨迹也变得愈加清晰。乾隆五年（1740）五月初三日《驻藏大臣纪山奏报

---

① [清]赵尔巽等撰《清史稿》第14册，中华书局，1977，第4081页。
② 纳穆扎尔，又作纳穆札尔、那木扎尔。
③ [清]赵尔巽等撰《清史稿》第14册，中华书局，1977，第10665页。

会同颇罗鼐筹议准噶尔人等入藏熬茶防范事宜折》中已明确出现阿哈雅克之名，且奏折中直言："喀喇乌苏地方现有重兵驻守，且又往外拓展设卡于阿哈雅克地方。"① 这就很容易使人直接断定阿哈雅克设于此时，然而该奏折又载：

> 于阿哈雅克路所属哈济得卜特尔、仲干里麻尔②、诺木浑地方设卡三处；腾格里淖尔路所属穆斯加根、兴济勒沃岳地方设卡二处；纳克桑地路所属工斯塘、特巴克托罗盖、沃莫库鲁木地方设卡三处；如托克③路所属塞塘、理塘地方设卡一处；努热路所属努加地方设卡一处。此等卡伦，每卡驻兵百名，干练可靠头目各一名。④

可知，早在乾隆五年（1740），阿哈雅克不仅已经设立，而且已颇具规模，纵然尚未设汛，但已下辖若干卡座，与腾格里淖尔、纳克桑、阿里三路齐名。且验之此后相关档案，阿哈雅克一路仍不断增设卡座。乾隆九年（1744）三月初二日《副都统索拜奏请奖励卡台出力人等折》载："本年仍于阿哈雅克、拜图、纳克桑等地设卡驻防。在哈济尔得卜特尔地方增设卡伦时又需有人。"⑤ 考诸上文可知，哈济尔得卜特尔隶属于阿哈雅克。

---

① 中国第一历史档案馆编《清代军机处满文熬茶档》上册，郭美兰译，上海古籍出版社，2010，第 25 页。
② 仲干里麻尔，又作绷甘里麻尔、琫噶哩玛尔等。
③ 如托克，又作鲁多克，属阿里辖制。
④ 中国第一历史档案馆编《清代军机处满文熬茶档》上册，郭美兰译，上海古籍出版社，2010，第 24 页。
⑤ 中国第一历史档案馆、中国边疆民族地区历史与地理研究中心合编《军机处满文准噶尔使者档译编》中册，中央民族大学出版社，2009，第 1838 页。

以乾隆五年（1740）为基准，再对此前满文档案逐年翻检，终觅得阿哈雅克初设之记录。雍正十一年（1733）七月十九日《青保等奏报筹建扎什塘兵营情形折》载：

> 颇罗鼐言，喀喇乌苏兵丁有二千名，每年由诺彦和硕齐管束操练。在噶斯以南要口，阿哈雅克、绷阿里玛尔二哨所，更驻兵三十名，以蹑踪探信。①

此时阿哈雅克不过藏北一普通前哨，驻兵不过30名，仅供打探消息之用，阿哈雅克设立当在此时。且详考康熙末年至雍正初年大量史料及满文档案，雍正八年（1730）清朝中央政府开始在川藏要道打箭炉、泰宁、三渡、吹音堡等处广设塘站55座及台站若干，意在保证文书传递与粮草供应。以理推之，藏地广设卡座亦当在此举日臻完善之后，故阿哈雅克初设于雍正十一年（1733）亦属于情理之中。②

乾隆二十二年（1757），伴随着准噶尔部的平定，藏地重归安宁。乾隆二十七年（1762），清廷议定对这些昔日屯兵要地予以裁撤，每年例行巡查即可：

> 今大功告蒇，外夷宁谧，实与内地无异，复据噶隆公班第达等呈称："准噶尔、叶尔羌等，俱蒙圣化，安享太平，卫

---

① 中国藏学研究中心等合编《元以来西藏地方与中央政府关系档案史料汇编》第2册，中国藏学出版社，1994，第464页。

② 岳钟琪曾就驻藏官兵人数坦言："若驻兵太多，所需口粮食物购买颇难。"足见在无稳定粮道保证之下，在西藏增设卡座似无可能。见《岳钟琪奏复留驻西藏官兵人数并请简派将备折》，载中国藏学研究中心等合编《元以来西藏地方与中央政府关系档案史料汇编》第2册，中国藏学出版社，1994，第420页。

藏台站，可无庸设。"但彻后，各处边界，仍合稽查。今酌议，嗣后噜托克、齐木、纳克藏、腾格哩诺尔等处，交本处第巴、头目等，每年派人巡察；穆什哲尔根、琫噶哩玛尔、阿哈雅克等处，每年于栋科尔、达木之蒙古官，各派一员巡察。俱令于草萌时往，大雪后回。①

现可对阿哈雅克沿革做出较为清晰的梳理。阿哈雅克最初作为防御准噶尔部袭扰藏地的前哨初设于雍正十一年（1733），后因其重要的战略地位逐渐扩大规模，至乾隆五年（1740）已然与阿里、纳克产、腾格里淖尔齐名。其后鉴于此处重要的战略地位，又于乾隆十二年（1747）升为汛，终成一方重镇。最后伴随着准噶尔部的平定，于乾隆二十七年（1762）裁撤，从此尘封在历史中。

二、阿哈雅克方位考

阿哈雅克作为清中期前的藏北重镇，其重要战略意义不言自明，然而耐人寻味的是清中期前西藏方志与史料中都没有留下多少关于阿哈雅克确切方位的记录，以致乾隆十六年（1751），乾隆皇帝亲自布控新疆、西藏、青海各路封锁准噶尔部时，其本人亦无从知晓阿哈雅克的具体方位：

朕观藏图，并无阿哈雅克地名，或当日遗漏未画，抑所画未全。著将此图寄与班第，查明阿哈雅克地方与此图所载何

---

① 《清实录》第17册，中华书局，1985，第315页。

处相近，并除阿哈雅克之外，曾否尚有遗漏未画要隘，查明添入，另画全图，于奏事之便，一并呈览。①

颇为有趣的是《清实录·高宗实录》中只载录了乾隆皇帝对阿哈雅克具体方位的问讯，却始终没有载录任何答复。清中期之后，尤其是乾隆五十三年（1788）廓尔喀入侵西藏之后，无论是方志文献，抑或专门史料，都全然将视线转向了藏地南境。因此对于阿哈雅克的具体方位，只能立足现有文献进行最大限度的考证与廓清。

阿哈雅克是清代中期以前与阿里、纳克产、腾格里淖尔齐名的防御重镇。在大量文献材料中，对这些防御重镇都无一例外地遵循着由西至东的罗列顺序。《清史稿·纳穆扎尔传》中叙述藏北四大重镇即直言："准噶尔通藏，凡阿里、那克桑、腾格里淖尔、阿哈雅克四路。"据此可知，阿哈雅克大体方位当距腾格里淖尔较近。又据《清实录·高宗实录》乾隆十七年（1752）"正月"条载："惟腾格里诺尔阿哈雅克、两路较为广阔。"②可知腾格里淖尔与阿哈雅克两路辖区均较为广阔，且《清实录·高宗实录》乾隆十七年（1752）"正月"条亦载：

> 若准夷从阿哈雅克、腾格里诺尔而来，则令策凌旺扎尔领蒙古、唐古忒兵抵截，调功布达克布等处兵接应。③

可知不仅腾格淖尔、阿哈雅克两路皆广阔平坦，且属于应对同一方向袭扰的毗邻防区。那么，阿哈雅克究竟在腾格里淖尔的哪个方位呢？关于

① 《清实录》第14册，中华书局，1985，第96页。
② 同上书，第339页。
③ 同上书，第340页。

这个细节的考证，仍需回归文献予以逐步厘清。《清史稿·藩部八》载：

（乾隆十五年）珠尔默特纳木扎勒又诡称准噶尔袭唐古特，至硕翁图库尔，遣兵备喀拉乌苏，徙达木番众。不数旬，扬言准噶尔至阿哈雅克，自率兵往备。驻藏提督索拜遣旺对赴喀拉乌苏备之。①

可见阿哈雅克亦距喀拉乌苏较近，且按上下文意推断，其位置当较喀拉乌苏更为前出。这也就在宏观上逐渐廓清了阿哈雅克当在腾格里淖尔及喀拉乌苏偏北的广阔平坦地区。另《清实录·高宗实录》乾隆十年（1745）"十一月"条载：

据颇罗鼐呈称：本年三月二十日，派深信之萨嘉达克齐、博尔博等三十名，探望准噶尔做善事回巢踪迹，据伊等回告，越过阿哈雅克卡座，到噶斯路上。②

《清实录·高宗实录》乾隆十六年（1751）"五月"条载：

阿哈雅克，地方宽广，由噶斯路而来，直通西藏之喀喇乌苏，又与玉舒那克舒番众相近，此阿哈雅克，既系准夷抵藏之路。③

---

① [清]赵尔巽等撰《清史稿》第48册，中华书局，1977，第14542页。
② 《清实录》第12册，中华书局，1985，第258—259页。
③ 《清实录》第14册，中华书局，1985，第95页。

以上两条材料，都从侧面说明阿哈雅克地处藏地北境，北出阿哈雅克便可直抵噶斯路，而噶斯路即为柴达木盆地西北部阿尔金山口一带，为南线丝绸之路的咽喉要道，而南出阿哈雅克又可直通喀喇乌苏，且阿哈雅克又与青海玉树接近。在此基础上，详考清代满文档案，又可得到更为精确的结论。乾隆五年（1740）五月初三日《驻藏大臣纪山奏报会同颇罗鼐等议准噶尔人等入藏熬茶防范事宜折》载：

> 惟西宁、青海至藏，须经喀喇乌苏地方方可抵藏，喀喇乌苏地方现有重兵驻守，且又外拓展设卡于阿哈雅克地方。
>
> 臣等计（准噶尔）使臣等抵达阿哈雅克卡伦附近之期，将卡伦兵丁，游牧人等往里移至水草丰美形势之地安顿，交付扎萨克头等台吉珠密那木扎了，务计不令使臣窥视……使臣等行近西藏边界后，需遣官兵护送至藏。①

阿哈雅克当在青海喀喇乌苏要道上，且位于青海、西藏交界青海一侧。乾隆九年（1744）正月三十日《凉州将军乌赫图等奏报护送准噶尔使臣等出界情形折》："查得（准噶尔）使臣于是月二十二日渡过麻勒占库察、木鲁乌苏之源，二十六日抵达阿哈雅克南口绷甘里麻尔卡伦。"②木鲁乌苏之源又称拜都河，发源于唐古拉山，地处青海、西藏交界，故此条亦为上文结论佐证。

可以推知，绷甘里麻尔卡伦即为阿哈雅克治下通藏南口卡座。另据

---

① 中国第一历史档案馆编《清代军机处满文熬茶档》上册，郭美兰译，上海古籍出版社，2010，第25页。
② 中国第一历史档案馆、中国边疆民族地区历史与地理研究中心合编《军机处满文准噶尔使者档译编》中册，中央民族大学出版社，2009，第1832页。

乾隆五年（1740）五月初三日《驻藏大臣纪山奏报会同颇罗鼐筹议准噶尔人等入藏熬茶防范事宜折》可知，阿哈雅克下辖卡座主要分布于哈济得卜特尔、仲干里麻尔、诺木浑3个地方。其中，哈济得卜特尔又系"来藏要路"①方向卡座。且雍正十一年（1733）七月十九日《青保等奏报筹建扎什塘兵营情形折》更为明确交代阿哈雅克初设于"噶斯以南要口"②噶斯口约为今青海海西州茫崖一带，而阿哈雅克就位于噶斯口以南。且乾隆十三年（1748）四月初七日《驻藏大臣索拜等奏报准噶尔使臣等事毕已由藏启程返回折》载：

> 彼等返回时，仍由阿哈雅克路而行，遣派历练牢靠之人好生防范，毋令准噶尔人等睹见，尾随而行，俟至阿哈雅克卡伦，准噶尔人等出卡远行后，往西蹑踪数日，倘若无事，则返具报。③

可知由阿哈雅克出发向西北行可抵噶斯口，那么阿哈雅克也就位于噶斯口的东南方向了。至此，可以逐渐廓清阿哈雅克的大致方位，其方位当在噶斯口东南、青海西藏交界以北的开阔地带，即今青海西南部格尔木市直属区及玉树藏族自治州西部一带，实为青海境内控扼连接新疆、西藏线路的专设重镇。

---

① 中国第一历史档案馆、中国边疆民族地区历史与地理研究中心合编《军机处满文准噶尔使者档译编》中，中央民族大学出版社，2009，第1838页。
② 中国藏学研究中心等合编《元以来西藏地方与中央政府关系档案史料汇编》第2册，中国藏学出版社，1994，第464页。
③ 中国第一历史档案馆编《清代军机处满文熬茶档》下册，郭美兰译，上海古籍出版社，2010，第1779页。

三、阿哈雅克与新藏昆仑东线

纵观清代史料，阿哈雅克的设立与裁撤，与清朝中央政府平定准噶尔部有着紧密联系。因此阿哈雅克卡座及阿哈雅克汛的设立，都是以确保藏地免受准噶尔部袭扰为目的。康熙五十六年（1717），准噶尔部攻破拉萨，杀害拉藏汗，为乱藏地。阿哈雅克之设与这次袭扰有直接联系。《清史稿·藩部八》简要载录了该事件：

> （康熙）五十六年，策旺阿喇布坦遣台吉策零敦多布等率兵六千，徒步绕戈壁，逾和阗南大雪山，涉险冒瘴，昼伏夜行，赴阿里克，扬言送拉藏汗长子噶尔丹忠夫妇归。拉藏汗不知备，贼至达木始觉，偕仲子索尔扎拒，交战两月，不敌，奔守布达拉，始来疏乞援。①

准噶尔部位于藏地西北，在当时的历史条件下，并未选择拉达克部境内的两条古道进藏，即桑株古道与克里阳古道，实为掩人耳目。至清中期的文献中，拉达克部境内古道虽然艰险，但是仍不失为南北贸易往来的主要路径，《清实录·高宗实录》乾隆十年（1745）"十一月"条载：

> 又据颇罗鼐呈称，拉达克汗策卜登那木扎尔等寄信内称："从前叶尔羌人等，每年到我所属地方贸易，自准噶尔熬茶以来，一年有余，不见有人来此贸易。"②

---

① [清]赵尔巽等撰《清史稿》第16册，中华书局，1977，第4537页。
②《清实录》第12册，中华书局，1985，第259页。

另《清实录·高宗实录》乾隆十六年（1751）"二月"条载：

> 有拉达克汗书来称："近日准噶尔人，从叶尔羌城至伊处贸易，询问达赖喇嘛、班禅额尔德尼安否，并及广兴黄教之事等语。"①

可知当时隶属于清王朝统治下的拉达克部境内古道尽管自然条件艰苦，但是实为南北商旅往来必经之路，故准噶尔部派人打探消息亦扮作过往商人以掩人耳目。康熙五十六年（1717）准噶尔部袭扰藏地却未取道拉达克部，而是选择一条早已衰落的古道，即翻越新疆和阗南部大山的克里野古道。②这一选择主要是出于保密的考虑。当然，也从侧面印证了这条古道的衰落。成书于清中期的《新疆识略》更是在卷一中直言："和阗以南皆大山，沙碛路不复通。"足见从准噶尔部袭扰藏地的康熙年间至清中期，和阗之南的这条克里野古道已几近荒废。《清实录·圣祖实录》康熙五十九年（1720）"九月"条载：

> 辛酉，议政大臣等议覆抚远大将军允禵疏言："八月二十三日，官兵进藏之后，探知策零敦多卜等贼兵已自克里野一路遁去。"③

---

① 《清实录》第14册，中华书局，1985，第26页。
② 关于康熙五十六年（1717）准噶尔部袭扰西藏的具体路线问题，另有内蒙古大学宝因特古斯以满文档案为依据，认为准噶尔军队是从和田出发"由克里野路穿越昆仑山而悄无声息地抵达藏北纳克产地方的"。见2015年复旦大学历史地理研究中心召开的"多语言史料背景下的西北研究"会议报告。实际上该文对准噶尔穿越昆仑山进犯之路的论断，在清代汉文文献亦有载录："又有勒底雅路，为准噶尔犯藏时间道，亦驻兵防守。"见〔清〕赵尔巽等撰《清史稿》第14册，中华书局，1977，第10665页。
③ 《清实录》第11册，中华书局，1985，第818页。

也就是说，这支军队袭扰藏地时从克里野一路而来，清廷大军进藏之后又从克里野一路遁去。有鉴于此，包括克里野在内的后藏阿里北部及与之毗邻的拉达克部，清廷陆续派遣重兵，广设卡座，禁止一切准噶尔部人员通过。① 然而准噶尔部时而表现出的恭顺，以及宗教上入藏熬茶的请求，作为最高统治者的清政府又不能断然拒绝。因此一条既能满足准噶尔部人员入藏熬茶请求，又能保护藏地安全的方略逐步成形。乾隆四年（1739）十二月《鄂尔泰等奏议复鄂弥达敬陈防范准噶尔入藏熬茶机宜折》载：

> 原俟准噶尔使复行赍折来京，看其恭顺情形，然后准其前往，且不许过一百人之数，多派弁兵护送，自可防范约束，并将由青海一带西边何路进藏之处，令其预行查明酌定。②

且奏折中鄂尔泰提出了对准噶尔入藏线路的谨慎规划：

> 至由罗布脑儿、哈吗儿打板军一路，则必经过噶斯，不独层层郭壁险难阻隔，贼夷断不能大队前来，必须分队方可行走。且西宁、安西俱属相近，一闻贼夷往藏信息，我侦察之人即可瞭望飞报。如果贼蓄异谋，于一百人外暗领多人陆续越过郭壁，比及齐集之时，我青海预备游牧之兵及内地调遣之兵，

---

① 见雍正八年（1730）十二月二十九日《驻藏大臣马喇奏报拉达克汗阻止准噶尔使臣取道该处折》，载中国第一历史档案馆等编《清代边疆满文档案目录》第12册：广西师范大学出版社，1999，第1页。
② 中国藏学研究中心等合编《元以来西藏地方与中央政府关系档案史料汇编》第2册，中国藏学出版社，1994，第470页。

亦可克期齐赴。①

可知至乾隆初年清廷最终为准噶尔部入藏规划的线路为，沿昆仑山北麓即南线丝绸之路向东，经罗布脑儿（罗布泊），经噶斯口进入青海境内，取道阿哈雅克，渡木鲁乌苏河上游，翻越唐古拉山，过喀喇乌苏到达拉萨。噶斯口外，重重险阻不利于大队人马行进；噶斯口内，地势开阔，有阿哈雅克重兵把守，不仅便于瞭望侦查，而且更便于向内地传递消息、征调军队。考诸《清代军机处满文熬茶档》可知，入藏熬茶恰恰始于《鄂尔泰等奏议复鄂弥达敬陈防范准噶尔入藏熬茶机宜折》批复之后的乾隆五年（1740），此后每次准噶尔部入藏熬茶皆取道于此。

此地不仅地势开阔，更是人烟稀少，准噶尔部人员进出藏地往来于此时，皆令本地游牧之人转移避让，不令接触：

> 此次仍照前次迁移之例，计准噶尔臣等抵达日期，预先委派干练官弁、第巴等，管束其游牧之良莠人等，不得致事端，毋令准噶尔使臣窥伺，避开迁移。②

且凡准噶尔部人员经行此处所需马匹、驮畜及零碎杂物，乃至歇宿等问题，皆仰赖此地卡座、台站供给。③故阿哈雅克战略地位日益重要，

---

① 中国藏学研究中心等合编《元以来西藏地方与中央政府关系档案史料汇编》第 2 册，中国藏学出版社，1994，第 472 页。
② 中国第一历史档案馆编《清代军机处满文熬茶档》下册，郭美兰译，上海古籍出版社，2010，第 1050 页。
③ 见乾隆九年（1744）正月三十日《凉州将军乌赫图等奏报已将准噶尔使臣等送出卡伦折》，载中国第一历史档案馆编《清代军机处满文熬茶档》下册，郭美兰译，上海古籍出版社，2010，第 871 页。

其建制亦随之不断扩大，乾隆十二年（1747）设汛之后，终成一方重镇。乾隆二十二年（1757），清中央政府彻底平定准噶尔部之后，这条仅供准噶尔部入藏熬茶，兼具军事防御的专用古道也就失去了存在的意义，加之此路本非官道，亦非商路，故而迅速衰落，而阿哈雅克也随之淡出了人们的视线。

结语

阿哈雅克由藏北前哨逐渐发展成为一方重镇，其兴建和裁撤都与清中央政府在藏地施行管控准噶尔部的策略有紧密联系。康熙五十六年（1717）准噶尔部袭扰藏地之后，清中央政府勒令拉达克部及阿里北部克里野等通藏要道一律禁止准噶尔部通行。乾隆四年（1739），清中央政府出于宗教上对准噶尔部入藏熬茶请求的理解，以及军事上应对突发情况传递消息与集结军队的周密考虑，议定准噶尔入藏线路取道南线丝绸之路，由噶斯口来青海，进入阿哈雅克防区，再渡过木鲁乌苏源头，翻越唐古拉山进入藏地。从此之后，准噶尔部人员出入藏地皆取道于此，故阿哈雅克一时间成为控扼昆仑东线新藏要道上的一方重镇。出于军事上的慎重考虑，该条线路本就人烟稀少，更乏商旅往来，准噶尔人员往来皆仰卡座、台站接应，所以准噶尔部平定之后，这条道路也就失去了存在的意义，阿哈雅克连同这条古道一并尘封在历史中。

西藏吉祥图像结构图景与意义深描研究

——新文化史的研究视野

吕 岩[①]

摘要： 以往对西藏吉祥图像主要从图像志、美学、考古与社会学等角度展开研究，以新文化史研究视角对其结构图景与意义生成进行研究还有较大的扩展空间。基于新文化史研究发现西藏吉祥图像整体结构呈现出不断东向化交融的历史趋势，其图式或在汉藏交流过程中固定下来，或双向度影响，不断填充其文化内涵，或直接吸收中原地区题材与图式。在西藏吉祥图像形成过程中，丝绸、瓷器、建筑等物质载体在加速新的图式形成、意义的转化过程中起到尤为重要的作用。同时，西藏吉祥图像的意义生成是宫廷文化、宗教文化，以及民间文化相互交融的过程，不仅深刻影响了西藏吉祥图案的审美类型，也体现了西藏地方与中央王朝之间政治和文化之间复杂的促生关系，是中华民族文化共同体意识向心力的体现。

关键词： 西藏；吉祥图像；交往交融；物质载体；宫廷文化；新文化史

[①] 吕岩，西藏民族大学文学院教授，主要从事西藏审美文化研究。

西藏吉祥图像是广泛流传于西藏地区，通过吉利祥瑞的物象符号表达民众幸福感知与审美体验的视觉图式。这些物象符号是人们在长期的社会历史发展过程中，将吉祥文化与宗教信仰、历史神话传说，以及民间风俗相融合，提炼形成的较为固定的图式符号系统。西藏吉祥图像广泛存在于建筑装饰、日常生活器物、服饰与信仰仪式中，与工艺美术、民俗活动有着密切的联系。另外，西藏传统艺术有重装饰的传统，因此吉祥图像也会出现在藏传佛教艺术的主题性图像背景或边饰中，以装饰性图案的形式出现，如壁画、唐卡的边饰或者作为背景的装饰性图案。长期以来，学术界对西藏艺术的主题性图像关注多，对装饰性图像关注少，尚未形成对西藏吉祥图像的系统化研究体系，更是缺乏从新文化史视野对西藏吉祥图案的相关研究。新文化史研究作为人类学、历史学、艺术学与文化研究的交叉学科，尤其擅长对具体的、微观的文化事态进行深度描写，从而分析其背后所包含的文化思维、社会基础、意义结构，以及文化意义叠加、生成的历史过程。基于此，本文尝试在系统梳理总结西藏吉祥图案已有研究的基础上，对新文化视野中西藏吉祥图案的文化结构、意义生成的社会语境予以勾勒。

一、承上启下：西藏吉祥图像研究梳理

从目前学术界研究现状来看，西藏吉祥图案的研究主要散见于西藏装饰艺术／图案／纹样，以及西藏文化符号等主题的研究之中。已有的研究中，学者们主要从图像志、美学、考古与社会学等多种视角对西藏吉祥图像进行研究，对后续相关领域研究起到了承上启下的支撑作用。

其一，从图像志角度解析西藏装饰图像。该类研究整体上偏重于阐

述西藏装饰图案在藏传佛教文化体系下的意义。① 该类研究主要解读了八吉祥、五妙欲、转轮王七政宝等藏传佛教象征符号，以及其他藏传佛教仪轨中的符号，其宗教的象征意义及图像使用的文化惯例等，同时追溯其在原始佛教、印度教的原初意义等。还有学者在微观层面上对藏族传统图案样式做了较为深入的解析，如《藏族传统吉祥八物图的文化内涵及其象征》②《藏族吉祥符号及其象征意蕴》③等论文在分析吉祥图案宗教象征意义的基础上，从民俗学角度阐述其意义蕴含，如藏族婚礼中新人佩戴宝镜、格萨尔说唱艺人通过宝镜诵咒降灵；藏族民歌中通过鱼与水比喻男女爱情、用莲花来取名等习俗。

其二，从美学视角探析西藏装饰图案。这类研究主要关注西藏装饰图案的构图、色彩等美感形，如王亚萍④分析了藏族装饰图案饱满、完整、对称、讲究节奏感、对比鲜明等审美特征。还有学者以藏族服饰、家具、建筑等载体，论述了藏族审美意蕴在具体艺术样式中的表现，如刘志刚等⑤以西藏建筑彩绘为研究对象，对其审美意蕴的分析落脚在色彩、线条、布局所引发的情感愉悦等方面。

其三，从考古、社会学等角度分析西藏装饰图像。该类研究主要是分析西藏装饰图案的流变过程，尤其是对西藏装饰图案中的汉藏交融因

---

① ［英］罗伯特·比尔：《藏传佛教象征符号与器物图解》，向红笳译，中国藏学出版社，2007；扎雅·罗丹西饶：《藏族文化中的佛教象征符号》，丁涛、拉巴次旦译，中国藏学出版社，2008。

② 拉都：《藏族传统吉祥八物图的文化内涵及其象征》，《四川民族学院学报》2010年第5期，第2页。

③ 才让多杰：《藏族吉祥符号及其象征意蕴》，《安顺学院学报》2010年第1期，第35—36页。

④ 王亚萍：《论藏族装饰图案的审美特征》，《西藏大学学报（汉文版）》2006年第1期，第62—63页。

⑤ 刘志刚、张少泉：《藏式建筑中的彩绘图案及其审美意蕴研究》，《社科纵横》2011年第7期，第101—102页。

素展开了讨论。20世纪90年代，宿白①在《藏传佛教寺院考古》一书中，就关注到了藏传佛教壁画中的纹样与内地纹样之间的关联，分别提到色拉寺措钦大殿是汉地风格壁画，扎塘寺服饰纹样具有汉地风格。吴明娣②在《汉藏工艺美术交流史》一书中以工艺美术的载体，如丝绸、器物等作为论述对象，分析了工艺美术作品中杂宝纹样、婴戏图等纹饰的汉藏交流。近些年来，不少研究者以专篇学术论文的形式分析与总结了藏族传统装饰纹样受到的汉地文化影响，主要集中在3个方向：一是对西藏吉祥图案的纹样类型进行总结，如对忍冬纹、宝相花纹、"卐"字纹，③八仙、孔雀、凤凰、婴戏图、仙鹤闹梅、福寿三多、福禄寿禧，④龙凤、麒麟、仙鹤、蝙蝠⑤等多种吉祥图案中的纹样进行了分析阐述。二是对图式之间借鉴的类型进行了总结，如土旦才让总结了藏族装饰图案对汉族装饰图案吸收、借鉴的3种模式：汉族图案符号直接引用、汉藏图案符号的融合与拼接、藏族图案符号的变异。⑥三是以个案研究的形式对图像类型与图式进行深描分析，如熊文彬⑦通过对色拉寺、白居寺、瞿昙寺壁画中汉式善财童子图式进行分析，认为这一图像题材来源于《华严经》的不同章节，藏传佛教寺院中的善财童子形象明显受到了汉地佛教艺术

---

① 宿白：《藏传佛教寺院考古》，生活・读书・新知三联书店，2021。
② 吴明娣：《汉藏工艺美术交流史》，中国藏学出版社，2007。
③ 李宇红、李云峰：《汉藏文化的融合——藏族装饰艺术的发展与演变》，《宁夏社会科学》2009年第3期，第123页。
④ 边巴琼达：《十三世达赖喇嘛时期中原传统艺术对西藏吉祥图案的影响——以罗布林卡金色颇章和格桑德吉颇章为例》，《西藏研究》2012年第4期，第90—95页。
⑤ 格桑多吉：《藏族传统装饰图案中动物纹样的流变及其文化表现》，《西藏大学学报（社会科学版）》2018年第1期，第106—107页。
⑥ 土旦才让：《藏族传统装饰图案的文化构建解读——对汉文化的吸收与借鉴》，《青海民族研究》2011年第3期，第108—109页。
⑦ Xiong Wenbin.The Dissemination and Transformation of Han Chinese-style Sudhana or Chinese-Style Children in Tibetan Buddhist Art during the Ming Dynasty.China Tibetology，2017（2）：57-66.

的影响。阿旺嘉措、才让扎西①在对比藏传佛教中六长寿与道教寿星图两种图像模式的基础上，认为两者都表达了延年益寿的追求，六长寿图式是基于藏传佛教文化去道教化的过程，同时提出了一个值得进一步探讨的问题：在不注重肉体长生的佛教思想下，藏族的长寿思想是如何在文化交融中产生的？

从已有文献来看，西藏吉祥图像已经纳入了学者的研究范畴：图像志和美学视角下的西藏传统图案研究倾向于将西藏传统图案看成是一个自给自足的整体，进而探讨其象征意义和审美意蕴，研究主要集中于八吉祥、和睦四瑞、六长寿、蒙人驭虎、财神牵象等传统西藏装饰图案，比较强调这类图像在象征寓意上的普遍性和概括性，较少关注西藏吉祥装饰图像的动态生成性。从考古、社会学等角度对西藏传统图案研究则注意到了西藏装饰图案的流变不仅是艺术风格变迁的结果，而且也是物质与文化交流的结果，并将丝绸、器皿、建筑装饰等作为图案融合的载体，分析其流通、传播、传承与接受。尤其是对西藏吉祥图案中汉藏交流的分析，有力地扭转了国外部分藏学研究中片面地将西藏艺术看作是印度、尼泊尔艺术附庸的观念，但相对而言，目前这方面的研究成果还未形成蔚为大观之势，西藏装饰图案的流变过程和价值蕴含有待进一步深入梳理挖掘与理论阐述。

从研究方法来看，已有研究对西藏吉祥图像的分析主要采用艺术学、人类学传统模式，这就给该研究领域在广度和深度上留有可待进一步挖掘的大片空白。兴起于20世纪60年代的新文化史研究将社会和文化作为一个整体来系统性研究，与传统的艺术学、历史学、人类学研究相比，新文化史研究更加注重文化的具体性，以及意义生成的过程阐释，新文

---

① 阿旺嘉措、才让扎西：《论道教和藏族绘画中的长寿象征——意象与寓意》，《中国藏学》2020年第2期，第84—93页。

化史研究这一研究范式为西藏吉祥图像的研究提供了新的研究视角：从整体上而言，西藏吉祥图像背后的文化传统与历史发展逻辑是什么？从微观上而言，作为祈福纳祥的视觉图谱在历史发展的进程中，是如何与国家政权意志、宫廷审美、宗教象征、民俗意愿等进行话语互动的？究竟又是何种物质与文化交流的诱因与途径促进了这种发展的趋势？

二、交往交融：西藏吉祥图像的文化基因

从历史角度来看，西藏吉祥图像造型图式与寓意阐释并非一成不变，交融始终是西藏吉祥图像的底色，不断东向化交融更是其历史趋势与显著特征。从地缘文明的背景来看，西藏地处东亚文明、南亚文明、中亚文明，以及北方草原文明的十字交叉地带，其文化受到印度—尼泊尔、波斯、阿拉伯及东部中原王朝/中原地区①等多种文明的影响。7世纪以来，"西藏的文明无论在地域空间上或是种族与文化上都强烈地呈现了一种东向发展的趋势"②，西藏吉祥图像也同样能够体现出这一历史发展趋势。

西藏早期吉祥图像主要与原始图腾及自然崇拜的符号有关。从考古发现来看，在距今3000多年前的日土、革吉、改则等地区的早期岩画中，就出现了日、月、"卍"字纹、"十"字纹、牦牛、羊、鹿、马、鹰等图案。鹿、马、鹰等以动物为主题的图案带有明显北方草原造型艺术的普遍特征。日、月、"卍"字纹则广泛存在于世界各地的原始艺术中，学者们普遍认为日月星辰等自然符号与原始崇拜中的丰产巫术思想密切相关。

---

① 此处的中原王朝/中原地区用来指中国历史上各朝代所辖区域，不仅包括了地理范围上的中原，也包含了蒙古及其他少数民族地区。
② 石硕：《西藏文明东向发展史（第2版）》，四川人民出版社，2016，第1页。

西藏早期岩画中的日、月、"卐"字纹"体现了高原先民们对于植物生长同季节差异的关系已有比较客观的认识，同时表明人们对自然界神圣力量的崇拜意识，而正是这种意识使人们通过岩画这种特殊的表现方式，将自己的希望记录在永恒的岩石上"①。5世纪左右，吐蕃第27代赞普拉脱脱日聂赞时期，佛教开始传入西藏，佛教中如莲花、法轮、摩羯等的吉祥图像也随之在西藏出现。

自唐代以来，西藏地方与中原王朝在政治活动和经济层面上的往来呈现出越来越密不可分的社会能量，西藏吉祥图像在与周边各民族文化的交流交融中，其视觉表达题材、图案范式与文化内涵也越发鲜明地呈现出中华民族共同体在文化上共生、共创与共享的特性。依据西藏吉祥图案的源流来分析，西藏吉祥图像类型大致分为3类：其一，有鲜明文化特色的西藏吉祥图像，如十相自在、八吉祥、七政宝、六拿具、六长寿、消除不睦四胜记、四瑞图等。这类吉祥图案大多与佛教有着密切的联系，是佛教理念的视觉化表达形式。在西藏文化长期的历史发展历程中，这一类装饰图像逐渐从宗教艺术转变为世俗装饰图像，寄托着人们追求圆满、和谐等世俗心愿，从而成为喜闻乐见的西藏吉祥图像。值得注意的是，这些装饰图案在世俗化的过程中，很多吉祥图案是在汉藏文化交流的背景下逐渐形成基本图式，或者是文化交融过程中，更新了原有的表现手法、主题等。

以八吉祥为例，八吉祥在民间俗称吉祥八宝，也叫八瑞吉祥、八吉祥徽，藏语称为扎西达杰，是西藏传统装饰中的一种固定组合图式，包括宝伞、宝瓶、右旋海螺、吉祥结、胜利幢、法轮、莲花、双鱼8种吉祥物。八吉祥可以8个图案组成1个图案，也可以两两一组进行表现，广泛出

---

① 李永宪：《西藏原始艺术》，河北教育出版社，2000，第164页。

现在宗教场合及民间建筑、家具、器皿、丝绸等各种载体中。八吉祥图像早期组合并无定式，其成熟并固定为八样瑞物与杂宝纹有着密不可分的联系，最终定型是在元朝中原地区完成的。

两宋之交，杂宝纹盛行，因其通常任意择用两种或更多的宝物组成吉祥纹样，因此并无明确定式。南宋时期常见的杂宝有金锭、银锭、珊瑚、玛瑙等，后又有扇、剑、渔鼓、玉板、葫芦、箫、花篮、荷花等道教宝物，还有来自佛教七珍中的国王耳饰、王后耳饰、大臣耳饰、象牙、三眼宝石，以及法轮、海螺、吉祥结（盘长）等八吉祥中的宝物。由此可见，这一时期的杂宝纹尚处在选宝阶段，八吉祥的图式还未完全固定。"南宋的杂宝纹样出现较多，其题材有法轮、珊瑚、方胜、卍字、犀角、金锭、铜钱、竹板等，还有许多目前尚无法辨认的形状。"[1]元朝中期开始出现固定的八吉祥组合，北京铁可父子墓出土的八吉祥铜镜[2]（图1）中，出现了八吉祥的固定组合。铁可父子是元朝的王公贵族，根据墓志铭推测该墓葬最早下葬时间为1312年。西藏日喀则夏鲁寺壁画有多处出现了较为固定的八吉祥图案：一层护法神殿北壁龙凤御榻图（图2），中心为双龙、

图1　元铁可父子墓出土的八吉祥铜镜线描图　　图2　夏鲁寺护法神殿龙凤御榻图

---

[1] 赵丰：《中国丝绸艺术史》，文物出版社，2005，第176页。
[2] 北京市文物研究所：《元铁可父子墓和张弘纲墓》，《考古学报》1986年第1期，第102页。

双凤戏珠，边饰从上至下绘有宝伞、双鱼、海螺、莲花、宝瓶、吉祥结、胜利幢和法轮。学者考证该幅壁画绘制时间为"布顿任夏鲁寺座主之前即已存在"①，即1320年之前。夏鲁寺北配殿西壁的金刚持画像左侧、甘珠尔殿北壁中间上部的五佛五智大曼陀罗四角位置两两组合也出现了八吉祥，同时甘珠尔殿五方佛下方也以八吉祥作为装饰性图案。依据夏鲁寺甘珠尔殿壁画题记上出现钦·索南本的署名可知，该壁画的绘制年代为14世纪30年代左右。大卫·杰克逊在《西藏美术史》中指出，钦·索南本是被征召进元大都的尼泊尔巧匠阿尼哥的弟子，"这些弟子曾在西藏推行带有元朝宫廷风格的尼瓦尔风格"②。同时，在中原地区也能够见到固定的八吉祥图式。现藏于苏州博物馆的云龙八宝纹缎裙，出土于元朝末年曹氏墓中，裙中图案盘长、宝伞、双鱼、华盖属于八宝，菱格"卍"字纹绫上也有双鱼、莲花、海螺、法轮。综上，八吉祥图式的形成经历了杂宝纹选宝—固定八吉祥组合图式—在藏传佛教文化圈发扬光大的过程。八吉祥在元朝形成离不开统治者尊崇藏传佛教，同时也与这一时期汉藏经济文化交流频繁有着密不可分的关系。

其二，汉藏文化共享的吉祥图像。这类吉祥图像包括龙、象、鹿、孔雀、饕餮、摩羯、莲纹、"卐"字纹、杂宝纹、四喜人、吉祥结等。这类吉祥图案早期在不同的文化影响下演变出了不同的图式，又在汉藏交流的过程中互相影响，从而形成一条双螺旋式交融的文化符号图景。以四喜人图式为例，该图式在美术界被认为是一种共用形图式。目前发现最早的共用形图案是敦煌莫高窟第407窟藻井中的三兔同耳，其后在

---

① 杨鸿蛟：《11至14世纪夏鲁寺般若佛母殿绘塑研究》，首都师范大学博士学位论文，2012，第125页。
② [德]大卫·杰克逊：《西藏绘画史》，向红笳、谢继胜、熊文彬译，西藏人民出版社、明天出版社，2001，第60页。

世界许多地方都发现有三兔同耳式共用形图案。修建于10世纪的西藏阿里东嘎石窟和托林寺的石窟壁画中出现了连体力士的造型，构图模式为力士2个头部、2双手和4条腿通过轴对称的方式互相叠加，最终在视觉上形成4个力士的形象。在中原民间，四喜人造型通常为孩童造型。该类造型借鉴婴戏图中的抓髻娃娃形象，其形成时间目前有唐代、宋代两种不同说法。宋代之后，伴随着婴戏图的兴盛，四喜娃娃出现在剪纸、陶瓷摆件、年画、通俗画等多种艺术形式中，成为汉地民间喜闻乐见的民俗样式。罗布林卡格桑颇章2—3楼楼梯间的壁画中，同样出现了汉地风格的四喜娃娃。格桑颇章初建于七世达赖喇嘛时期，2楼为八世达赖喇嘛时期扩建，3楼为十三世达赖喇嘛时期修建。这幅四喜人图案放置在青山绿水的汉地风景之中，周围饰有假山、小桥、莲花、梅花、房屋。画面正中间绘有4组童子，以围合的形式勾连。正下方的一组童子手持龙模型，与左侧一组童子勾连，左侧这组童子三头六臂六脚，手持红色棍子，视觉上可以看作6个不同姿态的童子。上方一组为两个童子头脚相抵连续而成，一童子手持红色长丝带锦旗，上书汉字"福禄寿禧"。最右侧一组童子是典型的四喜人造型，两头四臂四足，视觉上为4个童子的不同姿势，"其中两童子手持汉文'福禄寿禧'、'增福延寿'"[1]。格桑颇章的这幅四喜娃娃具有浓郁的汉地风格，是将四喜人造型与婴戏图结合的典范。与托林寺和东嘎石窟的壁画相比，无论是其绘图风格，还是象征意义，都褪去了宗教艺术的特征，更多表现为世俗文化中的祈福与祝祷吉祥的意涵。

其三，直接吸收中原地区题材或图式的图像。随着西藏地区与中原联系日益密切，很多中原地区的吉祥图案如"寿"字纹、九宫八卦、太极图、

---

[1] 达瓦：《古城拉萨市区历史地名考》，社会科学文献出版社，2014，第85页。

五福、八仙、婴戏图、凤、长城纹、牡丹、海水江崖及人物故事画等，都被直接吸纳到藏族吉祥图像体系中。尤其是明清以来，中原地区吉祥纹样兴盛，形成了系统庞大的吉祥图像体系。不少图案题材、图式传入西藏后，或影响了藏族传统吉祥图案的表达手法，或与原来的吉祥图案相结合，或直接绘制模仿，对西藏吉祥图案均产生了极大的影响。

"寿"字纹是中原地区传统吉祥符号，早在汉朝就出现在丝绣品上，如新疆民丰尼雅遗址出土的汉锦上有"延年益寿大宜子孙"的铭文，新疆楼兰故城东高台地出土的汉锦上有"长寿明光"铭文，及"望四海富贵寿为国庆"铭文锦等。[1] 除了服饰上外，在其他生活用品上，人们也同样通过记述"寿"字来祈福长寿绵延。明清时期，"寿"字纹发展到鼎盛时期，从"寿"字图样逐渐演变出各种变形"寿"字纹，如长"寿"字、圆"寿"字及与其他图案结合组成花"寿"字等，成为体系庞大的一种吉祥图像。早在吐蕃时期，就发现过"寿"字纹通过丝绸等载体传入，青海都兰热水县出土的两座吐蕃时期的墓葬中，就发现有"寿"字缎。[2] 明清之后，"寿"字纹在西藏有了多种藏族风格的组合方式，这类图案被称为章噶，常见于西藏的帐篷帷幔、氆氇刺绣、家具地毯及建筑装饰中。在布达拉宫的墙壁门楣彩绘中，还可以看到八吉祥瑞物下方以玉坠的形式将"壽"字镶嵌其中，可以说是西藏文化在充分吸收了汉地"寿"字的吉祥意指的基础上，进行了融会贯通式改进。

八仙图像也是西藏吉祥图像吸收汉地文化而来。八仙组合式图案最早可见于南宋。现藏于辽宁博物馆的缂丝《八仙祝寿图》中，8位男性神仙与乘骑仙鹤的寿星同时出现在画面中。到明清时期，已基本形成了目前约定俗成的八仙形象。明末清初，以八仙手持的器物指代八仙人物

---

[1] 陈娟娟：《中国织绣服饰论集》，紫禁城出版社，2005，第310页。
[2] 吴明娣：《汉藏工艺美术交流史》，中国藏学出版社，2007，第14页。

的暗八仙图式开始形成,象征吉祥。八仙与暗八仙图案在明朝传入西藏,被广泛传播。暗八仙的8种宝物在西藏民间通常会和八吉祥成对出现,或者与八吉祥进行图式融合。

三、意义深描:新文化史视野中的西藏吉祥图像

(一)从图像语言到物质载体:西藏吉祥图案的更新与交融

以新文化史视野来看,吉祥图像的研究从内到外至少应该包含3个层次:图像语言、图像的物质载体和社会文化。尤其是对物质载体的关注,也即通过对物质的形式、材料、工艺及其流通、使用等方面探究轮廓清晰、意义可解读的历史,进而对社会语境、话语实践进行意义的解读。

西藏吉祥图案在汉藏文化交流中的造型流变尤其离不开物的媒介作用,特别是以丝绸、瓷器为大宗。自唐以来,大量的丝织品通过赏赐、贸易等在西藏各种场合得到广泛使用。以布达拉宫馆藏明清时期丝织品为例,其"组织、织物种类、纹饰图案、颜色等几乎涵盖了明清丝织品的特点,织物种类丰富,有缎、绸、绢、罗纱、锦、绫、绒、刺绣、堆绣、缂丝、夹撷、织成袍料等。在缎类中有暗花缎、闪缎、两色缎、织金缎、妆花缎、织金妆花缎、素缎;绸类有织金绸、两色绸、暗花绸、素小绸;绢类有暗花绢、素绢;罗类有暗花罗、两色罗、织金罗、织金妆花罗、假织罗;纱类有暗花纱、两色纱、织金纱、捻金纱、妆花纱、织金妆花纱;锦类有宋锦、织金锦、织金妆花锦;绫类有暗花绫等"[①]。

从以上记载中可以看出丝绸在西藏使用之广泛。丝绸纹样对西藏吉祥图案的影响巨大,大量纹样如缠枝莲、缠枝牡丹、宝相花、福寿三多、

[①] 边巴琼达:《清代寺庙用丝织品种类、用途略论——以布达拉宫丝织品为例》,《西藏艺术研究》2021年第1期,第72页。

八达晕、天下乐、海水江崖等以丝绸为载体而入西藏地区。以十样锦中的八达晕和天下乐为例，这两种纹样出现于五代十国的后蜀时期，孟氏在蜀时，制十样锦，名长安竹、天下乐、团雕、宜男、宝界地、方胜、狮团、象眼、八搭韵、铁梗衮荷。八达晕也叫八搭韵，"是一种中心为八面形，向八面延伸联结成网状的四方连续组织"[①]。天下乐又名庆丰收、灯笼纹，是以灯笼图案为样式的纹样。这两种纹样宋元之后大量运用在织锦上，据《蜀锦谱》记载，宋朝在成都专设都锦院、茶马司锦院，所生产的蜀锦除供官府使用外，主要用来与西南少数民族地区交换马匹、玉石等物，并由茶马司锦院管理。由此可推断，这两种纹样图案最早在宋元时期就已经进入西藏。明清时期苏州宋锦则多采用宋代锦缎旧样，在西藏的传播更为广泛。物的传播促进了西藏吉祥图像的更新，据笔者目力所及的文物资料分析可知，这两种纹样在十七八世纪已经成为西藏吉祥图像，并将这两样图案进行了跨媒介改造。八达晕主要应用于西藏的门、柜、箱子等装饰图案中（图3）。天下乐图案在布达拉宫、罗布林卡的墙裙装饰中，与八吉祥、饕餮、"卐"字纹等图案相互融合，成为独具特色的藏族墙裙装饰图案（图4）。从某种意义上来讲，吉祥图像的形成，其本质上离不开物的流动，通过对物的工艺、流通的追溯，可见在更微观的层面上触碰新图式、观念和价值的形成，并从某种意义上窥见文化意义上的社会建构。

图3　17世纪宝相花锦纹藏柜

---

① 田自秉、吴淑生、田青：《中国纹样史》，高等教育出版社，2003，第279页。

图 4　格桑颇章 1 层大殿门外墙裙

（二）深描：西藏吉祥图像多重文化结构

吉祥图像作为历史语境中的文化样式，其文化结构不仅与审美心理、宗教信仰有关，而且与特定的时空关系密切相关。西藏吉祥图像通常被认为其风格"色彩对比强烈，结构繁缛"，究其原因，多被归结于民族审美心理、宗教信仰等。这种研究容易导致对文化的描述限定在独立自主的境地或扁平化的解释之中，因此在进一步阐释吉祥图案审美心理背后的文化选择、流变路径等方面通常力有不逮。新文化史研究借鉴人类学学者格尔兹深描式的研究方法，则可以打破审美心理与物质、个体选择与集体无意识、文化与社会历史之间的隔阂。深描也即尝试"以极其扩展的方式摸透极端细小和更为抽象的分析"[1]。在汉藏文化交流史上，哪些图案能够迅速融入西藏文化的语境，哪些图案能够得到藏民族的喜爱，并不完全是民族审美心理或者宗教情感使然，这也跟中央政权宫廷文化及民间之间相互交流密切相关，而宫廷文化对西藏地区文化的影响从某种程度上更甚于民间文化。

---

[1] ［美］克利福德·格尔茨：《文化的解释》，韩莉译，译林出版社，1999，第 27 页。

宫廷文化既不同于民间文化、文人文化，也与官方文化不完全相同。它不仅是政权意志的体现，而且与皇室审美趣味息息相关。为了加强皇权，宫廷文化一方面表现为强烈的等级性和权威性，另一方面宫廷文化的审美与帝王个人的审美趣味密切相关。由于西藏地区在帝国版图上的特殊地位，自元以来的历朝中央政府对藏传佛教皆优待有加，宫廷艺术多吸收藏传佛教文化，并通过御赐、颁赏等手段促进了中原地区工艺美术技艺向西藏的流通，也将宫廷文化中的审美、图像类型等带入西藏。

西藏地区难以生产丝绸，但所使用的丝织品种类众多，均为中原地区输入。元朝宫廷盛行金锦，即以金线织花的丝绸。用金线织就的金锦色彩明快，金碧辉煌，符合元代宫廷尚金的喜好；绸缎类丝织品相比毛料轻巧挺括，不容易沾染灰尘，易于携带，因此广受草原民族喜爱。《元会典》记载，金锦仅供皇室贵族使用，用来祭祀颁赏，从而"章贵贱，别等威"，因此其纹样和用途有着严格的限定。佛教题材的纹样属于皇室专属，禁止民间织佛像段子，"今后休教织造佛像西天字样的段子货卖者"[1]。现藏于北京故宫博物院的元织金锦佛衣披肩，图案以龟纹为地纹，用金线织成团龙、团凤的造型。从这件金锦佛衣及其他现存元金锦物品，如现藏于美国大都会博物馆的元朝《大威德金刚曼陀罗》缂丝唐卡等可以看出，元宫廷文化与藏传佛教文化的亲密关系：金锦作为皇室专享的物品，可以用来制作佛教用品，佛教用品可以使用皇室专属的龙凤纹。元朝对龙凤纹样式有明确规定，民间"不许织绣销金日月龙凤等花样颜色，钦依遍行禁治相应"[2]。只有宫廷才能使用"五爪双角缠身龙，五爪双角云袖襕，五爪双角荅子，五爪双角六花襕"[3]。前文所述夏鲁寺

---

[1] 陈高华等点校《元典章》第4册，中华书局、天津古籍出版社，2011，第1964页。
[2] 同上书，第1967页。
[3] 同上。

护法神殿北壁龙凤御榻图中,画面中所绘制龙为五爪二角,必是经过了朝廷的应允,壁画中对龙对凤的图像模式,学者考证为元朝帝后并坐的图式象征。① 这幅壁画不仅用来"庆祝扎巴坚赞1306年从元廷返回后取得的政治成就……也象征性表现了皇帝的支持"②。由此可以看出,藏传佛教文化参与并共享了元代宫廷文化,龙凤等吉祥图像又借助帝王的赏赐之物进入西藏地区。元太宗窝阔台时期,赏赐萨迦班智达就包括了"镶缀有六千二百粒之珍珠袈裟、硫磺色锦缎长坎肩、靴子、整幅花绸两匹、整幅彩缎两匹、五彩锦缎二十匹"③。八思巴时赏赐的金锦更多,"锦缎八十匹、绸子一千一百匹"④。元朝宫廷文化对西藏吉祥图像的影响并不是个例,明清两朝的宫廷文化对西藏吉祥图案的影响同样深远。西藏吉祥图案对历代中央宫廷文化的吸收,其背后昭显的是国家权力的在场及对政治与审美趣味的认同。

(三)双向互生:西藏吉祥图像的价值观与社会心理共享

作为人类社会交往过程的文化互动活动,西藏吉祥图像在汉藏文化交流过程中,从来不是单向度的交流,而是双向互生的交流模式。吉祥图像的交流不仅是文化信息或者物品的交流,而且也是价值观与社会心理的交换、接受与认同的系统运行过程。

西藏吉祥图像同样深刻影响了中原地区的吉祥图案。十相自在、金刚杵、金刚铃、八吉祥、七政宝、"卍"字纹等图案普遍出现在明清时期的宫廷建筑、经书装裱、丝绸、瓷器纹样中。明朝时期,人们对装饰

---

① 廖旸:《夏鲁寺护法殿门廊御榻图补论》,《世界宗教文化》2015年第4期,第91—92页。
② [意]艾尔伯托·罗勒:《夏鲁寺部分壁画的汉地影响及其所在文化情境下的政治寓意》,谢继胜译,《故宫博物院院刊》2007年第5期,第71—72页。
③ 阿旺贡噶索南:《萨迦世系史》,陈庆英、高禾福、周润年译注,西藏人民出版社,1989,第81页。
④ 同上书,第111页。

性图像的追求大大超过前代,装饰纹样中求新求变,成为一种风尚,新式纹样大量涌现。万历年间,宫廷尚奢的风气渐长,许多新式纹样涌现。在万历新样中,有八宝荔枝、"卍"字鲇鱼纹样,取其谐音"宝历万年"。《酌中志》记载:"颁历则宝历万年,其制则八宝荔枝、卍字鲇鱼也。"[①] 该纹样主要在帝王改换年号颁布新历时使用,祈福国祚绵长。由此可见,八吉祥与"卍"字纹的宗教意涵在这里已经转为一种普遍意义上的祈福祝祥图案,寓意吉祥、永固,因此成为融入中原地区最常见的纹样。到了明清时期,织锦纹上的八宝折枝莲、八宝托寿、"卍"字不到头、曲水地等已经是较为常见的纹样。

同样,内地纹样进入西藏文化语境中,也为其赋予了更多的内涵。龙在西藏早期信仰中,被认为是三界天、地、地下,居住在地下的生物,"他们的样子像是我们说的海怪,可以自由变成蛇的形象"[②]。在苯教信仰中,龙神被称为鲁。鲁的外形模糊,概念宽泛,对人类有巨大的威慑力,若人们对之不敬就会受到惩罚与报复,使人患上龙病。同时,佛教的传入,印度文化中用以指称龙族的那加(Naga)也叠加在藏文化的意义之中。元朝时期,龙纹象征皇权、政治权威的意义开始叠加进来,成为西藏龙神文化的一部分。成书于15世纪的《汉藏史集——贤者喜乐赡部洲明鉴》有专节论述鉴别碗的好坏知识,其中提到碗的图案"有龙和云彩结合的图案是上等,有茶和树木结合的图案是中等,有鱼和水兽图案的是下等"[③]。对龙的解释中,不仅包括了"能去毒,除茶秽,治眼病,使人聪明无病,破除痴愚,并能使碗中的食物滋味鲜美"[④]等鲁神崇拜中

---

① [明]刘若愚:《酌中志》,冯宝琳点校,北京出版社,2018,第170页。
② [德]霍夫曼:《西藏的宗教》,李有义译,中国科学院民族研究所编印,1965,第5页。
③ [明]达仓宗巴·班觉桑布:《汉藏史集》,陈庆英译,青海人民出版社,2017,第130页。
④ 同上。

的内容，而且也有"毕顶格碗颜色天蓝，绘有龙和云彩作为装饰，状如青莲花，是国王们使用的器具"①，将龙与权力结合起来。对龙纹图案也有记载："如莲花之中有吉祥八宝，汉地的斜楸花配上法轮，或者是两条小龙龙口相对，或者是绘一条大龙占满整个碗面，这些碗洁白、清亮而且图案富贵，这些都是碗中佳品的特征。"②这里提到了双龙、云龙、行龙等吉祥图像。

明朝后期以来，由于经济进入相对富庶的阶段，文化上相对宽松，作为皇家御用的龙纹也被允许用于民间。"皇室所专用的龙爪经过细微变化后，与不那么尊贵的神话生物一起，进入到民间的流通圈。而这一现象因为被视作对于等级权威的忠诚表达而被国家所容忍"③。龙纹有了更多图式类型：团龙、云气龙、龙与"寿"字结合等，龙纹从皇权的符号延伸出威严、力量、祈雨等多重意涵。龙纹的造型也倾向于生动活泼，迎合了人民追求喜庆的心理，这一时期也是龙纹大量涌入西藏的时期，龙纹也开始进入民间建筑和装饰中，意义与中原地区一样趋向尊贵吉祥美好的意涵。自乾隆朝开始，在中央与西藏频繁交往中流动的西藏地方宗教用品、特色纺织品、药材和食品、生活用品及特殊贡品等，作为清西藏朝觐年班制度的物质载体，主要内涵是以国家认同为中心的政治象征，既是达赖喇嘛及班禅额尔德尼对清帝恭谨、祝祷、感激的情感表达，也是西藏地方对清朝中央的政治归属和国家认同④，其各种贡品上显现的吉祥图案更是隐喻了以上双层内涵。

---

① [明]达仓宗巴·班觉桑布：《汉藏史集》，陈庆英译，青海人民出版社，2017，第130页。
② 同上书，第132页。
③ [美]乔迅：《魅惑的表面——明清的玩好之物》，刘芝华、方慧译，中央编译出版社，2017，第155页。
④ 陈昱彤：《升平累洽——论清代西藏地方年班贡品的政治内涵》，《中国藏学》2022年第2期，第97页。

结语

作为艺术样式的西藏吉祥图像,是人的情感体验和审美情感的外显,而作为社会关系和历史形态的西藏吉祥图像,是内嵌于交往、交流、交融史之中,共生、共创与共享的文化承载体。对西藏吉祥图案的研究还有更多有待挖掘的多元视角与多层次内容,新文化史学超越了实证史学的单一的、结构的、因果的解释模式,以文化的阐释试图综合地再现历史,将已发现的史料与可以用以佐证的图像进行有机结合[1],成为揭示西藏吉祥图像的结构图景演变与深描价值意义的一种重要研究方法。西藏吉祥图像在交融过程中,是否在新的文化语境中产生了新的赋义?究竟是何种文化记忆推动了意义的融合与传承?是由于政治的互动,还是物质的流动?这种流动有无确切的路径?对一系列深层问题的追问与解答,将会在新文化史的研究范式中得到进一步挖掘,这也成为后续研究需要关注的重点。

(本文原刊《广西民族大学学报》2023 年第 2 期)

---

[1] 陈琳:《图像证史之证解》,《东南学术》2013 年第 2 期,第 236 页。

藏传佛教造型艺术中的身体政治学

宋卫红

摘要：藏传佛教造型艺术不仅是宗教艺术，而且是世俗社会的美学化表现，其中的身体表现神态包含了隐蔽的内容，身体的外在比例层次与精神层次相关联，当其与政治地位联系起来的时候，等级分明的身体表现形式又为世俗政权提供了强大的合法性依据，统治阶级和被统治阶级两个对立关系被内化于身体造型之中。

关键词：藏传佛教；造型艺术；身体政治学；文化研究

身体在当代学术话语中是艺术的魅场，是视觉史的言语场，更是权力的战场，是权力弥漫的阴影对象，必须把它看作是一个在持魅、祛魅、再到意义缠绕过程中变动不居的意义载体。它被看作是在话语内部生产出来的，话语决定了它的性质、类别、活动方式、评判标准，它不再仅仅是自然的产物，而是被看作社会关系的产物和历史的产物,身体的外观、活动和存在状态都是一种文化意义上的组成。艺术中的身体形象被看作以美学的外壳展现出的人与人之间复杂的社会关系，所以有什么样的文化就有什么样的身体，以及什么样的身体表现方式。

身体在藏传佛教造型艺术中是特别被关注的主题。藏传佛教万神殿以种类浩繁、形象复杂多变、数量庞大的身体形象著称，它们艺术形象的生动、量度要求的严格，直接反映了藏民族对身体的独特理解。

学术界的一个基本共识是，西藏传统文化中没有产生出与宗教无关的、纯然的世俗艺术，所有的图像艺术形态都多多少少地与宗教信仰有关，是神学的附庸，为宗教服务，然而正如匈牙利艺术社会学家豪泽尔指出的那样："世上只有无艺术的社会，而没有无社会的艺术。"① "每一个创造主体总是处于一种真实的、暂时的、特定的社会环境之中，它的内在创作潜力总是与相对静止的外界条件联系在一起的。"② 艺术不会只受单一因素的影响，复杂的社会历史因素都会在艺术中得到曲折的反映，即便是在完全以宗教为题材的西藏艺术中，我们依然能够看到政治博弈、阶级关系、性别观念、民族身份认同等世俗生活主题的影子。同时，艺术具有对社会的巨大反作用力，"艺术总是企图改变生活，它决不简单地接受生活或被动地屈服于生活。艺术总是企图掌握世界，通过爱或恨来支配人，来了解用直接或间接的方法征服的对象"③。西藏的统治者在出资供养艺术家，要求艺术家用神祇的形象填满宫殿、寺庙时，世俗社会中的人所关注的问题也一并进入艺术之中，成为艺术家在潜意识中表现的对象。创造用来朝拜的对象并不是西藏艺术的唯一结果，"不管怎样，艺术总是现实主义的、有行动目的的"④，在与世俗政治紧密勾连的藏传佛教传统中，这一点尤其需要强调。

---

① [匈] 阿诺德·豪泽尔：《艺术社会学》，居延安译编，学林出版社，1987，第37页。
② 同上书，第39页。
③ 同上书，第5页。
④ 同上书，第6页。

我们对比一下三大佛教圈中宗教与世俗政治之间的关系。南传小乘佛教讲求自度，因而宗教组织多而分散，没有什么大的教派，与政权结合的极少；汉传大乘佛教派系分明、组织严密，教派间有教义争论，但基本没有宗教内部的迫害，更没有教派战争，在历史上与政治关系紧密，特别注重政权的支持。在割据时代各附强权求生存，大一统的时代则向中央靠拢求发展，但汉传佛教组织从未掌握过政权。相比之下，藏传佛教自产生之日起，教团组织与政治权力、世俗利益的纠缠就从来没有中断过。

前弘期，藏传佛教只在吐蕃王室和上层贵族中传播，与普通民众基本无涉，与苯教有激烈的竞争，发生过多次血腥暴力事件，这是两种宗教背后利益集团政治斗争的反映；后弘期，各教派纷纷出现，除了宁玛派以外的各派都采用了自上而下、等级森严的金字塔式僧侣组织结构。这些僧侣组织往往与地方割据势力紧密结合，形成了几个大的教派加割据势力利益集团。比如，萨迦派和昆氏家族势力相结合、帕竹噶举派和帕木竹巴政权相结合、噶玛噶举派和仁蚌巴－藏巴汗政权相结合，这些利益集团先后成为强大的地方势力，控制了前后藏的广大地区。在这个阶段后期，得益于清政府和蒙古武装的扶持，格鲁派与蒙古和硕特汗王势力相结合的利益集团胜出，出现格鲁派教派势力一方独大的局面，格鲁派高层执掌西藏政教大权达 200 年。

藏传佛教这种与政治的先天联系决定了其艺术、身体图像绝不可能仅仅是对宗教神学观念的静态图解，绝不可能与世俗政治无关。本文的目的就是分析其神学图像表层下掩盖的政治斗争和权力运作意涵。

一、旧西藏的政治状况：政教合一，神权至上，神权政治的典型代表

国务院新闻办公室于2015年4月发表的《西藏发展道路的历史选择》白皮书中称："在旧西藏，神权至上，政权庇护神权，神权控制政权，神权与政权融为一体，共同维护官家、贵族和寺院上层僧侣三大封建领主的统治。"① 在这个社会形态中，社会财富分配极其悬殊："至20世纪50年代末，占西藏人口不足5%的三大领主及其代理人几乎占有西藏全部耕地、牧场、森林、山川、河流、河滩以及大部分牲畜。据统计，1959年民主改革前，西藏有世袭贵族197家，大贵族25家，其中居前的七八家贵族，每家占有几十个庄园，几万克土地（15克相当于1公顷）。十四世达赖家族占有27座庄园、30个牧场，拥有农牧奴6000多人。十四世达赖本人手上有黄金16万两，白银9500万两，珍宝玉器2万多件，有各种绸缎、珍贵裘皮衣服1万多件。而占西藏人口95%的农奴和奴隶，则一无所有。"② "根据1959年的统计，西藏有耕地336万克，其中政府直接占有全部土地的38%以上；贵族和寺院分别占有24.3%和36.8%。农奴完全没有土地，自耕农仅占有极少量的土地。"③ 在旧西藏通行了数百年的《十三法典》和《十六法典》以法律法规的形式将这种不公正的社会形态固定下来，将森严的等级制度法律化。法典明确按血统贵贱、职位高低将人分为9个等级，命价也有高低差别，最高等的人命价为与尸体等重的黄金，而最下等的人命价为一根草绳。④

---

① 中华人民共和国国务院新闻办公室：《西藏发展道路的历史选择》，《人民日报》2015年4月17日，第5版。
② 同上。
③ 金炳镐主编《中国民族自治区的民族关系》，中央民族大学出版社，2006，第471页。
④ 中华人民共和国国务院新闻办公室：《西藏发展道路的历史选择》，《人民日报》2015年4月17日，第5版。

一方面是极度对立的阶级状况，另一方面却是遭受残酷剥削和压迫的农奴对他们遭遇的态度。备受压迫的农奴一方面对自己的处境感到十分痛苦（一首民谚说："生命虽由父母所生，身体却为官家占有。纵有生命和身体，却没有做主的权利"），另一方面却对这种痛苦的来源缺乏清醒的认识，因为对社会生活的所有解释权都被宗教上层垄断了。原国民政府蒙藏委员会驻拉萨办事处官员李有义回忆说："西藏的农奴遭受着如此残酷的剥削和压迫，他们为什么不起来反抗呢？我也向农奴问过这个问题。不料他们的答复却是'第，赖哉'，意为这是业果。他们相信今世受苦是前世造了孽，今世受苦才能洗净罪孽，下世就能转生到更好的境界。"[①] 宗教对人的思想控制十分深入，使人们将现世生活中遭受到的不公与痛苦看作是为过去的罪孽付出的代价和为来世做准备，从而掩盖了现实生活中真实的社会关系。

神权政治的突出特点正是利用宗教加强对社会的控制，在旧西藏，世俗权力的行使者与宗教意识形态的生产者往往是合而为一的，统治者自觉地运用宗教语言为自己的权力运行服务，宗教艺术是其中必不可少的重要组成部分。为了让社会各阶层的人认同身份差异，让这个差异显得自然而然，藏传佛教艺术用造像的方式，通过多种艺术语言惯例清晰地区分了3种不同身份的身体形象：统治阶级的身像、被统治阶级的身像和反叛的敌对分子的身像。这3个阶层的形象不仅在造型艺术中的表现迥然有别，而且在造像学经典中以法规的方式规定下来。

---

① 中华人民共和国国务院新闻办公室：《西藏发展道路的历史选择》，《人民日报》2015年4月17日，第5版。

二、神王合一

早期印度文化提供了一套政治哲学样板,即认为国王是印度教神祇或佛教神祇的化身,是王权与宗教宇宙的中心,国王与神的造像由二合一,从而将国家、释迦牟尼、大日如来融合,并由释迦牟尼"启动了达摩之轮"。这套政治样板用于文化教育与社会运作,并逐渐转化成为王权与佛教并存互惠的模式。

西藏图像中出现的统治阶层的人物形象,如赞普、法王、活佛等,也是用表现神祇的艺术手法来表现的;吐蕃早期造像中的佛陀、菩萨等形象由于还没有传入系统的图像学规则,为了表明佛陀、菩萨高贵的身份,往往采用王室贵族的服饰特征,从而出现"王族神灵化"和"神灵王族化"现象;后期则纯熟地使用图像学系统语汇,用身体量度等更隐晦的方式表达统治者的神性,表明统治者与神祇在藏文化的意识形态中是互为表里的关系。

(一)王族的神化

藏文化一直有将统治者进行神化的传统,这个传统自有史以来至20世纪中期一直没有断绝。在佛教传入西藏之前,吐蕃王族来源被苯教解释为天神后裔。赤德松赞赞普(798—815年在位)时期的工布第穆萨摩崖石刻上说:"初,天神六兄弟之子聂墀赞普来主人间。"[1]敦煌古藏文文献的说法更为具体:"在广阔的苍穹之上,住着天父六主之子,三兄二弟,加赤益顿次共七人。赤益顿次之子德·聂赤赞普,作为泽被大地之人主,滋润土地之甘霖,降临大地。天神之子,先为人间之王,后直接当众升天。"[2]这些说法奠定了西藏政治思想史中用"神王一体"解释

---

[1] 王尧编著《吐蕃金石录》,文物出版社,1982,第101页。
[2] 黄布凡、马德:《敦煌藏文吐蕃史文献译注》,甘肃教育出版社,2000,第136。

王权合法性的传统。这一时期的图像实例遗存极少，笔者没有找到当时苯教对赞普神性的图绘，然而根据后期图像对先王的表现方式，早期赞普往往被表现为顺天绳自天而降出现在神山顶端，或是其他相关著名故事（图1、2），其神格是通过空间和故事情节表现出来的，比较容易辨识。

图1　天神降世神话唐卡　　　　图2　肩舆王聂赤赞普壁画

到了吐蕃第8代赞普止贡赞普时期，世俗王权与苯教集团之间出现了不可调和的矛盾，苯教为了维护自身利益收回了对王族神性的解释，构建了止贡赞普斩断光绳的传说，对王权合法性的解释出现了真空，强烈需要新的意识形态来填补这个空缺，佛教的传入正逢其时。"佛教在松赞干布时期开始传入西藏，这是在当时藏族社会经济发展的新变化下，由于统治阶级在政治上产生了对新的宗教思想的需要而发展起来的，而不是佛教依靠本身的独立力量突然地发展起来的。"[1]佛教续接了苯教"神王一体"的言说方式，指称吐蕃王族乃是释迦牟尼王族后裔，具有神格。以《西藏的观世音》为代表的一系列佛教化的历史典籍都将吐蕃王统与

---

[1] 东嘎·洛桑赤列：《论西藏政教合一制度·藏文献目录学》，陈庆英译，中国藏学出版社，2001，第8页。

印度的释迦神族对接起来，与佛教法统结合起来，细致地谈论了释迦山居族的百军王子的儿子怎样来到西藏、怎样被当地人发现而被推举为第1代赞普——聂赤赞普，这个故事为统治阶层增添了一个佛教转轮王的光环，为吐蕃王室统治的合法性披上了神圣的外衣，同时也为佛教在吐蕃的传播打下了基础。

藏族史籍不仅将吐蕃王统世系从来源上与佛教神族联系起来，而且还有将重要王室成员比附为某个神灵化身的传统。比如，拉托托日年赞为普贤菩萨的化身，松赞干布为观世音菩萨的化身，他的王妃赤尊公主与文成公主则是绿度母和白度母的化身，赤松德赞是文殊菩萨的化身，赤祖德赞是金刚手菩萨的化身，等等。例如，《西藏的观世音》中用了大量的篇幅把松赞干布观音化，在谈到松赞干布的形象时说："这王子一生下来就具足三十二种大丈夫相和八十种随好。尤为奇异的是，在他浓密的乌发间，长着一尊阿弥陀佛的头像。"[1] 这一描述直接将用于神灵的形象标识三十二相和八十种好用在松赞干布身上，头顶有化佛像又是观音菩萨的形象特征，从而使松赞干布在形象上完全神灵化了，他对吐蕃的统治成了神对人的慈悲教化。吐蕃在7世纪确立了观世音崇拜思想，对后世历史的发展脉络和政治形式都产生了重大影响。自此，西藏统治者都被看作是神祇为教化雪域众有情而化现的形式，他们与神灵拥有一样神圣而崇高的地位。在不同的历史环境中，前弘期神灵多以藏王的身份化现，后弘期则以各教派高僧大德的身份化现，但都是同一种思维逻辑的产物，是用宗教为权力提供合法性依据。

这个观念在视觉文化中产生的影响，就是使本来没有宗教身份的吐蕃王公贵族可以直接进入宗教崇拜的万神殿，表现在两个方面：其一，

---

[1] [印度]阿底峡尊者发掘《西藏的观世音》，卢亚军译注，甘肃人民出版社，2001，第96页。

贵族们居住的宫殿被当作神殿来设计建造。西藏的城市基本上是在山上修建城堡，山下形成市镇，如拉萨—布达拉宫、山南—雍布拉康、古格—王宫遗址、江孜—宗堡等。这一格局与苯教的天神观念，佛教中众神居于须弥山上、有情众生居于平地大洲的观念有关，于是宫殿、宗堡中居住的赞普、地方贵族、王室成员或行政官就理所当然地被仰望、被神化。其二，祭祀先王的宗祠和宗教崇拜的寺庙这两种性质不

图3　白居寺藏王殿

同的场所可以完全合二为一，藏王的形象出现在寺庙里，和各种佛教神祇造像浑然一体。图3是白居寺里的一座配殿藏王殿，主要供奉吐蕃的3个著名赞普松赞干布、赤松德赞和赤热巴巾，图中可见赞普像和身后满壁佛像共同接受信众朝拜，世间的王与神佛在性质上是不做区别的。

进入后弘期后，各教派形成，并与地方割据势力紧密结合，教权的拥有者往往也是世俗管辖权的把持者，他们被称为法王，这个称呼表明他们在宗教和世俗社会中都具有最高的权力。他们不仅以个人的身份领导宗教和世俗社会，而且与前弘期的赞普一样都是神的化身：如萨迦初祖萨钦·贡嘎宁波、噶玛噶举派的大宝法王噶玛巴和格鲁派

的达赖都是观世音菩萨的化身,班禅是无量光佛的化身,宗喀巴是文殊菩萨的化身,等等。另外,藏传佛教还特别把上师作为重要的皈依对象,列于通常的三皈依(佛、法、僧三宝)之前,成为四皈依之首。所以在实际的宗教活动中,从某种意义上来说,这些宗教领袖甚至是凌驾于佛陀之上的存在。

图4 《碛砂藏》木刻版画

通过图像,我们可以看到西藏宗教首领与神灵的平等关系。图4是由管主巴刊刻于1306年的《碛砂藏》汉文大藏经中的8幅木刻版画中的一幅,宇一《大般若波罗蜜多经》插图,图中可见佛陀与萨迦派领袖对坐说法,平起平坐。二者所占面积均等,大小相同,坐姿、手印、袈裟、表情、坐台及旁边胁侍弟子的数量规格都一样,唯一的区别仅在于现实宗教首领所戴的代表身份特征的桃形帽。这说明宗教首领与神灵在地位的高低上没有差别。

对最高统治者进行神化并不是藏族独有的文化现象,中原汉地的皇帝自古也有自称承天命统治人民的传统,将皇帝视为天之子,并赋予帝王很多神性。在唐太宗时期,僧人法琳因罔上之罪获刑,行刑前法琳称皇帝为观音化身而获释;武则天也自称弥勒转世,四处修建庞大的弥勒佛像,如乐山大佛、莫高窟第130窟大佛(9层楼内的弥勒大佛)等都是按武则天的面貌塑造的,以此宣扬自己统治的合法性。与汉族相比,藏族却是将这种"神王合一"思维发展到了极致:第一,不仅神化本民族的统治者,对于其他民族的统治者,只要对西藏有直接统治管辖关系,也能封圣。异族首领能不能被藏人视作神灵的化身,似乎主要与政治关系的亲密度有关。

在9世纪上半叶吐蕃占据时期开凿的莫高窟第158窟,释迦牟尼卧佛雕塑后壁上有一幅壁画《涅槃变》,其中著名的一段称为诸王举哀图(图5,原图已被窃残缺,这是被窃前伯希和所拍照片),表现释迦牟尼涅槃后,各个佛教国家或部落联盟的首领前去哀悼的场景。

图5 诸王举哀图

其中,需要注意的是,在对各国诸王的表现中,只有唐王(中,人群中心,头戴冕冠,大袖袍服)和吐蕃赞普(左上角,位于各国国王之首,吐蕃装。赞普头部西侧有藏文墨书题记:"赞普")拥有头光,这是吐蕃统治时期洞窟将赞普表现得最为特殊的一处。佛教艺术中,为表明佛、菩萨、弟子及诸天人的圣性所在,多为之绘头光,在笃信佛教的地域,给世俗人物绘头光则是不可想象的行为。本窟吐蕃赞普和中原帝王像皆出现头光,应当是佛教世俗化过程中,将世俗形象神化到了一个新的高度。图中西域佛教各国的多位首领表情痛苦,悲哀不已,但都没有头光,说明并不是所有佛教国家的首领都可以被视作神灵化身。只有吐蕃赞普和中原皇帝被赋予了神格说明,当时的吐蕃人在赋予首领以神格时,是有一定的政治考虑的,只有被认定有政治亲缘关系、权力管辖关系的"顶头上司"才有被吐蕃人看作菩萨化身的可能。

文献里的说法可与此相互参证,如在英藏藏文敦煌写卷中,唐玄宗李隆基被称为"具有上天所赋予的神奇能力的赞普李三郎"。《拔协》和《贤者喜宴》中,用贡则楚琼或贡则楚杰来指称唐太宗,其中

"楚"字的含义"首先是指全部魔力，特别是指在天地之间往返活动的能力"①，在吐蕃社会早期社会这个词主要用来指涉现实统治者，即赞普。这个词的用法表明了吐蕃人的神话性思维特点，即认为赞普作为人间之王具有神性，拥有上天（恰神）所赋予的神秘智慧和力量。同时，跟赞普地位相应，并被藏人认同的其他族群的统治者也具有相同的性质（"贡则楚杰"中的"贡则"实际上是"孔子"一词的藏语发音，但"它的意义也不仅仅指孔子这个人，而成为一种文化符号，也可以指其他与汉文化关系密切的人"②，所以也用来指称唐皇。关于孔子的问题后文还要涉及）。

进入后弘期后，西藏与内地交流频繁，特别是元朝时，西藏并入中国版图，成了中国不可分割的一部分，藏人对本民族首领进行神化的传统方式扩展到了全中国的皇帝身上，中原汉地在西藏文献中成了文殊菩萨的教化之地，而皇帝就是菩萨的化身。在明代藏族史书《青史》中，就明确把汉地作为文殊菩萨教化之地。③到了清朝，西藏给朝廷的上书中将皇帝称为文殊大皇帝成为惯例，连清廷也受其影响将本族名称满洲考订为文殊，这个牵强附会的解读成为清廷表明其统治合法性的重要文献。可以说，清政府的这套说辞不仅来源于西藏，而且其后的套路也是西藏几百年以来一直使用方式的扩展。到了清末，宫廷内官宫妾犹称至尊为老佛爷，即为此种习俗。

在西藏的视觉文化遗存中也能看到这种称呼，如罗布林卡斯喜堆古壁画中表现七世达赖喇嘛被赐封后接受僧众顶礼的一幅图（图6），

---

① [法] A·麦克唐纳：《敦煌吐蕃历史文书考释》，耿昇译，王尧校订，青海人民出版社，1991，第194页。
② 魏冬、益西群培：《藏族传统文化中的孔子形象》，《西藏研究》2009年第1期，第35页。
③ 廓诺·迅鲁伯：《青史》，西藏人民出版社，郭和卿译，2003，第601页。

图6　罗布林卡斯喜堆殿古壁画七世达赖喇嘛接受僧众顶礼图

图7　十三世达赖喇嘛觐见光绪皇帝、慈禧太后图

榜题上对皇帝的称呼是转轮王文殊康熙皇帝,还有一幅表现十三世达赖喇嘛觐见光绪皇帝、慈禧太后的图(图7),榜题上对皇帝的称呼是天命转轮王文殊光绪大皇帝。皇帝也和吐蕃赞普一样进入寺庙受人朝拜,扎什伦布寺的汉佛学堂殿内就供奉着乾隆皇帝的画像和牌位(图8),西藏与清中央政府的隶属关系及藏族神化统治者的传统是将皇帝视作神明的原因。与此相应,是内地政府对这种用视觉方式进一步建构皇帝神格方式的运用。宫廷中制作了多幅以藏传佛教神灵面貌出现的皇帝图像,如图9是乾隆早期佛装像,类似的乾隆佛装唐卡还有好几幅。这些图像中不仅人物形态完全按照藏传佛教上师形态描绘,而且眷属神的安排也是按照仪轨精确排布的。还有一幅丁观鹏画的《弘历洗象图》(图10),画中乾隆扮作普贤菩萨,高坐莲座。此画将乾隆喻做法力无边、救苦度难的菩萨,其主旨不言而喻。慈禧作为藏传佛教徒也热衷于此道,多次扮作观音菩萨,并第一次使用摄影技术记录了这种清廷传统(图11、12),这是对藏人"神王一体"观念的演绎。

藏人甚至将英国的维多利亚女王看作出世间护法神中的首席护法神

图 8　扎什伦布寺供奉的乾隆皇帝画像和牌位　　图 9　乾隆早期佛装像　　图 10　《弘历洗象图》

图 11　慈禧佛装照（1）

图 12　慈禧佛装照（2）

班丹拉姆的化身。① 这应该是在清王朝灭亡后，十三世达赖喇嘛短暂亲英时期的说法，显然具有寻求庇佑的政治意图。

可见，西藏以外与赞普、法王地位相应的政治人物，也会被藏人视为具有神性，被看作某个藏传佛教神祇的化身。显然，对统治者而言，称呼上的改变带有新的意味。当西藏称内地皇帝为文殊菩萨的时候，表示西藏宗教领袖承认了国家政府对西藏的政治权力，并将内地整合进了蒙藏民族的宗教—政治世界中。一种宗教的、跨民族的情感关联被注入政治关系里，对双方的政治运作都有好处。

第二，神格能够作为一种奖赏，奖励给那些有特殊才能和杰出贡献的非王族普通人。这些人有时来自统治阶层，如藏文发明者吞弥桑布扎就被看作文殊菩萨的"语之化身"②；有时来自社会较底层，如一些才能卓越的匠人、画家，由于为统治阶层做出杰出贡献，也可能被认为具有神格。最初这种被看作某位神灵化身的画师或雕塑家被称为工巧化身、神变工匠、神变画师等。15—17世纪，"活佛"一词被广泛使用在那些技艺超群、享有盛誉的所有艺术家身上。③ 例如，15世纪30年代活跃于后藏的画家齐乌（小鸟）活佛，他本不是什么活佛，由于他像小鸟一样各处游历学习绘画技巧而被人称为齐乌，成名后第司·桑结嘉措在《白琉璃除垢》中称他为齐乌活佛，此处的活佛称号是对颇有成就的艺术家的尊称，而非将他看作转世喇嘛。勉唐画派的创始人门拉顿珠也被看作具有天赋才能，人们把他视作文殊菩萨的化身。④ 另外，16世纪中后期的噶玛噶赤画派的创始人南喀扎西被看作八世噶玛巴米久多吉的化身；

---

① [英]斯宾塞·查普曼：《圣城拉萨》，向红笳、凌小菲译，中国藏学出版社，2006，第117页。
② [印度]阿底峡尊者发掘《西藏的观世音》，卢亚军译注，甘肃人民出版社，2001，第110页。
③ [德]大卫·杰克逊：《西藏绘画史》，向红笳、谢继胜、熊文彬译，西藏人民出版社、明天出版社，2001，第72页。
④ 同上书，第93页。

南喀扎西的绘画老师贡却班德又被认为是文成公主的化身①等。这些例子说明艺术家被认定具有某种神性是因为他们为意识形态的宣扬做出了突出贡献，或者是因为协助现世统治者达到了他们无法达到的功德。

最后谈一个综合了以上两个方面的例子。西藏很早就将异族同时又非王族的内地思想家孔子神化为神灵王。他在藏语文献中被称为贡则楚吉布（或贡则楚琼、贡则楚布琼），其中"贡则"是藏语"孔子"的发音②，而"楚"的含义前文已提到麦克唐纳的解释：在吐蕃社会早期社会，主要指涉赞普。最初指全部的魔力，特别是指在天地之间往返活动的能力；后来其含义演变成了"一种比普通人要高一些的思想和智能能力"③。也就是说，在孔子的这个藏文称号中，他被视为神圣，是赞普，具有与生俱来、一般人不能拥有的智慧和能力。敦煌写卷里的名字说明，至少在11世纪中叶敦煌石窟封闭之前孔子就被神化了。苯教把孔子列为4位重要大师之一，对他的描述是善于占卜和念咒，创立了苯教所有仪式文献，还成为教主辛饶米沃的岳父。在藏传佛教中，按近代学者工珠·云丹嘉措在其名著《知识宝库》中所说："后来出现许多相关文献，尤其是孔夫子——他是文殊师利的化身，在西藏以贡则楚杰著称——他也是无数算学与消灾仪式文献传承的创始者。"④ 工珠·云丹嘉措的记载表明了藏传佛教对孔子的普遍共识。唐卡（图13）中的孔子身穿藏装，头戴宝冠，这是后世表现藏王时常见的装束，手持宝瓶、箭和珠宝，身后有头光和背光，骑乘

---

① ［德］大卫·杰克逊：《西藏绘画史》，向红笳、谢继胜、熊文彬译，西藏人民出版社、明天出版社，2001，第133页。
② 土观·罗桑却吉尼玛：《土观宗教源流——善述一切宗教源流及教义晶镜史》，刘立千译注，西藏人民出版社，1984，第201页。
③ ［法］A·麦克唐纳：《敦煌吐蕃历史文书考释》，耿昇译，王尧校订，青海人民出版社，1991，第195页。
④ 魏冬、益西群培：《藏族传统文化中的孔子形象》，《西藏研究》2009年第1期，第41页。

一只乌龟,以游戏坐姿出现在莲花台上。这些图像学要素说明了他的身份,他被看作一个神王。

综上所述,将统治者进行神化是藏民族政治思维的传统,这个传统不仅自有史以来至20世纪中期前一直在西藏延绵不绝,而且其内涵不断外延,延伸到民族畛域之外,延伸到王族之外,但无论怎样延伸,其内核都是不变的:王即是神。

图13 贡则楚杰(孔子)像

(二)神的王族化

前一部分讨论的是统治者在图像传统中被当作神加以塑造,这一部分要谈的是相反的情况:神被打扮为吐蕃统治者的样子出现,从逻辑的另一端强化"神王合一"的观念,主要涉及西藏服饰史方面的问题。

密宗根本经典《大日如来经》724年被译为汉语,780年被译成藏文。根据经文,大日如来的形象往往被表现为头戴宝冠、身披璎珞的样子,与经文中说他原本是王子的说法相应。青海玉树的文成公主庙是少有的吐蕃时期的遗存,存留着建于唐代的大日如来(图14)和八大菩萨群像(图15)。这些佛像的服装十分特别,大日如来没有穿常见的袈裟或璎珞,而是身着赞普才会穿的团窠纹翻领长袍和

图14 文成公主庙大日如来像

图 15 文成公主庙八大菩萨像中的两尊

靴子,这里的几身菩萨和大日如来的装束相同,是典型的西藏装束,一定是大日如来信仰传入西藏后经过民族化改造的结果,因为它表现为非常厚的织物,层层叠叠,是典型的吐蕃王朝时期上层人物穿的服装样式和图案。

需要注意的是这些雕塑上服装的纹样,这些团窠纹在当时是只有赞普和王室成员才能穿戴的昂贵丝织品纹样,是身份的象征,不可僭越。美术史家在吐蕃占领时期创作的敦煌石窟中发现,壁画上的赞普和王室成员穿的长袍上是专有的团窠纹设计。这种设计在 8 世纪早期代表王室身份,直到 11 世纪,西藏中部的壁画中仍有贵族身着这种团窠装饰的长袍。莫高窟第 158 窟壁画《涅槃变》中的诸王举哀图中的赞普就穿着这样的服饰。由于吐蕃王朝时期的人物图像资料,特别是服饰方面的资料目前所见并不算很丰富,所以还需把目光放得更远些,

图 16 《步辇图》局部

寻找更多的旁证。唐代阎立本所绘《步辇图》(图 16)就是重要的资料,《步辇图》表现的是松赞干布派丞相禄东赞向唐太宗提亲的场景,其中禄东赞身着小袖圆领直襟团窠纹锦袍。细观其锦袍,可见袍衣的领缘、袖口、襟缘颜色较鲜艳,图案也不同,皆为红地团窠立鸟纹锦;其余部分所用锦则较暗淡,团窠内有四脚食草兽类动物形象。据考,这种图案的织

锦是萨珊风格，极可能是从中亚或西亚传入。①因此文成公主庙里的大日如来和八大菩萨群像身上的服装是只流行于贵族之中的珍贵舶来品，有着明确的身份指向性。

之所以会出现这种装束的佛像，瑞士的西藏艺术史家艾米·海勒解释说，大约在7世纪的印度，"已经出现了3个不同概念的融合，把民族国家、释迦摩尼和大日如来联系在一起：（1）释迦摩尼的论述，'启动了达摩之轮'；（2）有关转轮圣王的佛教传说，他的统治是为了建立社会和谐和确保完美之邦；（3）大日如来，中央'遍照'之佛，他的象征符号是轮和狮子。转轮圣王的概念正好与西藏王室崇拜中赋予藏王的地位不谋而合。在一些信仰中，大日如来被认为是宇宙之源和宇宙统治者，这同样也符合西藏（和汉地）的一些信念，认为君主是社会繁荣和人间公正的保证者"②。因而在佛教传入西藏之初，当复杂的佛教理论还不为人广泛了解之时，为了更加直白了当地表现君主与转轮圣王之间的统一性，直接给大日如来和八大菩萨穿上了王室的服装。这表明当时对佛祖的崇敬和对王族的尊敬有着一致性，直观地反映出王权与佛性这两个概念在当时的融合。

吐蕃王朝土崩瓦解后，后弘期开始，虽然吐蕃王朝的服饰特征也与历史一起烟消云散，当时新的古格王朝贵族已经不穿吐蕃服饰，但是古格为表明对吐蕃王朝的延续性，证明自己的正统性、合法性，继续将大日如来崇拜进一步深化，神像的服饰特征还是保留了下来。新的膜拜主题是把大日如来作为许多仪轨的中心人物，对他的崇拜已经将他从原有的五方佛系统中单独抽出，其宇宙中心的形象实质上掩盖了其他各个方位的佛，如同在前弘期的吐蕃王朝一样，阿里的古格王朝将大日如来尊

---

① 杨清凡：《从服饰图例试析吐蕃与粟特关系》，《西藏研究》2001年第3期，第61页。
② ［瑞士］艾米·海勒：《西藏佛教艺术》，赵能、廖旸译，文化艺术出版社，2008，第29页。

崇为宇宙统治者，"有着重要的使王国得到合法化的含义"①。

11世纪开始出现各种不同的宗派，各派都有自己推崇的神明和仪轨，宗派林立反映了当时出现的变化：各地贵族成为寺院的支持者，对王族或政治权威的需求在很大程度上已不存在。新兴权贵的神性需要一种新的艺术语言来表示，因而渐渐出现了我们在下一节中将要着重讨论的用量度和身体完整性来区分身份的艺术惯例，但是此前形成的艺术传统并没有立即消散，我们仍然能够在吐蕃赞普早已退出历史舞台之后，在壁画、雕塑中看到古代王室贵族的影子。

图17 艾旺寺佛像

后藏康马县境内艾旺寺中的11世纪造像（图17），身着厚重的平板翻领长袍，以浮雕方式装饰着排列整齐的团花饰纹，团花外围饰以连珠纹。意大利藏学家杜齐在20世纪40年代对艾旺寺进行了考察，他认为这些造像的服装样式及图案纹饰都表明其与中亚的联系，体现出萨珊波斯的影响。杜齐认为"这表明萨桑（珊）时期的服装式样或仿照萨桑（珊）时期式样的外衣在西藏流行很长一段时期。很可能是贵族们率先享用，而后又转到菩提萨埵像上的"②。杜齐还进一步指出，就所反映的此种联系而言，艾旺寺塑像并非孤例，乃萨、雅萨及雅鲁藏布江南岸的达囊寺神殿中也可见到图案相同的萨珊式样服饰。这些图像的断代都在11—12世纪之际，画中人物的服饰依然体现出浓厚的吐蕃王朝时期贵族服饰的特点。③

---

① ［瑞士］艾米·海勒：《西藏佛教艺术》，赵能、廖旸译，文化艺术出版社，2008，第52页。
② ［意］G·杜齐《西藏考古》，向红笳译，西藏人民出版社，1987，第52—53页。
③ 同上书，第37页。

11世纪晚期建造扎塘寺遗存的壁画（图18、19）中也有这样的吐蕃王室装束的造像，这里是西藏现存最好的古代绘画之一，有若干佛和菩萨被表现成穿着翻领藏式袍服的样子。莲花宝座上的佛未着僧祇衼，穿着古代赞普一样的交领长袍，有的长袍衣领明显呈流行一时的三角翻领式样，袍服外披一件袈裟，足踏布靴，且布满华丽的花纹，靴子的样式与和田发掘出来的藏靴相似。按戒律出家人是不应该穿这种靴子的，每座寺院醒目位置上画的律经图中都用图像清晰地标注出这一点，因为这种华美的靴子展现出的是对世俗享乐的追求，但在这幅壁画中全然没有这方面的顾忌。站立着的菩萨们服装样式更加明显，大多是团花纹的大翻领长袍，只有绿度母、文殊菩萨、弥勒菩萨穿着印度式服饰，一些菩萨戴的桶形缠头与莫高窟、榆林窟中绘制的吐蕃贵族装束很相像，头戴花冠，花冠后是和吐蕃赞普的赞夏帽式一样的高筒状冠饰，有的菩萨则于花冠后直接露出筒状发髻；身着三角翻领长袍，足踏长靴，其冠、袍令人联想到敦煌壁画等中的吐蕃赞普形象。

图18　扎塘寺壁画

图19　扎塘寺壁画菩萨像白描图

另外，即便到了15世纪中期，贡嘎曲德寺壁画中的释迦牟尼像（图20）虽然没有穿吐蕃赞普的服饰，但是他袈裟下穿着团花纹内衣，也凸显出了古老的贵族特征。因为按照佛教戒律，要求出家人的服装"好则

图20 贡嘎曲德寺壁画中的释迦牟尼像

不显奢侈,差则不伤威仪",不能穿着簇新、完整、华美的服饰,故僧衣不能是艳丽的正色,而要采用青、黑、木蓝色,袈裟的意思正是坏色、不正色。《律经》中对"三衣"的数量、来源、样式都是有限制的,不当使用即要获罪,如"过量受施衣舍堕、过期蓄衣舍堕、出寺离衣舍堕、持余衣舍堕等"[1],而图中的服装不仅颜色艳丽,而且有华丽的团花纹装饰,是前述11世纪壁画艺术的回响。

总之,这种具有吐蕃王室服饰特征的造像在7—15世纪都有发现,一度非常流行,其主要特色为桶装缠头,翻领长袍,足踏长靴,面部特征有藏人特点。对于这种身穿吐蕃王室服装的佛像,有以下几个方面需要注意:第一,佛教图像到了藏区以后,在很长一段时间内与印度式的袒胸、穿朴素的袈裟、不着内衣和鞋的形象有出入,而呈现出身着王室华服、头戴赞式帽、足踏藏式高筒靴的样子,这种对源于印度戒律的改动,反映出藏人对自己本民族古代政治传统的重视,目的是要保证精神信仰与主导政治权力的一致性。这个改动起初不是纯然美学的问题,而与吐蕃人引入佛教与苯教势力抗衡的政治动机相关。当吐蕃瓦解几百年之后,部分寺庙的佛像依然保持了吐蕃王室装束,则可以解读为艺术惯例的影响。

这些改动也对佛教在西藏的传播有利,其最初的用意显然在于借用吐蕃贵族阶层的影响消除民众对外来佛教造像的陌生感,同时王室贵族也借宗教形象进行自我神化,这是政治与宗教相互扶持、相互利用在艺

---

[1] 李玉琴:《藏传佛教僧伽服饰释义》,《西藏研究》2008年第1期,第92页。

术细节上的微观表现。

第二，这一现象不可解读为纯艺术层面的复古主义。因为我们看到藏传佛教图像中只有高等级的神灵（佛陀、菩萨等）有这种复古表现，但作为供养人的凡夫俗子是以现实化的服装和动作示人的。在表

图 21　古格白庙东壁的《喇嘛辩经图》

现低等级僧人时同样具有写实的特点，如古格白庙东壁的《喇嘛辩经图》（图21），图中僧人的形象与今日格鲁派寺院僧人服装和辩经招式相差无几，从图中可见阿底峡尊者进藏后对西藏佛教的改革，以及后来噶当派对格鲁派形成的影响。同时，这些僧人动感强烈，同高级活佛、上师在图像中的表现形态大异其趣。扎塘寺壁画中还出现了4组供养人像，3组壁画中的供养人像着简单朴素的吐蕃装，无一缠髻做赞夏帽式；1组衣着为中原风格。这表明对神的描绘具有将其王族化的传统，对供养人的形象描绘则更近于普通老百姓和现实中僧人的真实形象，高高在上的统治者与俯首称臣的被统治者在图像中的表现完全遵循不同的历史逻辑。

第三，神像身着吐蕃王室服装，这在过去的学术界往往被解读为印度题材在西藏的民族化，这是不全面的。例如，对《拔协》中记载的西藏艺术史上著名事件的解读，是最早关于塑造穿吐蕃装佛像的记载。据载，桑耶寺建好后，赞普、莲花生和工匠就殿内雕塑风格进行讨论，工匠问将佛像塑成梵式还是汉式，莲花生希望是梵式，而赞普说："大师，

我希望让吐蕃喜欢黑业（指黑苯波教）的人们，对佛法生起信仰，所以无论如何也要把佛像塑成吐蕃的式样。"①于是召集民众挑选男女模特，塑造了二手圣观音、光明天女神像、救度母像、六字观音像、马鸣菩萨和马头金刚像。

在解读这则史料的时候，我国学者多强调"这则史料的价值在于吐蕃时期的藏族统治者已明确意识到印度佛教艺术必须与藏族生活相结合，必须具有民族化的个性特征，只有这样佛教造像才有可能在藏地深入持久并感化更多的藏族信众"②。关注点在于用了本土模特，是对印度图像进行的本土化、民族化改造。应该指出，该事件对外来艺术民族化的作用是客观存在的，但这一作用是附带的，因为这样做的直接动因是吐蕃内部政治领导权的问题，而非对外凸显民族身体的问题。文献中说得很清楚，桑耶寺在建造过程中曾受到苯教徒的阻挠，塑造吐蕃装佛像的原因，是赞普要将苯教徒转化为佛教徒；《拔协》的另一个版本《哇协》中讲得更明确，赞普认为"如果塑造与藏人装束打扮一致的造像，定能使信奉黑教（指苯教）的吐蕃臣民归顺于佛教"③。显然，在选择是塑造印度式佛像还是吐蕃式佛像时，赞普要做的不是美学的选择，也不是对外（印度）凸显本民族的民族身份特征，而是要对内（敌对的苯教徒）树立王室的权威。选择的压力来自内部政治，所以其直接目的也是实现吐蕃王室的政治欲求。这个民族化进程中夹杂的政治区隔意味是需要特别被指出来的。

利用图像的直观视觉传播方式传达政治意图，是在文字不够普及社会的最佳方式。吐蕃赞普把佛教神灵用王室的形象包裹起来，给民众心

---

① 拔塞囊：《拔协（增补本）译注》，佟锦华、黄布凡译注，四川民族出版社，1990，第31页。
② 桑吉扎西：《西藏桑耶寺的造像与壁画艺术》，《法音》2009年第1期，第45页。
③ 白日·洛桑扎西：《艾旺寺造像艺术风格再探》，《中国藏学》2011年第1期，第165页。

中注入"佛王一体"的意识，看似在表现释迦牟尼，其实还是王室的自我宣传，通过宗教图像的强大亲和力来打动和吸引民众，并对王室产生依赖感和信任感。

特定文化在艺术地表现不同躯体的时候总是遵循着一定的社会惯例，而这种表现方式又反过来再生产或强化社会惯例，阶级阶层是众多社会惯例因素中最值得注意的力量。神的形象和王族形象合一，是宗教意识形态与世俗政治权力相互利用、相互彰显的结果，佛法的教化和王权的统治以这种方式彼此推进、彼此巩固，其目的在于为王权寻求合法化依据，将王权神圣化，王权依靠神性来巩固。同时，佛教也得以在王权的庇佑下弘扬。例如，将松赞干布描绘为观世音的化身，既是为了利用世俗权力来提高佛教地位，也是用宗教崇拜提高王族声望，从而达到政教合一的共赢目的。既以宗教之名行政权之便，也以政治行宗教之便。

三、作为区隔话语的造像理论

在佛教确立了其在西藏意识形态中核心地位的十几个世纪里，为配合政治统治的宗教艺术迅猛发展，那种通过故事情节展示统治者神灵身份的手法由于过分依赖叙事，显得非常繁杂，因为如果不了解历史传说，那么对画面上统治者的神格就无从了解。必须有另一种表达方式，简明扼要地让人看出图像上的统治者与普通百姓具有质的差别，他们比一般人更完美，从而具有天然统治他人的权力。这种表现方式就是图像中人体比例（量度）的层级化，用不同的比例对应不同级别的人。我们在前文中已经介绍了不同量度的身像比例与神祇果位之间的关系，但这只是造像经典中明确说明的表层意味，在量度与果位的象征关系之下，还隐藏着对现实生活中人的社会身份的区分。

我们首先来看一下造像理论作为一种知识话语，在整个佛教体系中的位置和地位。塑造佛像或绘制唐卡、壁画在西藏传统文化中属于"工巧明"，属于佛教五大学科知识体系"大五明"之一，与宗教修持有着重要的联系，因此历代宗教大师对此多有著述。例如，担任要职的第司·桑结嘉措的《白琉璃除垢》与夏格巴的《西藏政教史》中都对图像技艺大量着墨，这些著作将图像艺术纳入宗教体系，成为宗教、政治当中重要的一环。他们将画师尊称为"工巧天"的化身，信仰者对造像度量经的掌握也就是对佛的领悟，图像创作不仅是专业画师、工匠的职业，而且也是高僧大德对经典与哲学的阐述，因而对佛教图像理论、图像学知识的掌握，以及图像创作实践的能力都成为信徒的必要修养，僧侣之间常彼此切磋，如当今著名藏传佛教领袖十七世噶玛巴就是很好的画家。

在众多图像理论著作中被称为经典的，是被现代学者总称为"三经一疏"的4部典籍，分别指《佛说造像量度经》《造像量度经》《画相》和《佛说造像量度经疏》，它们由印度传入的3部造像典籍及后人注疏的1部经典组成，是指导绘画、雕塑艺术的重要理论依据，无论对工匠造像，还是僧侣修行都有重大的指导意义。它们成书于4—5世纪的印度笈多艺术时期，在1322年以前译为藏文，收录于藏文《大藏经》中。在影印北京版汉文《西藏大藏经》中位于《丹珠尔·经疏·工巧明部》第143卷第318册，在这4部作品的页边都写着"第一百二十三函方技区恭"字样。在这4部经典之前，即第121—122函为"方药考"，介绍医药知识。第123函以"三经一疏"开头，后有《香混合宝鬘》《缘起论》《舍利子八（象）》《卜筮》，以及多部星象天文著作，如《日辰交用果明》等。"三经一疏"在大藏经中所处的位置和同部类其他文献的性质表明，造像是被看作与制药、制香、天文占卜等手工技术及工艺相类似的活动。藏族古代历史中唯一的经典文学理论著作《诗镜》收录在《大藏经·丹珠尔》的"声明"部，音乐理论《乐论》也属于"声明"部，说明西藏文化中并没有出现与西方艺术概念相类似的独立范畴，造像知识和理论与文学、音乐理论没有艺术方面的本质联系，它们被看作截然不同的东西，仍属于工艺的范畴。

佛教造像是宗教实践的一部分，其庄严妙好的细节基本上依赖其形制量度，图像从属于仪轨，是一种虔诚的宗教行为，必须依照佛教工艺典籍的规定。《胜乐律仪》指出，"工巧明等尽人皆知，但应严格遵守所见的各种律仪，圆满一切性相"[1]，绘画和雕塑绝非留给艺术家自由想象、展示技巧的领域。

古代印度的佛教造像经典"三经一疏"从量度上对佛教绘画和造像进行了严格的规范。4部经文的内容多有重合，正文部分都是讲述佛、菩萨、诸天神、大圣、罗汉和人的身像比例，比例是核心问题。

"三经一疏"从印度传入西藏后产生巨大影响，不同时代、不同派别的艺术理论大师不断地对其进行诠释，赋予其具有藏传佛教本土特色的新样貌，比较著名的有布顿、米庞·索南加措、宗喀巴等大师的著作，这些本土理论著作的诞生标志着藏传佛教美术全面走向成熟，已形成自身的技法体系与造像理论。其中，15世纪出现的《如来佛身量明析宝论》是勉唐画派创始人门拉顿珠在"三经一疏"的基础上，结合艺术创造的实践经验和作者自身独特的量度主张写成的，此书是藏族绘画艺术的基础理论，是每个画师的必读之书。

阅读这些造像学著作不难形成这样的印象：西藏造像学经典关注的重心是量度问题。这些著作用近乎繁杂、啰唆、重复的方式反复强调量度标准，辨析各种量度体系的正误，许多著作本身就是在关于量度标准

---

[1] 门拉顿珠、杜玛格西·丹增彭措：《西藏佛教彩绘彩塑艺术——〈如来佛身量明析宝论〉〈彩绘工序明鉴〉》，罗秉芬译注，中国藏学出版社，1997，第75页。

的大讨论中作为论辩文出现的,如门拉顿珠的《如来佛身量明析宝论》,开篇就批驳了几种他认为错误的度量体系。除了关注量度问题外,这些著作另外涉及的话题就是造像艺术的起源,以及绘画风格问题,而忽略了许多在我们今天的艺术理论、美学理论看来非常重要的问题,如没有提出本民族特有的核心美学范畴,像印度的情、味,汉族的韵、境等,没有就艺术的审美效果、社会功能等展开论述,只是三言两语一笔带过,这些著作的核心只有一个,就是量度问题,这从文章的题目中也可以看出。量度问题被抬高到如此地位,在世界文艺理论体系中也是相当罕见的,我们不禁要问:为什么西藏造像理论如此看重这个问题,量度在这个文化圈中到底起到了什么重要的作用,以至于让这些古代理论家们认为别的问题都不重要。

追根溯源,藏文化对造像比例、尺度的重视受到了印度文化的影响。据比利时学者魏查理所言,对造像比例、尺度的重视来源于印度一个习见的婆罗门传统。他指出,在印度众多的艺论中,总能见到量度学的内容,6世纪甗日的《广集》和967年跋多波罗的注疏是经常被提起的经典,佛教文献自己的量度学经典就来自这种婆罗门教传统。① "古代印度工匠,包括画师,并没有必要拘于某个专门的宗教传统,他们起初只是画师行会的成员。但是佛教传统仍然将其改头换面,创作了上座部经典以及后期的真言乘经典。"② 例如,《绘画量度经》在讲到绘画的起源时,将这种技艺追溯到了印度教大神梵天那里,其文化背景是印度教。"这部经典没有佛教传统的痕迹,并没有人试图要给《画相》披上佛教的外衣。……经典出自工匠行会,这些工匠并不是佛教徒。上述其它经典可能来自同样的群体,但赋予了佛教的解释。……印度艺术家是

---

① [比利时]魏查理:《〈造像量度经〉研究综述》,《故宫博物院院刊》2004年第2期,第60页。
② 同上。

跨宗派的大众文化遗产的传播者。"①

所以对量度问题的重视并非藏文化的创见，甚至不是佛教文化的创见，但显而易见的是，只有藏文化把这个问题看作核心问题。在"三经一疏"产生之前或稍后，印度有多部造型艺术理论著作，如《毗湿奴德哈尔莫塔拉》、《基德尔苏德尔》（《绘画的规则》）、《阿耆尼-普拉那》、《阿加玛》。许多神话中也大量地谈论绘画问题，如《梵书》，都多多少少涉及美学范畴的问题。特别是成书年代约在公元前后的《舞论》，是印度文艺理论中最为重要的一部，虽然主要谈戏剧，但是实为艺术总论。它全面论述了艺术与现实的关系、艺术的目的、效果和教育的意义、艺术的基本因素及其相互关系等问题，提出了味和情的概念，建立了印度美学的基本范畴。《舞论》中总结的这种印度美学的基本范畴在另一部印度造型艺术专论《画经》中有明确的反映，其成书于8世纪，与《绘画量度经》传入西藏的时间同时或稍晚。《画经》属于《舞论》美学体系的理论作品，分"已入""未入""味画"②3种画品，以有味为高，明确将衡量绘画作品价值的标尺与味这个范畴联系起来。但这部作品里关注的美学问题显然在西藏没有产生影响，藏人对绘画的兴趣点不在这方面。

味、情、韵或相似的美学范畴在西藏造型艺术理论中为何缺失？据笔者猜测可能有以下原因：其一，味与情强调感官感受和主观情感，与佛教气质严重不符，故有意弃之。其二，味与韵的含义来自味觉和听觉（味

---

① [比利时]魏查理：《〈造像量度经〉研究综述》，《故宫博物院院刊》2004年第2期，第62页。
② 金克木对这几个概念的解释是："仅得形似如镜中影象者，名为'已入'（已被刺入）；若不依据什么客观东西而作画，只有丰富的各种形、相，名为'未入'（未被刺入）；若一望见即能得到'艳情'等'味'的，名为'味画'（有味的画）。"金克木：《略论印度美学思想》，《哲学研究》1983年第7期，第30页。

在梵文中的词根是 rasa，意为盐；韵的原意是声音的余波①），都是无形的存在，不能通过绘画、雕塑直接传达给观赏者，使得艺术中最深切的情感只能通过间接方式来体验。其三，没有进一步提出相符的理论范畴，也可能是"三经一疏"本来就是画家行业的技法手册（如前引魏查理所言），主要用来指导实践，所以讨论的着眼点是与绘画实践，特别是与批量生产艺术作品的方法经验直接相关的内容，并不过多地着意于理论。其四，更重要的是，藏人使用绘画或艺术理论要完成一个其在印度没有过的任务，即社会区隔。印度自古有非常稳固的种姓制度，这种制度将社会划分为婆罗门、刹帝利、吠舍、首陀罗 4 个阶层，并有全面系统的社会制度与之配套。佛教就是在反对这种不平等社会制度的思潮中流行起来的。但西藏没有如此根深蒂固的制度，它需要一切意识形态、上层建筑来帮助统治者固化其统治，让被统治阶层安于自己的社会角色，造型艺术理论也是其需要的工具之一。

因此西藏造型艺术理论在内容上只看重量度问题而忽略美学理论范畴的建设，不能仅仅被解释为藏传佛教对艺术表现规范性的看重，而更应看到，藏传佛教艺术在社会中承载的首先绝不是表达个性、怡人遣性的艺术任务，也不仅仅是传递佛法义理的宗教任务，还有重大的政治功能。强调量度的造像理论是要通过等级森严的身体表现完成对社会身体的规训和编码，强化被统治者对自身社会地位的认同，从而起到巩固社会等级序列的作用。这是将身体控制深入美学层面，使之成为一种社会无意识的国家身体控制技术。

---

① 邱紫华：《印度古典美学》，华中师范大学出版社，2006，第 37—39 页。

四、身体区隔化的方法

人体作为权力的对象和目标，是从被区分（或区隔化）开始的。所谓区分就是对身体的外部形象进行差异化，并将它们安插在社会结构的不同位置，是对社会结构的合理性进行论证的形象工程，其主要作用：一是找出不合乎权力标准的个体，二是将个体分割、限定在互相孤立的空间。这种区分不仅限定了身体活动的不同领域，定位了所有社会成员的社会地位、角色及身份，而且更进一步地规定了社会成员的思想及行为方式，决定了其社会命运。权力正是借助知识的这一特性，将整个社会分为统治者和被统治者、正常的和不正常的、中心与边缘、善与恶、上等与下等、优与劣等诸多形式，进而按分类结果规定个体的思想和行为方式，进行细致入微的身体控制。对于合乎主体标准的个体，权力不会采取强硬手段，而是这些个体本身会按照主体标准自动主体化，主动自觉地将这些要求内化。至于那些从一开始就被区分出来的不合乎主体标准的个体，权力会强行使这些标准深化到个体身上，强行使之"正常化"，否则就会被永久性地排除在权力范围以外，成为孤魂野鬼，不得超生。

在藏传佛教艺术理论的话语体系中，上述区分是用以下两种手段来完成的：

（一）量度（身体比例、搩度）

如前所述，西藏造像学经典对量度问题的重视源自图像所承担的区隔的政治任务，而这个功能在藏传佛教造型艺术中恰恰主要是通过量度的严格规定来完成的。

图像学家潘诺夫斯基在《视觉艺术的含义》中提出一个重要观点：

"（造像比例）比艺术本身更清晰地，至少是以更确切的方式来表达往往令人感到困惑的'艺术意图'。"[1]藏传佛教造型艺术在表现人或神的修为次第、精神阶层（其历史性实质就是社会阶层）这一最难以表现却又必须作为主题加以表现的意图时，天才地采用了最外显、最直截了当，也最身体化的形式——身体比例，举重若轻地解决了这一问题。

前文已经提到了《佛说造像量度经》中对神祇的量度划分，即划分为从六揲度（六头身比例）至十揲度（十头身比例）5种身体比例，将所有神祇按神格高低划分为5个层次，并与造像量度相对应。因而造像的不同身体比例指称了5个层次的精神级别，使观者面对众多造像时，不必细看就能对造像的身份级别一目了然。无论何种揲度表现的神祇，其共同特点都是"纵广相当"，即平举双臂时两中指间的长度等于身高，这被看作是神祇通过圆满的精神修为获得的圆满身像。

在这部分身体表现中需要注意的是上师、法王像的表现方法。前文谈到，西藏有"神王一体"的观念，在藏传佛教的观念中，上师、法王都是神祇化现，与佛、菩萨及各大本尊拥有一样崇高的地位，因而在艺术表现中，神佛的身体语汇也适用于上师、法王像。如果说幻想出来的佛、菩萨、本尊形象更多反映的是人们的宗教观念和对理想人格的想象的话，那么上师、法王像就具有了更多社会历史内容的积淀。

描绘上师、法王时一般仿照祖师生前面貌塑造，虽然它在量度和相好方面没有佛、菩萨的规定那么严格，但是也要根据宗教生活习俗和宗教功用来进行塑造。比如，米拉日巴像的特点是螺髻发，面容消瘦，身着噶举派特有的白色俗装，上身袒露，体现出苦行僧的特征；游戏坐姿，右手放在右耳旁，反映了米拉日巴大师在山岩苦修的真实面貌，同时还

---

[1] [美]E·潘诺夫斯基：《视觉艺术的含义》，傅志强译，辽宁人民出版社，1987，第69—70页。

图 22　米拉日巴像　　　　　图 23　宗喀巴像

反映了该祖师以唱道歌传法的独特弘法方式（图22）。宗喀巴像则头戴桃形尖帽，身着袈裟，两手在胸前做说法印，结跏趺坐，左右肩分别饰有经和剑，反映了宗喀巴大师真实的生活面貌和特有的宗教功用（图23）。不同身份的祖师像具有自己的形象特征和标志，但统一的特征是身体比例合乎"纵广相当"的要求，即胳膊平举时两个中指尖的距离等于身高，这明显不同于普通人的身体比例，显得胳膊太长（按照这个比例，直立两手自然下垂时指尖可抵至膝盖下沿），完全区别于普通人。再加上其身姿、手印、法器皆与神佛对应，使上师、法王的形象悉如神佛，从而以形象的方式暗示了他们在神权政治的社会里毋庸置疑的高贵地位。

　　凡人、膜拜者，即被统治的一般信众，与统治阶层的区分首先从身体比例上就有本质的区别。"凡夫身量。竖八十四指。横九十六指为止。纵广不等。因其二万一千六百业息故，盖一昼夜之吸呼二万一千六百息也，内分十二节，盖随十二时也，每节分得息千八百。"①"庶人身体，竖里向三搩半，以指分八十四指，横量四搩九十六指，或反此者，所以谓之纵广不等，不具量度之相也。"②上师、法王的身高是120指，而凡人的高度是84指，共同出现在一个画面中时，凡人要矮小很多，膜拜者在画面中所占微小面积，与巨大的佛陀、本尊、上师形成鲜明对比。所谓"纵广不等，不具量度之相"则是指人体比例上不圆满，横向和纵向不相等，一下子将世俗凡人的身体与上师本尊的身体从根本上区别开来。此外，凡人的服饰、身姿多种多样，没有特别的象征含义，凡夫俗子就是这样随意地被点缀在画面的角落里。

对比神佛和凡人的身体表现方式，我们首先会注意到的是身体比例与精神境界（或社会阶层）之间的对应关系。前文我们已经引述了工布查布和门拉顿珠关于这个问题的细致对应关系说明，他们认为随着佛学修为的增进，身体可以从"纵广不等"进化到获得圆满量度，而当精神高度与政治地位联系起来的时候，这种等级分明的身体表现形式又为世俗政权提供了强大的合法性依据：被统治者必须安于其受压迫的社会角色中，因为他们精神上的不圆满造成了身体上的不圆满，身体上的不圆满又进而成为身体被控制、被规训的原因，统治者的统治变得自然而然、理所应当，对身体差异的表述成了维护等级秩序的制胜法宝。

这样，两个对立阶层的关系被内化于身体之中，不平等的社会关系在图画中找到了完美的解释，艺术的强大感染力又进一步固化了这种社会关系，身体表现形态在这个复杂的关系中既是社会地位区别的基础，又是其结果。

---

① 工布查布：《佛说造像量度经·造像量度经续补》，文物出版社，据CBETA（中华电子佛教协会）电子佛典集成：https://cbetaonline.cn/zh/T1419。

② [日]高楠顺次郎、渡边海旭：《大正藏》第21卷，佛陀教育基金会，1995，第949页。

（二）身体形象的完整性

如前所述，宗教艺术中所要面对的种种难点和重点，藏传佛教艺术都用完整的身体话语来解决，身体形象完整的重要性自不待言。因而当一些美学因素，如构图、透视等，威胁到这种独立完整时，藏传佛教会毫不犹豫地抛弃这些艺术技法，以维护身体形象的完整性。

《画像量度经》第二章《供画》中有一段讲画像的美学要求："五官肢体都完整，形色美妙更善良。此异彼殊各不同，神威貌静有多样。饰品衣服美而全，各类标帜拿手上。肖像画的美真善，天神见到喜无量。"① 这一段谈到对画像的4个要求，即完整性、个性化、细节及审美效果。完整性是作为第一个要求提出的，就是要求佛、菩萨、本尊、佛母、护法、上师、法王等的五官、肢体、服饰、法器要被完完全全地表现出来，《画像量度经》中强调"他的身体要圆满"②，事无巨细地谈到造像中要将"天神脸长相，以及他的好面色。牙齿头发和汗毛，以及神面没有的"③都表现出来，即要求神祇的身像不仅能表现直接看到的特点，而且还要表现不能直接看到的特点（比如，佛舌"出口全能覆面庞""说话声音最动听"④等），身像不得残损、遮蔽、隐晦。如果做不到这一点，正如《造像量度经》中明确指出的那样："身像腹部若短少，五谷减产遭饥荒。身像大腿若短少，朝拜信奉不久长。"⑤ "身像若不塑完满，或将财物乱消耗，身像折断嗣族衰，裂纹地方起纷争。身像量度若不准，反为群魔

---

① 中国少数民族古代美学思想资料初编编写组《中国少数民族古代美学思想资料初编》，四川民族出版社，1989，第295—296页。
② 同上书，第300页。
③ 同上书，第315页。
④ 同上书，第316页。
⑤ 同上书，第359页。

所依住。"① 这是以恐吓的方式要求造像一定要完整，否则将致祸。

这一要求在其他佛经中也有出现，如《地藏菩萨本愿经科注》中说："又不许造半身像，善相不起，堕落生死。"这是说建造了不完整佛像的宗教后果相当严重；《优婆塞戒经·供养三宝品第十七》中说："不应造作半身佛像。若有形像身不具足，当密覆藏，劝人令治；治已具足，然后显示。"即不应制造不完整的佛像，如果不完整的话，应当秘密地隐藏起来修正完整，修正完整后再展示；《大智度论》指出："云何名形残者？若有人先世破他身、截其头、斩其手足、破种种身份，或破坏佛像、毁佛像鼻及诸贤圣形象，或破父母形象，以是罪故，受形多不具足。"这是将毁损佛像与砍头斩足等大罪过相提并论，并认为这种行为可导致人在转生的时候也会身体不完整。这些观点表明，身体的完整性是藏传佛教佛像造型艺术美学的第一原则，但这一点似乎并未引起学术界足够的重视。人们常说的其他美学特性，如神圣性、规范性、程式化、象征性、装饰性等，都是在这第一原则的基础上演绎出来的，没有完整性，其他特征无从谈起。

完整性要求的内涵虽很简单，但在实际的艺术实践中是以牺牲丰富的艺术语言为代价才能获得的。西藏艺术史中曾惊鸿一瞥地出现过一些独特的表现方式，但其后并无来者，这些表现方式仿佛出于某种神秘的原因被淘汰了。如大昭寺大殿2层顶部门楣的支撑梁中间有一排小框柱，其间所镶不是全身人像，而是菩萨头像木雕（图24），该作品形神兼备，是西藏艺术史中的杰作。这种只表现菩萨头部的做法在西藏乃至全中国的雕塑史中都相当罕见。东方人不能忍受躯体不全，更不能容忍从躯体

---

① 中国少数民族古代美学思想资料初编写组《中国少数民族古代美学思想资料初编》，四川民族出版社，1989，第366页。

图24　大昭寺菩萨头像木雕　　　　图25　扎塘寺罗汉像

上取下头颅，这个传统可能来自被古希腊影响过的印度[①]。而艺术水准如此之高的人物头像创作只出现了一次就永远地消失，我们只能把它解释为：由于背离了身体完整性这个第一美学原则，再出色的艺术表现也只能被抛弃。

绘画中也有类似的例子。后弘期早期（11—13世纪）卫藏地区基本同期创作的扎塘寺壁画和夏鲁寺壁画中，在表现胁侍于佛陀两旁的菩萨、罗汉、弟子像时，出现了完全不同于印度式棋盘状排列（所有人物身体都能完整出现）的构图布局，众弟子形象叠压，仅露头肩，其余部分相互遮蔽（图25），这种构图明显受到了汉地敦煌唐五代时期壁画的影响。前后遮挡的构图是突破绘画二维限制、制造三维幻象，体现立体感、空间感、透视感简单而有效的方式，但这种构图法似乎在后世鲜有回应。后来的西藏艺术家依然习惯于把所有人物在一个平面上铺陈开来，如果不是为了完整地展示身体，不是把身体的完整性当作美学的第一要义的话，笔者实在想不出放弃空间感这一所有民族的绘画传统都孜孜以求的

---

① 于小东：《藏传佛教绘画史》，江苏美术出版社，2006，第39—40页。

艺术效果的理由。

完整性的要求还产生了一个结果,就是神祇图像的正面律或半侧面律。这主要是针对绘画而言的,壁画和唐卡中不会出现侧面和背面的神像,主尊一般都是正面;在表现胁侍弟子时,为了加强画面的纵深感,可以采用半侧面,即虽然有些侧身,但是五官都得到了表现,如图23的宗喀巴和他的两个弟子的肖像就是用这两种表现方式。正面肖像最为完整,但用多了会显得呆板,也不利于立体空间感的营建;半侧面的表现方法既有一些透视效果,有助于在二维平面上产生三维立体空间感,又不像侧面和背面那样会使人物形象的表现不完整(比如,侧面只表现一侧的眼睛、耳朵、胳膊、腿,而背面不用画五官)。这种对半侧面人物的偏爱在吐蕃绘画中就已经出现,如图26。这是布达拉宫法王洞中松赞干布建宫时的遗迹,是非常宝贵的吐蕃绘画遗存,图中人物半侧面的画法非常有特点,有学者评价说:"画师巧妙利用人物面部轮廓来表现一面双脸,是一种特殊技法,与毕加索的立体派同工。"①所谓"一面双脸"是由图中人物的鼻子和嘴部轮廓的特殊画法表现出来的,它使人物看上去既像正面又像侧面。将这种画法跟西方的立体派相提并论的确很有道理,因为它们都是力图去展现事物全方位的完整面貌。

图26 布达拉宫法王洞中的吐蕃时期壁画(摹本)

还有一些唐卡中的主尊也采用半侧面,如图27。这种构图的唐卡往往是一套系列唐卡中的一幅,一整套图有一半人物向左侧,另一半向右侧,

---

① 姜怀英、嘎苏·彭措朗杰:《西藏布达拉宫》上册,文物出版社,1996,第47页。

在实际悬挂的时候,会将它们分列在主尊两侧,视线相对,形成对称的拱卫关系。图27就是莲师八变题材中的一幅,这个系列共8幅,表现莲花生的8个化身,这一幅表现的是莲花金刚上师。

《西藏的观世音》中还有关于造像不完整导致民族灾难的说法。修建大昭寺时,由于松赞干布在雕刻时的失误,砍掉了狮子的鼻子,导致狮子像不完整,"据说这一失手,将导致雪域在世界坏灭之末劫,世俗众生

图27 莲师八变系列中的莲花金刚上师

因背信弃义而断子绝孙,抑或祖宗三辈因背誓渝盟而殃及后代。不过唯独有一只狮子像有鼻子,那是当时为了拉墨线,将宝瓶柱顶(译注:本书即掘藏于此柱顶端)飞檐上的狮子鼻子用犀牛角胶重新粘上去的。借此功德,当边塞发生战事时,菩萨将会现身显灵,化干戈为玉帛。……赞普本人及其化身工匠如此再三失误,其原因是由于猕猴父罗刹母的后嗣中那些愚顽之辈,无端谗言赞普与后妃所致。此之罪过,可使俗人无法无天,咒师咒术不灵,僧侣不持戒律,这都是挑拨离间的恶果。所以说'僧徒因嚼舌而嗔贪,俗众因谗言而结怨,骨肉因挑拨而相残,部族因离间而争战'。搬弄是非,后患无穷,挑拨离间,罪孽深重,故至死也不可为之"①。粘上鼻子、修补造像的行为带来福德,而即便是失误带来的不完整也会导致极其严重的后果。这段话还表明,吐蕃人将造像的

---

① [印度]阿底峡尊者发掘《西藏的观世音》,卢亚军译注,甘肃人民出版社,2001,第234—236页。

完整性与道德紧密地联系在一起，二者是循环因果的关系，即不道德的因导致不完整的果，不完整又再次成为下一轮不道德的因，恶性循环，所以造像的完整性对于信徒来说是很重要的问题。

图28　一幅被口诛笔伐的当代黑鲁嘎唐卡

笔者的一个田野调查点是一名唐卡画师组成的微信群，曾有一名画师在群里发了一张自己的作品（图28）。这是一幅用黑唐技法表现的黑鲁嘎，但遭到众多画师的口诛笔伐，大家认为用3尊黑鲁嘎像前后排布，前面的身像遮挡了后面的，使后面的身像不能完全显露出来，因而不合法度。一名批评者说："作为一个画师要尊重唐卡，唐卡是佛教宗教里面一种最珍贵的圣物。"这个批评是从信仰的角度来讲的，如此严厉的批评，说明完整性在画师们眼中是神圣不可侵犯的。

上述完整性要求针对的是神佛、上师、法王的造像，完整性这一造像第一要义来源于对其神性的颂扬，而芸芸众生、被统治者不在其列。在各寺庙壁画、唐卡中，除了高居于画面上部、面积巨大、光辉灿烂的神像以外，画面的下部还挨挨挤挤地画着另一群人：供养人，或者说老百姓、被统治阶层（图29、30、31）。他们往往以群体方式出现，形象叠压，仅露头肩，其余部分相互遮蔽，拥挤着居于画幅的角落。这种前后遮挡的构图方式，完全不同于表现神佛时棋盘状排列的构图布局，身体的完整性在他们身上已不再重要，只因为他们的身体并没有高贵的价值。

图像中的被统治阶层，或者说顺民，往往是画匠受雇主之托画上去的。由于不需要遵照量度经的规定，可以自由发挥，画家们只有在画这些普通人的时候才能放开手脚，既可以完全现实主义地客观写实，也可以浪漫主义地通过人物形象表现画家内心的情感。所以想要了解一个艺术家真正的风格特点，就要看他对供养人的表现如何，这是艺术家相对自由的空间。这些形象上携带了非常具体的历史信息和艺术个性，可以从历史和艺术史的角度大书特书，但对于我们的微观权利分析来说，只有一点需要指出：这些普通人的形象恰恰就是图像要规训的人的代表或象征。这个阶层的人在图画里是佛容颜的观看者，在真实世界里是图像的观看者，仿佛只是旁观，但规训这个阶层的人才是这些宗教图像被创造出来的原因。他们才是真正的目标，但在政治生活中，真正的目标往往被小心翼翼地隐藏了。

图29　大昭寺转经廊壁画

图30　桑耶寺壁画中的供养人

图31　古格壁画中的供养人

更有趣的是藏传佛教造型艺术对第三个群体——"不合乎权力标准的个体"的表现。社会政治权力斗争中的异己分子、反叛者、罪人、被打击群体和个人在宗教艺术中被区别出来，用一套相对独立的艺术语言和表现方法去表现他们。他们是社会历史中必然存在的现实群体，却往往表现为恶鬼、邪魔外道，在壁画和唐卡中被神灵踩在脚下，镇服压制，甚至被肢解为碎片，让观者深受震动，产生恐惧心理，过目难忘，从而达到震慑民众的作用。对这一类形象的表现集中地体现了藏传佛教艺术中恐怖狞厉的一面，同时也最直接地体现了宗教艺术的政治性。

许多怒相神灵在传入西藏之前，就带有印度宗教斗争的烙印，他们往往将竞争对手——印度教的大神踩在脚下。印度教三大主神之一的梵天，虽然他被吸纳为佛教护法神之一，还在南传佛教的泰国发展为重要神祇四面佛，但当梵天的形象和"出身纯正"的佛教神灵同时出现时，往往十分狼狈，常作为被镇压的形象出现，要么赤身裸体，被大威德怖畏金刚或吉祥喜金刚踏在脚下；要么长了4张面孔的脑袋被砍下来，拎在胜乐金刚手里。这时他只是众生的代表，象征着众生的无明和我执，佛教神祇对它的踩踏或砍杀象征了摧破无明的力量。

在藏传佛教造像中，除了梵天，还有印度教的其他神灵也常常以这种方式出现在佛教图像里。例如，藏密无上瑜伽修法中尊奉的五大本尊之一胜乐金刚，是佛陀为镇压印度教主湿婆而化现的愤怒相。胜乐金刚的脚下踩着湿婆和时间女神（都是印度教的神灵，宗教含义是代表超越世间，见图32），手中提着梵天的头颅（图33），说明是反印度教文化的。据专家考证，胜乐金刚形象的形成可追溯自久远的吠陀时代，其名称被证实为来自一个古老的部族名称。他的历史形象可能为远古时代印度土著部落首领的化身，在阻遏雅利安人入侵的过程中战功卓著，因而进入神话中就表现为与湿婆、毗湿奴等印度教大神

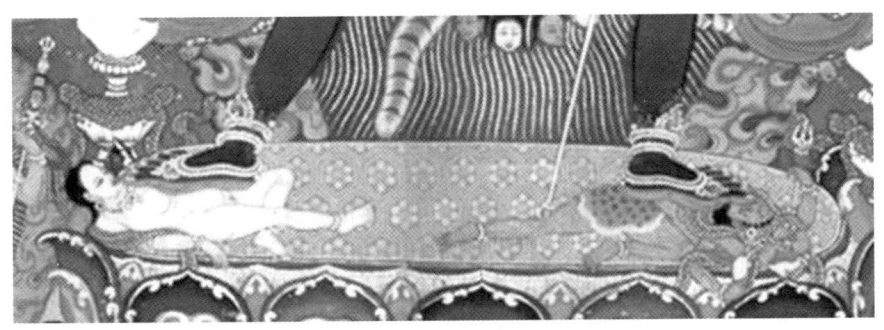

图32　胜乐金刚把湿婆夫妇踩在脚下

的对抗。① 也就是说，胜乐金刚手提梵天头颅、脚踩湿婆的形象其实是对印度土著遭到雅利安人入侵这段血腥历史的曲折表现，反映了人们在现实斗争进入白热化时期对胜利的迫切愿望。

图33　胜乐金刚手梵天头颅

这样的形象在藏传佛教中有很多，如五大本尊中的另一位吉祥喜金刚足踏梵天、帝释天、遍入天、大自在天（图34）；大威德金刚脚下踩着梵天、帝释天、遍入天、大自在天、六面童子天、象头神、月亮神、太阳神等印度教神灵（图35）；大轮金刚手（图36）口衔长蛇（表示降服龙众，泛指异教徒），脚踩婆罗门和因陀罗；六臂大黑天（图37）脚踩印度教大自在天的儿子象头神……这些都是表示佛法的威力无比，一切邪魔外道都被一一镇压。

根据近代藏族著名思想家根敦群培在《智游列国漫记》里的说法：

---

① 李南：《〈胜乐根本续〉及其注疏研究》，《南亚研究》2011年第4期，第134页。

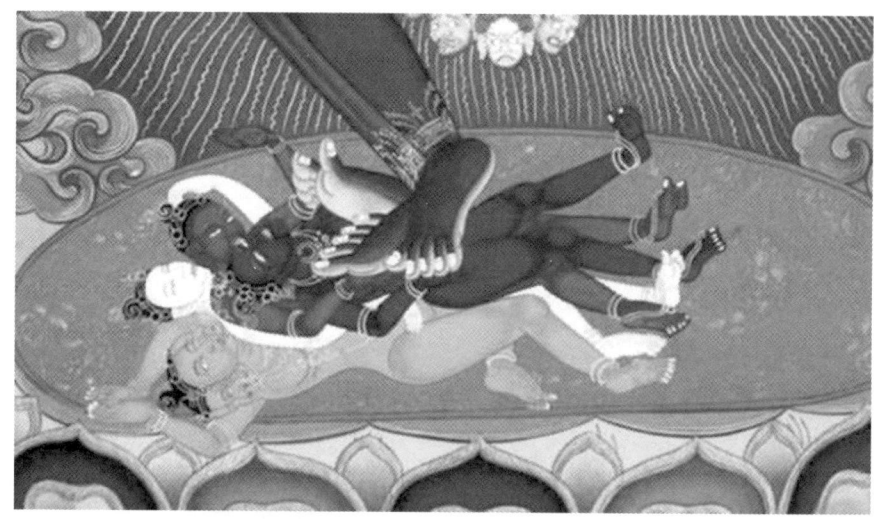

图 34　吉祥喜金刚足踏梵天、帝释天等 4 种魔

图 35　大威德金刚脚下踩着 8 位印度教神灵

图 36　大轮金刚手降服龙众，脚踩婆罗门和因陀罗

图 37　六臂大黑天脚踩象头神

阿修罗、夜叉、罗刹、食香（乾达婆）、人非人、龙等佛教护法神的名称都是指雅利安人和非雅利安人不同氏族的名称。[①]印度神话里的斗法，都可以还原为历史。上述图像中被踩在佛教神灵脚下的异教神身体扭曲、相互叠压，被神灵的大脚遮没掉大半，因而是以不完整的形态呈现出来的。

西藏艺术中还有一些题材显得恐怖异常，会出现大量的人皮、骨骼、内脏等，就是碎片化的身体。例如，古格密宗殿的尸林修持图（图38）和古格昌布洞东壁壁画罗刹变幻图（图39）图像中充满了恐怖元素：野兽环绕赤裸的人物，将肚子剖开，把内脏抛出来；有的尸体已身首异处，罗刹厉鬼啃食残肢，画面血腥恐怖。按照藏传佛教的解释，图像中出现的这些恐怖景象是对尸陀林的描绘，对其的描绘虽然血腥，但是可以利用强烈的视觉刺激引领众生顿悟，看清自身的存在五蕴（身体）皆空的实相，从而走上佛教修持之路。在文学作品和宗教文献中有大量关于恐怖尸陀林的描写，如《莲花生大师本生传》中就多次细致描

---

① 根敦群培：《根敦群培文论精选》，格桑曲批译，周季文校，中国藏学出版社，2012，第40—43页。

图 38　古格密宗殿的尸林修持图

图 39　古格昌布洞东壁壁画罗刹变幻图

写莲花生修行的尸陀林。如写到白达国的聚身坟时描述道："湖心骷髅长成五层莲/四周坟火在燃烧/火中尚存半个人身体/骨髓、头、手、皮肤/已燃未尽焚……饿鬼出没雾瘴中/小鬼骑着骷髅满地跑/骷髅乃是绵羊、黄牛、山羊羔骨/有的抓着病人/有的舞弄尸体/有的玩弄鼻涕/有的手持水、火。"[①] 光看这些文字描写，我们已经可以体会到这些场景所带来的强烈刺激性和恐怖感，一旦用视觉形象加以图解，其达到的恐怖效果更胜一筹。

我们再看几个以人皮为题材的图像例子。藏传佛教寺院常以人皮形象作为装饰，如图 40 是昌珠寺措钦大殿左边小殿的门饰，红色的底色上画着一张绿色的人皮，对比色的使用使这幅不大的画作有极强的视觉冲击

图 40　昌珠寺密宗殿堂门饰

---

① 中国藏语系高级佛学院研究室编《莲花生大师本生传》，洛珠加措、俄东瓦拉译，青海人民出版社，2007，第 192—193 页。

图 41　瞿昙寺游廊木版画

图 42　贡噶曲德寺壁画

力。使用绿色表示这是一张已经有些腐败了的人皮，该殿作为密宗殿禁止女性入内，门也经常关着，挂在门框上的猴子面具都强化了该殿的神秘、恐怖色彩。图41是青海瞿昙寺游廊木版画，图中虎皮、人皮、狮皮从绳子上倒吊下来。该图画在游廊上部，人从画下面走过，产生极为特殊的感受，这些画仿佛是说用人体的一部分制作的法器跟动物制品没有本质的区别，人是空幻的。图42是贡噶曲德寺壁画，图中的瑜伽行者坐在鲜人皮上打坐入定，恐怖感和安宁祥和的感觉奇妙地融合在一起。在唐卡或贡品图案中这类图像更多，如图43—46是一套画片，收录于根秋

 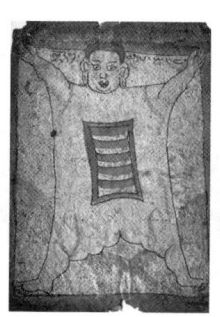  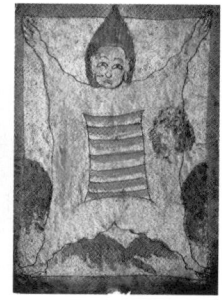

图 43　东供全人皮　　图 44　南供全人皮　　图 45　西供全人皮　　图 46　北供全人皮

登子编的《藏传佛教护法神及眷属画像与供品图案》一书，书中收录藏传佛教噶玛噶举派在云南藏区、纳西地区遗留的玛哈嘎拉眷属诸神画片。这些图像用于宗教仪式，4 幅图分别题作东供全人皮、南供全人皮、西供全人皮、北供全人皮，完成年代约在 13 世纪。

看了这些恐怖图像，我们不禁要问，这些叙事中出现的支离破碎的身体来自谁？为什么要大范围地展示这样的恐怖景象？这种恐怖景象的展示除了宗教上所说的"引导众生看清万物的空性、走向顿悟之外"，还能起到什么社会层面的作用？它与社会生活有着什么样的关联？

图 47　桑耶寺金刚法舞场地中心的魔鬼形象地毯

图 47 是桑耶寺金刚法舞场地中心的人皮形象的地毯，这个地毯平时不展示，只在金刚法舞大法会的时候铺在场地中心，某些特定舞蹈要在地毯上跳。这些舞蹈在印度属于密法，秘密传承，并不公开，西藏首次有关金刚舞的记载是莲花生为了镇服鬼神在桑耶寺跳过此舞，后来贡嘎宁波曾公开在萨迦派寺院跳了此舞。金刚法舞属于佛教密宗一种以跳舞歌唱镇压鬼怪的修法方式，这块地毯上的形象是一块人皮，代表的是魔鬼形象，人皮中心一个三角形的宗教符号就是代表镇压的意味。在舞蹈仪式中，由僧侣戴面具穿戏服扮演的莲花生八大化身——登场，作为护法主神随着音乐节奏在地毯上做出各种战斗、作法姿态，其视觉效果是非常震撼的，代表正义的莲花生舞动在巨大的魔鬼皮之上，每一次表演都是佛教对异教的胜利庆典。

这个仪式的功能和目的非常明确，就是镇压。联系前文所述佛教图像中对印度教神灵的镇压实际上是对真实斗争历史的表现，我们认为，这个镇压舞蹈中使用的人皮图像也是对历史上镇压异己分子、反叛者、罪人真实而曲折的表现。史籍中记载中世纪的西藏对异己分子的镇压异常惨烈。《西藏的观世音》中有这样的记载："两位里域（即和田、于田一带）沙弥走到堆龙山口时，看见这里尸骨横陈，血流满地。听当地人说这都是被吐蕃赞普处死的罪犯。……当他俩穿过旦巴滩时，又见遍地都是割了头的、剜了目的、砍了手的、剁了脚的、烙了皮的、斩了腰的，还有施以弗戈酷刑的死尸，惨状目不忍睹。"[①]这里所描述的里域沙弥的见闻，与我们在宗教图像中看到的尸陀林或某些装饰图案非常近似，可以说就是这类图像的历史原型。

在旧西藏，这样的酷刑并非只出现在遥远的过去，西藏和平解放前司法刑罚方式都极其原始而残酷。有挖眼、割舌、割鼻耳、剁手足、抽脚筋等，凡是犯有反叛政府罪或其他重要罪行的罪犯，都被投入蝎子洞被成群的蝎子蜇死。郎子辖和布达拉宫下的雪监狱就有蝎子洞。这些酷刑在执行时是一种极富视觉冲击效果的公开表演，目的是彰显君主的绝对权威，镇压异己，将这些刑罚以宗教图像的形式和名义长久地图画在寺庙墙壁上，让民众每次进入寺庙都看到这种极富视觉冲击效果的公开表演，彰显君主的绝对权威。

历史上以慈悲闻名的法主们从不讳言对不驯服者会采取什么样的手段。《萨迦格言》中说："对不驯服的众生发慈悲，制服他们只能用暴烈行为；希望对自身有益的人们，都用针灸来消除病危。"制服异己分子就只能用"暴烈行为"，当政治怒不可遏时，就会将可怕的惩罚施加

---

① [古印度]阿底峡尊者发掘《柱间史——松赞干布的遗训》，卢亚军译注，中国藏学出版社，2010，第185页。

图48　乃琼寺回廊壁画（1）　　　　图49　乃琼寺回廊壁画（2）

于他们的身体之上。在图像中，这些异己分子的身体被肢解，成为神灵、法王完美身体的反面，是完美身体要改造和制服的对象。

在西藏，这种恐怖形象最大规模的展示出现在乃琼寺。乃琼寺回廊和大门上有巨幅风格独树一帜的著名壁画（图48—49）：在顶部与底部的装饰部分，蛇组成的绳子上悬挂着无数人皮、内脏、头颅，中间醒目位置是乃琼寺主神白哈尔及其眷属神骑乘着各种奇异的坐骑，充满动感地行于血海之上。这是一个光怪陆离、群魔乱舞的鬼神魔怪世界，他们金刚怒目，身后喷发出愤怒的火焰，战斗和镇压场景贯穿始终，血海中隐约可见残断的肢体，人皮、眼珠、内脏、骨骼反复出现，营造出一种特有的恐怖氛围。大面积的猩红色、黑色显得血腥恐怖，如此具有威慑力的表现方式即便是在以狞厉著称的西藏艺术世界中也极为罕见。大殿殿门上有4幅大约3米高的人皮画像（图50），人皮倒置，头朝下，内部骨骼留下的痕迹被清楚细致地描绘出来。其与我们在一般藏传佛教寺院看到的壁画，无论是在内容题材上，还是在艺术表现样式上都有明显区别，给人留下非常特别的印象。艺

图 50　乃琼寺大殿大门上的 4 幅人皮画像

术史家张亚莎这样描述乃琼寺壁画的独特性：乃琼寺壁画不属于显宗系统，也不属于密宗系统，它与藏传佛教绘画艺术的题材甚远，是在一般藏传佛教寺院壁画中很难见到的特殊类型。①

这种弥漫着狂怒、暴烈气氛的风格往往被艺术史家将与宁玛派相对原始的教义，以及苯教之间的关系联系起来，即从宗教内部来阐释这些作品，如张亚莎就是这么解读的②。笔者认为这种解释不妥，因为在其他同属宁玛派的寺院及苯教寺院中并没有发现类似的作品。问题的关键在于，为什么这种作品偏偏是在乃琼寺出现？问题的答案应当与乃琼寺的特性关联起来，那就是乃琼寺独一无二的政治地位。

乃琼寺供奉的主神是世间护法神白哈尔。白哈尔的来源非常复杂，

---

① 张亚莎：《西藏美术史》，中央民族大学出版社，2006，第 433 页。
② 同上书，第 437—438 页。

简言之，他的命运始终与藏传佛教的发展休戚相关：吐蕃时期，由北方巴达霍尔地区传入，由莲花生封为宁玛派护法神和桑耶寺护法神；元代桑耶寺为萨迦派所接管，白哈尔神又与萨迦法王建立了关系；五世达赖喇嘛时代，白哈尔被尊奉为达赖喇嘛自己及哲蚌寺的保护神，这以后白哈尔神不仅变为格鲁派的总护法，而且很快成为世间护法神的统领大神和西藏地方政府的神谕代言人。西藏的政教中心虽然不断变化，但是白哈尔神的历史始终与之保持联系。白哈尔在乃穷寺有自己的代言神巫，这位神巫后被五世达赖喇嘛指派为噶厦政府的宣谕神，与甘丹颇章政权关系十分密切，达赖喇嘛和西藏政府遇有重要事情必先向此神（神巫）问卜，因此他在近300年的西藏历史上扮演着极为重要的角色。

所以乃琼寺是世俗政治与宗教相结合的地方，总是以宗教之名行政治统治之实。护法神在宗教中完成的是维护神佛尊严、维持佛教秩序、打击邪魔外道的作用，相当于世俗政治中的暴力机关，这里的壁画展示出的是护法神对敌人绝对的胜利，意义指涉的却是君主的绝对权威和强大力量；图像中被护法神就地正法的恶鬼，就是在权力斗争中被胜利者打败的敌人、异己分子。壁画从宗教上看是颂扬护法神对佛教的功绩，从政治角度看就是暴力机关对异己分子的震慑，让他们看一看暴力机关的强大和不服从统治的可怕下场，作品将胆敢轻视君主权威的臣民与展示其威力的全权君主之间的悬殊对比发展到极致。显然，这是与前文所引《西藏的观世音》中所说酷刑展示相配套的一种恐怖政策，即用图像中被肢解的肉体来使所有的人意识到神\王的无限存在。诸神庆祝胜利的狂欢气氛和受刑的肉体带来的恐惧在艺术中奇妙地融合在一起，形成了乃琼寺艺术独有的特征。

还要提到的一点是，这些被肢解掉的异己分子的身体残块并不是只以艺术的方式、象征的方式出现在图像里，古代某些宗教仪式中的确需要这一类物品做贡品或法器。如我们今天能在博物馆看到，以前仪式中所使用的法器或乐器是用人身体的一部分来制作的。比如，使用的嘎巴拉碗就是人的头盖骨，一种宗教音乐中使用的笛子冈凌是用人的小腿骨做的，嘎巴拉鼓是用两个人的头盖骨做的。《元史》中有用人皮做佛像坐垫的记载，《元史》列传第九十二、《辍耕录》卷二中都有用人心做贡品的记载，并明确地说"坏人"的心是可以用来做贡品的。历史上还有一个著名事件，元朝僧人杨琏真伽盗掘南宋六陵，用宋理宗头盖骨奉给帝师八思巴为饮器。也就是说，并非任何人的身体都会被选中，政敌、敌对者首领、罪大恶极之人是符合宗教要求条件之一者，其中惩罚的含义是不言而喻的。

这样的宗教习俗一直延续到近代，国务院2015年《西藏发展道路的历史选择》中就有这么一则材料。20世纪50年代初，西藏地方政府给地方头目写信说为给十四世达赖喇嘛念经祝寿，要举行愤怒十五施食回遮法，"湿肠一副、头颅两个、多种血、人皮一整张"[1]，可见仪式中常会用到这类物品。《废除西藏喇嘛寺庙的封建特权和封建剥削》一文中说："1957年，热振地方，贫苦牧奴旺果和公角曲扎父子，因家贫绝粮，偷吃了哲蚌寺贡芒札仓桑洛康村在当地牧放的牛。11月间，桑洛康村派了七个喇嘛骑马持枪到热振，杀害了旺果父子二人，割下了他们的头和右手，带回庙里供念'经'时使用。……十四世纪的汉文记载，已经提到十三四世纪到北京来的西藏喇嘛，使用人脑盖骨、胫骨、人皮等。当时的喇嘛自己还说，有时使用血淋淋的人心人肝作供佛的供品……最近发现从1958年到1965年春，仅在拉萨西郊一个

---

[1] 中华人民共和国国务院新闻办公室：《西藏发展道路的历史选择》，《人民日报》2015年4月17日，第5版。

佛堂里，为了念经放咒（诅咒共产党），就先后向一个管事头人索要过整人头二十七个，人头盖骨六个，人腿骨四根，整张人皮一张，人尸一具，人肠十四捆，人肉八块，人血九瓶。"①在近年开放的布达拉宫脚下的雪监狱里，我们还能够看到非常完整的两张人皮，一个是成人的，一个是孩子的。

即使在比较偏远的地方，也会出现用人体残块进行宗教活动的情况。作家毛桃曾在《乡城二篇》中记录他在四川省甘孜州乡城县的萨迦派寺院亚冲寺里调查到的情况：该寺院在14世纪教派斗争中割下了敌人统领的头和一只手，"头就埋在寺中，地上有一个三角形的标志。每年到了藏历9月27、28、29日，僧侣们就要在埋头的地上跳神。跳神的一个重要节目就是三位装扮成护法神的僧侣与三位装扮成带兵官的僧侣的对决。至于那只逐渐干缩成了黑色的手，每年也要被剥下部分皮肉放在祭祀的火里烧，以示降魔驱邪"②。贡品的使用有两个特点：一是来源于宗教政治斗争中的敌人。二是在宗教仪式中使用这些身体残块主要目的是镇压和驱邪。所以看似宗教用品，实际上是要完成政治目的。

总之，如果说凡人不完美、不完整的身体表现还算得是身体，那么罪人的身体已经被肢解为残片；如果说神佛完美的身体话语是主流意识形态，是通过偶像的示范作用塑造驯服的身体，那么这里罪人残缺的身体就是主流意识形态不可缺少的有力补充，即通过完全摧毁身体的完整来表现他们被排除在社会以外，通过暴力途径强行规训社会身体。奴隶制或农奴制时代违反君主意志的人常被以直接摧残其身体的方式当众受到惩罚并加以展示，艺术中对这种形象的表现就是以反面的象征方式高

---

① 西藏社会历史调查组、王森、王辅仁《废除西藏喇嘛寺庙的封建特权和封建剥削》，《民族研究》1959年第8期，第5—6页。
② 毛桃：《乡城二篇》，《西藏文学》2010年第5期，第71页。

扬统治者的权威,加强王权的统治。所以是否能得到完整的身体描绘是一条贯穿始终的逻辑,在这个逻辑链条上,社会等级被清晰地标注出来。

综上,上述区分社会身体的艺术手法可以总结为表1:

表1 区分社会身体的艺术手法表

艺术表现中的身份		神佛	凡人	恶鬼
实际社会身份		统治者	被统治者	异己分子
表现方式	比例	特殊比例:纵广相当	普通比例	残骸
	身体完整性	严格维护其身体完整性	形象叠压前后遮挡	残骸

在西藏,宗教与政治一体,宗教艺术就是政治意识形态的表现,因而宗教艺术中的身体表现形式就是身体政治学,造像就是使之成为一种社会无意识的国家身体控制技术。这是将身体控制深入美学层面,无论是强调量度的造像理论,还是一丝不乱的造像艺术实践,都是要通过等级森严的身体表现完成对社会身体的规训和编码,强化被统治者对自身社会地位的认同,从而起到巩固社会等级序列的作用。应该说,政治意识形态编织了上述身体表现语码,而这些语码又反过来再生产或强化社会惯例。

(本文部分内容原刊《西藏研究》2011年第4期,有较大改动)

山南颇章乡雪村望果节仪式的调研报告

张学海 吕 岩 宋卫红

雪村位于西藏自治区山南市乃东区颇章乡，属雅砻河流域中游，灌溉资源丰富，交通比较便利，村子在 S202 道旁，距离山南市所在地泽当镇 25 公里。雪村所在地区属于古代卫藏四茹的约茹中心地区，这一地区的文化资源非常丰富。在雪村东北方向是西藏历史上第一座宫殿雍布拉康，距其 4.5 公里。在其西北方向 8 公里处的扎西曲登村是白面具藏戏扎西雪巴的发源地，村中的扎西曲登寺也是雪村望果节需要请来参与望果节僧人的寺庙。在雪村东南方向 5 公里处的达坚寺，寺内有一塔，因"安放有常啼菩萨的左眼"[1]而出名。在雪村西南方向 2 公里处的甲萨拉康[2]，据民间传说是金城公主晚年居住过的佛堂。在雪村正南方向 25 公里，就是雅砻河的发源地雅拉香布雪山。在藏语中，颇章是宫殿的意思，雪村一般指的是宫殿下面的村子。中华人民共和

---

[1] 钦则旺布：《卫藏道场胜迹志》，刘立千译注，民族出版社，2000，第 15 页。
[2] 刘立千在《卫藏道场胜迹志》的注释中，认为甲萨拉康在《西藏王臣记》《世系明鉴》记载中，是由吐蕃崩溃后的吐蕃赞普后裔甲萨拉钦修建。

国成立后颇章于1959年建乡,雪村即是乡政府驻地,目前雪村共分为3个村民组。

由于有雅砻河的灌溉,雪村所属乃东区自古以来就是西藏农业的发源地。据历史记载,望果节最早流行于山南农区,距今已有1500多年的历史。望在藏语中是庄稼的意思,果即转圈,望果节的藏语意思为转田,围绕丰收在望的庄稼转圈,以祈愿农业丰收,颗粒归仓。依照习俗,西藏各地区的望果节早期主要仪式是绕着即将丰收的麦田收敛福气,8世纪后期,望果节开始加入赛马、射箭、歌舞和藏戏等元素,因此也就形成了绕田游行和庆典两部分内容的活动。各地方在庆典活动中会根据传统进行,因此形制各不相同。由于举行望果节的日期是由当地僧人依照藏历推算出来的,因此在藏区,每个村的望果节时间并不完全相同。雪村2018年的望果节为7月28日(藏历六月初四),望果节仪式正式举行为一天,但各项准备工作在前一天就已经开始。大致可分为:准备工作、第二日早晨的祭祀仪式、转田、赛马、结束的祭祀仪式等。据村民介绍,雪村的赛马并不是一种单纯的娱乐活动,而是为了纪念在此处曾经坠马而亡的王子。据当地民间传说,藏王赤德祖丹·梅阿聪[1]为儿子求娶金城公主。金城公主在进藏途中,听闻王子坠马而亡,悲痛欲绝。进藏后只能嫁给梅阿聪。王子坠马身亡后,附近的村民世世代代以赛马的形式来纪念他。

---

[1] 赤德祖丹·梅阿聪为民间称呼,意为胡须先祖王,史书则通称其赤德祖赞。

一、雪村望果节仪式过程

（一）准备工作

雪村的准备工作主要分为两部分：祭祀用的供品及赛马彩排。当天中午村委会组织村民从雍布拉康租来马匹，并牵到参加仪式的骑手家中，由骑手为每匹马进行装扮。家家户户的庭院也都铺满了从后山专门割来的莎草，望果节时期，家中铺满莎草象征草原。马匹的装扮主要是马的额鬃、尾巴。用红绿色布带将马鬃（尾）进行编发，最后戴上披挂。每户马匹的马头马尾装饰方式并不完全一样，除了编发外，有给马额头、马耳朵装饰白棉花的，有给马肚子上画雍仲（卍）符号的。马匹多为深色，但每年会要求至少有一匹白马。传说中王子骑的是白马，在祭祀仪式中，过去的传统是由一名和王子年龄相仿、骑术精湛的骑手来骑这匹白马。人民公社时期，则是由村民一组的人来担当这匹马的骑手，目前是参照这两种传统进行王子的选拔。

下午3点左右，参加赛马的14名骑手身着传统藏服，脚蹬马靴，头戴金花礼帽在村里二组活动室集合。赛马骑手14名，年龄最大的65岁，是一个在公社时期就饲养过马匹的精干骑手；最小的21岁，也是唯一30岁以下的骑手，这次由他担任白马骑手。村民在给骑手敬献过哈达和青稞酒后，骑手骑马去赛马场进行彩排。赛马场位于村子东面，是块长约150米由沙石铺就的简易跑道，属于雪村集体用地。赛马时，骑手骑一个来回为1次，一共需要跑7—8次，彩排总时长约40分钟。

赛马彩排结束后，村委会相关负责人请村子里一名曾经在哲蚌寺修行后还俗的喇嘛在二组会议室制作明日的供奉朵玛。朵玛是由糌粑、面粉、水、酥油混合起来制作的面团。朵玛是藏族地区供给护法神的供品，依照传统，只有僧人才能制作这些供品。在藏区，供奉用的朵玛分为多种不同的形制，一般分为文朵玛和武朵玛。文朵玛用来供奉静相神灵，不涂颜色，只装饰酥油花；武朵玛用来供奉赞神等怒相神灵，做好之后会涂以红色。根据供奉对象的不同，朵玛也多种多样。村里制作的这组朵玛分3部分，中间部分最大，塔形，象征莲花生大师；塔座4个棱角分别堆有3组尖角，其余3面各有不同尖角，象征其他神佛；主塔部分不涂颜色，只装饰酥油花，塔座前方3个尖角涂以红色。左边一组象征本地保护神，其中象征雪村保护神的白度母一组，没有涂颜色，其余均涂有红色颜料。右边一组象征国王，部分涂有红色。红色颜料由山间一种植物果实熬制而成。然后再做4组象征心的物体，每3个为一组，串在一起，分别插在这组塔形供奉东西南北4个方位。第二组供奉是村民用青稞、酒、牛奶和奶渣和面，做成圆锥塔形的供品。这组供品顶部涂红色，在没有加持前可以做食物，加持后被称为措，会在望果节结束后分给每户村民，有吉祥如意之意。另有一种供奉则是将青稞面揉成长条，摁压在一副木刻模具后脱模。模具上面刻有鸟类、爬虫类等图案，按压后的面条与塔形食物放在一起，整个供器包括：藏斗（切玛盒）中放有青稞和下午新砍下的苹果树、梨树等果树的树枝、措、酥油灯、牛奶、朵玛。随后，村民从扎西曲登寺请来参加望果节仪式的5名僧人也来到二组会议室。其中，年长的1名僧人是明天转田时的领路人，2名僧人负责吹长法号，2名僧人负责吹短法号。由于每个村庄的保护神不同，所以每个村庄望果节仪式中请到的僧人必须和本村的保护神联系起来。据说，雪村望果节仪式一直都是请扎西曲登寺的僧人来参加。

晚上九点半，僧人需爬上屋顶向东西两个方向吹法号，祈祷明天会有个好天气。仪式由吹长法号的僧人开始，面向东方吹奏30分钟后，开始吹奏短法号，再面向西面重复吹奏一次，准备工作到此结束。

（二）转田仪式过程

7月28日清晨，村民们开始在自家屋顶煨桑，早饭主要是甜茶和一种由糌粑、红糖、奶渣、酥油等制作的酥糕，酥糕上面装饰有卐图案。家庭富裕的可以喝新鲜的牛奶，这天一般不喝酥油茶。在二组会议室，参加仪式的僧人用餐后开始诵经。诵经结束后，将昨天做好的印有爬虫和飞鸟的糌粑条，由村中一位父母健在的村民抛到屋顶，并告诫鸟兽："地下的虫子，天上的鸟儿，你们都听好了，今日我们的神仙即将下凡，不要骚扰我们。"与此同时，参加赛马、转经的人员开始准备今日穿戴的服饰。

参加赛马的村民需换成由村委会统一采买的服装，主要有两种样式：一人穿戴国王服饰，其余为骑士装。两者装扮主要区别在帽子，国王帽子形状为中间有圆形凸起的平顶帽，藏语称为架达；骑士帽为平顶流苏帽，称为索卜夏。上衣均为黄色衬衣，白色对襟无袖马甲。下装是黄色衬裤，外搭针织物护甲，脚踏皮质长筒靴，腰部左边佩戴弓、右边佩戴箭筒和一个包含了短刀、筷子与护身符的装饰物。担任国王角色的人一般要求父母健在，而且名字要比较吉祥，如索朗多吉等有美好寓意的人才可以担任。队伍由国王带领，其次是骑白马的王子和众骑士。队伍中由骑手中技术精湛者手擎国旗，由于近年来会骑马的人数不多，国旗面数可由骑手的骑术决定是否手擎国旗。

参加望果节转田的村民需准备两套服饰：上午穿较轻薄藏服，下午会换一次毛料藏服。男士上午时的服饰为：头戴毡帽，着藏服，白氆氇，腰间佩戴护身装经盒，脚穿皮质长筒靴，在队伍中负责举唐卡、吐恰（幡旗）和海螺、锣等。参加转田的女士负责背经书，领头的必须是一名较年长的女性，担任囊阿妈（意为整个队伍的妈妈）的角色。囊阿妈服饰与其他女性的服饰不同，需头戴珍珠材质的卫莫巴珠，身穿夏天的藏服，外披彩色长款对襟无袖马甲，马甲由红、蓝、绿、黄等深浅不一色彩的彩虹条图案构成，颈部佩戴嘎乌，腰间系邦典，手持达达（五彩箭），身背经箱，脚穿松巴鞋。囊阿妈的角色在解放前大多由庄园的贵族来担任，身份一般比较尊贵。其余女士上午服饰为：头戴当地一种特色小礼帽聂夏，样式为尖角式覆顶金花皮帽，放散的尖角意为太阳落在帽子上，身着短款对襟无袖马甲，其余则与囊阿妈服饰相同。

9点村民们开始集中至赛马场附近一处空地，场地中央摆放了一张矮几，村民在矮几前开始煨桑。煨桑结束后，由昨天制作酥油花在家修行的僧人和扎西曲登寺负责带领转田的翁则一起念诵《央古》，翁则是对寺庙中能够领诵经文僧人的尊称。央古在藏语中有招福的意思，即把所有的好运、福分、财富都招回来。

念经结束后，由年长的僧人敲锣开道开始举行转羊肠仪式。队伍的顺序是手拿摇铃的翁则开道，紧接着是背煨桑用树枝的村民、两名举唐卡的村民。第一幅唐卡是绘有九宫轮回图的斯巴霍，有辟邪、让鬼神让路之意。第二幅是绘有唐东杰布画像的唐卡。唐东杰布是藏戏和造桥的祖师爷，因此有开路、喝退鬼怪的作用。其后是举吐恰的村民若干，中间穿插有负责背鼓、敲鼓的两人，敲锣、吹海螺人若干。女性队伍最前面是囊阿妈，其余背经书的女性一般按照村组顺序排列，人员共计百人。转羊肠是雪村独特的仪式，具体表现为：转田队伍依照顺时针方向转圈，以螺旋线的形式走至中心点后，再依照逆时针的方向转出。

转羊肠仪式的队伍在全部转出后，开始以纵队形式朝田地行进，骑士队伍则跟在转田队伍的后方，来到第一个煨桑点。在准备煨桑时，由吹法号的僧人，转田队伍中拿锣、海螺的村民通过吹号、敲锣、吹海螺传达行进或停止的信息。在队伍停止后，带队僧人开始手持摇铃进行诵经。煨桑结束后，僧人开始吹法号通知队伍再次行进。法号的吹奏还有一个功能，就是驱逐对庄稼有害的坏天气，如冰雹、暴雨等。转田队伍经过村民房屋时，均会有村民在屋顶煨桑，摇动手中用白色哈达缠裹起来的青稞苗，表示接福。这样的煨桑活动在整个转田过程中共有4处。转田队伍下山后，又经过一次煨桑，来到一片开阔的平地，骑士队伍也赶到这里与队伍汇合。这里是转田仪式的第一个休息点。没有参加转田的村民已经从家中运来食物、卡垫，准备仪式中的第一次进餐。

村民以村组为单位在一起吃饭，食物主要有酥油茶、卡塞奶渣、水果、零食等，较平日更丰盛一些。吃过食物，转田队伍继续前进，骑士队伍在前方带路。在经过山脚下时，队伍面朝山峰，齐声高呼："恰古秀……恰古秀……"（接福啦……接福啦……）据村民介绍，面向不同的方位，是祈祷山神及各方本地保护神能给予庄稼以庇护。这样的呼喊主要在村与村交界的地方，必须看准方向才能避免把福气送到别的地方。这样的呼喊在转田过程中共有4次，均是在与邻村的交界处。队伍行至田间，转田的村民会随手拔取一些庄稼挂在唐卡、旗帜、经书的最上面，选取的庄稼通常是青稞、小麦、油菜、蚕豆、豌豆，数量为5种，寓意五谷丰登。这些采集来的庄稼在仪式结束后，会被挂到自己家的粮食库房中，直到第二年望果节举行的时候才会换下来。

中午1点钟，转田队伍来到一块水草丰茂的树林（林卡）休息吃饭。吃饭后进行换装，女性的帽子由聂夏换成冬日戴的金花皮帽，把马甲脱下，换成深色厚氆氇，皮鞋换成藏靴。男性的白氆氇也换成深色毛料氆氇，皮靴换藏靴。转田队伍再次出发，将全村的田地全部转完后，由骑士开道来到赛马场。

正式赛马与彩排相比，除了服饰不同外，另一个变化是正式比赛过程更长一些，谁先领跑更讲究一些。在传统习俗中，一般担任国王和王子的骑手都是由村民一组来担任，现在不像过去那么讲究，但在能够选出国王和王子的情况下，领跑者通常为一组的村民。骑士在赛马中，可以在跑马时射中箭靶，也可以在马上做特技动作，每跑完7—8个回合，骑士需要休息一下。村民则会在各双联户户长的带领下，为骑士献上哈达，敬酒。短暂休息后，骑士再次进行赛马、休息，总时长1—2个小时。

赛马结束后，僧人吹法号准备集合，转田队伍重新集合来到早上举行转羊肠仪式的地方，下午的转羊肠仪式与上午最大的不同在于僧人念诵的经文内容发生了变化。僧人在煨桑后，开始念诵《宇苏》，意为家乡传统的拜祭。诵经结束后，僧人开始带领大家转羊肠，转羊肠结束后，望果节仪式全部结束。

二、雪村望果节仪式的结构分析

颇章乡雪村望果节保留了较为完整的仪式，庆典主要分为两部分：在祭祀煨桑后举行转羊肠仪式，当地居民称为班丹霞廓；在转田结束后举行赛马活动。

（一）雪村望果节所蕴含的文化记忆

雪村望果节将王子坠马这一传说融入仪式中，从而强化了该村不同于周围村落的历史文化记忆。王子坠马这个故事在当地村民中广为流传，但故事中除金城公主的名字外，绝大多数村民无法描述是哪位国王，王子的名字叫什么，只能以国王和王子代称，少数村民能讲出国王是藏王梅阿聪。因为望果节仪式围绕王子坠马这一纪念性事件展开，所以选择在望果节赛马的骑手就显得格外重要。每年望果节，骑手中会有一人充当国王，一人充当王子，其余人担任普通骑士。担任国王角色的骑手要求父母健在，而且名字要比较吉祥。担任王子角色的骑手则要求和王子年龄相仿，骑术精湛。因为"望果节这天马特别凶，真正的王子都能坠马下来，一般人更不用说了"①。王子骑的那匹马必须是白马，因为传说中王子骑的是白马。村民们会强调雪村的赛马活动不是为了娱乐，而是纪念这位早夭的王子。依照传统，每场赛马均由国王和王子领跑，其次为众骑士。目前藏区许多地方的望果节大部分有赛马等娱乐性项目，以此来吸引周边村民参观，望果节赛马也就成了集娱乐、休闲和发展地方经济为一体的活动。雪村赛马时通常也会吸引周边村民前来观看，但商业规模很小，仅有几个流动商贩。雪村村民特别强调他们村赛马的非娱乐性、传统性和象征性。

雪村望果节仪式是王子坠马这一情节的再叙述。从象征的意义来看，雪村在望果节这一重要的节庆仪式中融入了对这一事件的反复讲述，更像是一种重演，是对过去某个时间、事件按照精心设计的动作和流程进行操演。其主题则是通过对王子坠马这一死亡事件的模仿中来战胜死亡，最终达到再生和扫除一切障碍的目的，从而也契合了望果节仪式中收敛福气的目的。从现实的意义来看，由于种种原因，在当下的西藏农村，并不是每个村子都会举行望果节仪式。究其原因，有的是因为村子中没人能够记起传统的仪式庆典内容，有的则是在经济搭台的背景下，政府出资组织在城镇集中演出，许多村子只保留了转田，不再进行相关仪式表演，而雪村正是因为有属于自己村落独有的纪念仪式和相关传说，才能够在当下非物质文化遗产的大环境下去争取政府相关的资金支持。

雪村望果节除了对王子坠马这一事件的强调外，也在仪式过程中，对该村的历史延续性进行复述。颇章在藏语中是宫殿的意思，这里的颇章指的是吐蕃赤德祖赞时期在此修建的旁塘宫。据《拔协》《贤者喜宴》《旁塘目录》等文献来看，旁塘宫是赤德祖赞时期主要的活动地之一，

---

① 据笔者 2018 年 7 月 28 日采访记录整理。讲述人：普布次仁，43 岁。

也是金城公主进藏后的主要活动地。雪村是目前旁塘宫遗址所在村子，雪在藏语中意为宫殿下面，现在的颇章乡政府所在地就在雪村。望果节的转田活动开始后，来到的第一处祭祀点，即原旁塘宫遗址。据村民介绍，旁塘宫依山而建，在20世纪70年代尚有部分废墟，70年代后彻底消失。据调研组考察，该废墟仍能看到建筑夯土的遗迹。

另一个值得注意的现象是，每年雪村望果节仪式会从乃东区扎西曲登寺请僧人参与仪式，而不去距离该村更近的达坚寺请僧人。村民介绍说是遵循传统，但究竟是什么传统并不清楚。通过查阅资料发现，雪村在民主改革前，属颇章庄园管辖。颇章庄园在十三世达赖喇嘛时期，是贵族江洛金所属庄园的一部分，江洛金获罪流放至工布地区，颇章庄园部分转入孜本龙厦。龙厦被革职后，颇章庄园归属西藏地方政府。后西藏地方政府又将其分配给哲蚌寺阿巴扎仓，[①]因此推测扎西曲登寺在民主改革前应是哲蚌寺的属寺。这一观点也得到了村民的认同，并强调望果节仪式中的囊阿妈角色在过去是由庄园女主人担任，现在则是由年长女性充当。

（二）雪村望果节的宗教文化内涵

在雪村望果节仪式上，僧人是一个非常重要的角色，从推算望果节举办日期到整个仪式过程，都是仪式活动的先导。在望果节举办的前一天下午，僧人在村委会办公地举办一个宗教仪式。按照村民的理解，这是为了保证明天的转田仪式顺利。寺庙的喇嘛被村民们接来，当天晚上住在村里。仪式开始后，2名村民抬着长号，寺庙的2名喇嘛先向东方吹长号30分钟，再向西方吹奏，在家的僧人用糌粑做成四方城堡，为明天的节日祈福。先用糌粑捏成，清油涂抹，再涂上红色，诵经后，

---

① 米玛次仁：《颇章庄园的人身依附关系》，《西藏研究》1989年第S1期，第61页。

将这些贡品扔上屋顶，敬祀鬼神，祝祷明天仪式顺利。

望果节当天，住在村委会的僧人开始在院子里煨桑、诵经。村民在村子东北方向，赛马场附近集中。翁则双手敲响铜钹带领由村民组成的转田队伍转圈，被村民称为转羊肠的仪式开始了。所谓羊肠，是对转圈线路的形象化说法。它指的是转圈队伍走过的线路像羊肠一样，九曲连环。按照村民的说法，该仪式是要把像羊肠那样犄角旮旯的粮食都收回来。受浓郁宗教意识，特别是苯教观念的影响，通过转圈方式祈求自然神灵的保佑在藏族传统仪式中具有普遍性。望果节有着悠久的传承历史，转羊肠启动仪式和转田习俗，显然受到这种传统的影响。如果与西藏史前考古发现的祭坛石构遗迹形式比较，羊肠形式与石构祭坛形式类似，说明望果节转羊肠和转田习俗有着深远的历史传统和宗教意味。因而喇嘛在望果节仪式上行动和作法，既是传统习惯的继承，又被赋予了祭祀行为的含义。

转羊肠先由外到里，再从里到外转。等转到外圈时，手敲铜钹的大喇嘛在引路人指引下带领身着节日盛装的男女村民开始绕着村子的田地转圈。每到一个村民小组的祭祀地，在大喇嘛的指挥下，转田队伍就停下来，在地上点燃桑烟，两只长号吹响，鼓乐与唢呐奏响，村民转向村子、田地以外的方向，男性呐喊，女性手摇达达，意思是把四面八方的粮食收回来。由于特殊的自然环境，在青稞收获的季节，气候多变，常常发生洪水或冰雹灾害，影响一年的收获。在传统上村民相信自然神灵可以掌控这些灾害，所以这些祭祀仪式，饱含着村民请求神灵保佑的意思。喇嘛主持这些祭祀仪式，无疑承担着把人的愿望和意志传达给神灵的作用。

转田仪式在队伍进入赛马场后结束。在赛马开始前，先由喇嘛念经来净场。在赛马场上，大喇嘛一边诵经，一边走过赛马跑道，为赛马活动的安全祝祷，此后赛马才开始。净场，是西藏传统中为集体活动安全所进行的宗教仪式。在原始宗教观念的影响下，人们相信万物有灵，通过一定的仪式，可以与自然神灵沟通，得到神灵的庇佑，使人类的活动能够顺利完成。喇嘛在赛马跑道上诵经，可以被看作通过简单的宗教仪式，达到人神沟通的目的。

赛马结束后，村民重新聚拢在一起，煨桑，奏乐，喇嘛诵经，重复转羊肠仪式。当再次转到外圈时，转田的人群解散而去，空旷的场地上，桑烟袅袅，喇嘛的诵经声不绝于耳，久久回荡。

可以说，喇嘛在望果节仪式上的活动，是西藏的历史传统。他们在仪式上的先导地位，反映了望果节仪式的宗教文化内涵。

（三）雪村望果节的民俗展示

转田村民是这个仪式的主体，男性和女性村民承担不同的角色。由于雪村土地面积广，所以转田是一件耗费体力的活动，因而参加转田的村民多为青壮年。村民们根据各家的实际情况推选参加，每个被选中的人，即是使外出务工的村民，也会及时赶回来。由于雪村望果节仪式远近闻名，并被列入了国家级非物质文化遗产名录，所以每当此时，都会吸引附近乡村，乃至山南地区行政所在地泽当镇的人们前来观看，成为雪村仅次于藏历新年的重大节日，也是当地的盛会。

雪村的青壮年男性是转田和赛马活动的主力。望果节当天，他们早早地就穿上节日盛装，准备好各自的用具，在村委会的统一安排下集中起来。转田男性手擎2米彩旗，一字排开走在队伍的最前面。当头的2名村民各擎一幅唐卡，上面插着绿色树枝，第三名村民手擎胜利幢，其余30名村民手擎彩旗。按照传统习惯，走在队伍前面3名村民所执旗帜是固定的。在颇章地区，老人去世、青年人结婚，还有每年的播种节都是由这3面旗帜在前面带路。唐卡供神祈福的愿景自不待言，胜利幢意为旗帜或军旗。在西藏寺庙屋顶上常可看到不同形状的胜利幢,象征佛陀战胜四魔的胜利。雪村望果节的胜利幢是一个圆柱形宝幢,插在一根长木杆上,幢顶呈金黄色矛尖状,作为装饰。圆柱形胜利幢披有层层叠叠、五彩缤纷的丝绸帷帐,底部有波浪形状飘扬的彩色丝绸帷帘。其他村民手擎的旗帜形式相近,色彩不同,有绿色的,也有白色的,以白色为主。这些唐卡和彩旗现在由村委会根据传统制作并保管,过去则要从寺庙里借来唐卡,撑旗帜用的长木杆由村民自己准备。这些旗帜在夏日西藏的河谷地带,野风吹拂,猎猎作响。在村民看来,这些旗帜是吐蕃军队打仗用的军旗,沿袭自格萨尔王时期,体现了豪迈雄浑的精神。这些旗帜色彩艳丽,图案装饰各不相同,但大都1米见方,宽大舒展。绿色旗帜的旗面上用黄、红和蓝色做3道装饰,白色旗帜的旗面上由外至内镶有蓝、黄和红色3条彩带。旗帜中央常常绘有吉祥符、经文或十相自在的图案。十相自在是由10种具有神圣力量符号组成的图案。在藏传佛教的信众心目中,十相自在具有特殊的作用:可以免除刀兵、疾病、饥馑及水、火、风等灾难,使所在之处吉祥圆满,眷属和睦,身心安康,去处通达,所求如愿。这些旗帜形式基本相同,最上面是蓝色铁制三股叉,在三股叉下面悬挂着白色羊毛做成的旗幢,长约1米。再下面就是各色旗帜,旗帜的一边做成桶状并插上高2—3米的旗杆。所有的旗帜都缠上白色哈达。在转田时,都要在庄稼上采撷一些青稞、麦子、豌豆或油菜枝干和果实,绕缠在旗帜上。每个祭祀点桑烟燃起后,他们都要手擎彩旗,转身向外,对着三山五岳呐喊,表达收获的美好愿望。

转田的路途较长,每个村民小组祭祀点的祭祀完毕后,就是难得的休息时间,放松身心,恢复精神。转田队伍早上出发,下午才能转回村子。一天两顿饭,由家人和小组的其他人送到田间地头来。早餐在山脚下开阔的场地上,午餐就在树林里铺条毯子,一个村民小组的人就像一家人一样围拢在一起,享用食物,交流感情。

转田男性村民的着装也非常讲究。一般来说,上午以白色和轻薄材料为主。由于天气较热,他们就把白氆氇系在腰间,两条长袖绑在腰前,手擎的旗杆底部放在其间可以省力。他们头戴圆顶宽边毡制礼帽,多为褐色或黑色。上身内着白、黄或绿色丝绸长袖衬衣,外着立领、黑色、无袖、偏襟和蓝、绿、黄色丝绸镶边的短氆氇。左肩斜挎黄色或白色丝带,系着护身装经盒。用餐后换装,下午则以黑色和毛制品为主。他们头戴金花皮帽,脚踏黑色长筒皮靴,斜挎护身装经盒,外穿深色氆氇长袍,腰间系红、黄或绿色缎带。天气热,也可以脱下两条袖子系在腰间。转田女性有60人,1人头戴卫莫巴珠,下垂彩带编织的多缕长辫,上身穿对襟黑氆氇上衣,下着黑色长裙,外罩色彩缤纷的无袖、对襟长袍,腰系邦典,脚穿松巴鞋,身背经箱,手摇达达。这是母亲或王后的角色。其他女性早上都是一样的装扮:头戴聂夏,上着黑色对襟氆氇,下穿黑色长裙,外罩色彩缤纷的无袖、对襟马甲,胸前挂着饰有珠宝的项链,身背经箱,上置精心包裹的经书,手摇达达,脚上穿的鞋子可以各不相同。她们走在转田队伍的最后面,每到一个祭祀点,也是转身向外,鞠躬致敬,摇动达达,向自然神灵表达收获庄稼的美好愿望。转田的下半程仪式,也像男性一样,吃过午餐之后换装饰。在服饰上,同样突出黑色和毛料织物的特点。她们头戴金花皮帽,身着黑色氆氇长袍,结婚的女子则腰系邦典,戴珠宝项链,身背经箱。一路走来,也都采撷青稞、麦子等庄稼的枝干,缠绕在达达上,寓意收获。在女性转田队伍中,那位装扮母亲的中老年女子,则上下程的装饰保持不变,她是村子里选出的五福齐全的妇女。

转田仪式是雪村望果节中最隆重的部分,也是路途最长、最耗费时间的仪式,常常需要一些服务人员。首先,是村子里转田的引领人,他常常身背一些祭祀和生活用品，为喇嘛指引道路。虽然每年转田的路径相同，但作为喇嘛常常要服务寺庙周围的许多村落，因此需要村民带路。其次，身背煨桑火盆的村民。将在转田开始的转羊肠仪式煨桑取得的火种，放在火盆里，由一位男性中老年村民背负，一路上桑烟袅袅，连绵不绝。每到一个祭祀点，则从盆中取出火种，在祭祀地燃起桑烟。最后，司乐的村民。转田队伍一路都有音乐伴奏，长号由2名喇嘛吹奏，2名村民则负责扛长号。只有在每个祭祀点做祭祀，或者转田队伍短暂休息再出发时，长号才吹响。在每个祭祀点，长号响过，短号吹响，鼓钹齐鸣，诵经之声氤氲连绵。长号、短号和鼓由喇嘛司掌，除了领头的喇嘛手敲铜钹外，其他5面铜钹则由村民杂在转田的旗手队伍中，在转田行走时一路敲响，让转田队伍具有了仪式感，也为敬祀鬼神，鼓乐致敬。

雪村望果节也是全员参与的节庆活动。那些没有参加转田仪式的村民，当看到转田队伍走过村子的时候就在自家屋顶燃起桑烟，对着转田队伍的方向，手摇达达，频频致意，直到转田队伍远去，消失在自家的视野里。作为传统习俗，雪村望果节与村民日常生活紧密相融，它是人们一种独特的生活方式，而赛马，更是吸引附近村子，乃至山南泽当和拉萨的群众前来观看，使望果节成为欢乐的节日。

三、雪村望果节现代传承和与乡村文化振兴

在雪村望果节仪式中，如果说围绕王子坠马的仪式是对王子静态的、宗教化的纪念空间，那么赛马就是活态的、民俗化的纪念活动，二者在1500多年的漫长历史中相互结合，在构建雪村人的集体记忆、激发故乡文化自豪感方面起到了重要的作用，并在现代社会变迁中不断被赋予更多的内涵与传承形式。

在赛马环节中，对马进行装饰是必不可少的一个环节。村民按照传统方式给马尾、额鬃全部编发，再装扮上漂亮的彩绳，最后进行装饰品披挂。每家马匹头尾的装饰方式并不完全一样，有给马额头、马耳朵装饰白棉花的，有给马肚子上画雍仲符号的，有的村民给马鬃、马尾梳了造型别致的小辫，并介绍说分3股编织代表的是三怙主。除了传统的装扮外，也有新的意义不断加入，如彩排当天骑手们穿的是传统藏服、金花皮帽和马靴，金花皮帽上扎一条红色丝带，其目的一是防止骑马时帽子被风吹走，二是显得好看。村民们说，选择红色是因为"国旗是红色的"。转田时，骑手们需一路擎着国旗，国旗和举旗队伍所持旗杆顶部是苏鲁锭①，苏鲁锭要素可以看到元朝时期蒙古文化对西藏文化的影响。这个纪念吐蕃王子坠马的活动在漫长的历史发展过程中，其细节是随着历史发展而不断变化的。同时，国王—军队—战旗—国旗这一系列意象表明，望果节在庆祝农业丰收之外的另一重意指：转田是划定疆域、确立所有权的隐喻，在当代社会中则显示了国家的在场。

雪村赛马活动有着丰富的文化内涵，同时该活动也存在困境：赛马文化所依赖的马与马术都面临断档。在现代社会到来之前，西藏无论是在以农牧业为主的经济生活中，还是在征战不断的政治生活中都需要大量的马匹，马是藏民族在草原上生产和生活的重要伙伴，但近些年来，随着社会的快速发展，新型交通工具的不断出现，马作为农牧区交通运输、放牧生产等社会功能的退化，已不再是牧民生产和生活必不可少的伙伴，群众养马的积极性大不如从前。特别是饲养马的经济收益与牛羊相比差异很大，没什么用处的马被看作"赔钱货"。

据介绍，以前雪村每个组有十几匹马，但现在全村一匹马都没有，

---

① 苏鲁锭，也叫苏勒德，蒙古语矛，是成吉思汗的战旗、军徽，也是战无不胜、战神的象征。

赛马所需的14匹马全部来自雍布拉康脚下的其他村落。雍布拉康由于游客较多，马可以参与各种商业活动，马拉游客上山能够产生经济效益，所以这些村落养马较多。村民需要提前一天去雍布拉康借马，一匹马一天1500元左右，因为马主人熟悉马的生活习惯，所以也需要把马的主人请过来。

购买一匹好马需要1万多元，购买和饲养14匹马需要大量的资金。雪村望果节被纳入非物质文化遗产后，2016年政府一次性提供给雪村5万元保护经费，村委会每年出600元，各单元出400元，确保传统文化能够传承，可以说雪村望果节中最具特色的赛马活动目前完全靠政府文化部门、村委会和群众多方配合勉强维持，而这样的维持能够坚持多久，村民心里也没有数。

这一情况与我们同期在拉萨曲水县、当雄县调查的情况差异较大，这两个地方在赛马文化的历史性、文化性上虽然逊于山南地区，但是当雄是牧业县，本身马匹的数量就比较大；曲水县虽然是农业县，但是由于奖金丰厚，群众也有较大的养马热情，他们的望果节赛马活动就没有需要借马的尴尬。

马从雪村的生活中淡去，围绕着马产生的马文化显而易见就失去了附着的基础。由于平日没马可骑，骑手没有机会进行训练，马术水平日益下降。在比赛中，技艺最高超的是一名65岁的老骑手，而青壮年中没有技术突出的，与其他地区的赛马活动相比，雪村赛马的技术水平并不高。没有了骑术高超、赛马经验丰富的骑手，喜欢骑马、赛马的年轻人越来越少，雪村被列入非物质文化遗产保护项目的赛马活动岌岌可危。

要将雪村的赛马文化传承下去，当务之急是解决马的问题。据了解，一匹马的购买价格在1万元以上，有些地方从那曲购买的良马价格最高达45万元，目前靠政府文化部门、村委会和群众三方投资，资金显然不能满足需要。

当雄县的做法可资借鉴：一是除政府投资外，吸引其他集体或个人投资，旅游公司参与经营。游客体验赛马，不同时间段收取不同费用，通过商业化解决资金问题。二是提高赛马奖金，激发群众参加赛马的热情。当雄赛马会的长跑第一名有10万元奖金，这无疑会大大地激发群众养马、驯马、学习马术、传承传统赛马文化的热情。当雄县每家最多四五匹马，村里一共有100多匹马。赛马前的一两个月，对马进行有计划、有规格的训练。这些措施能够有效地对赛马文化进行传承。

结语

望果节从远古走来，既是西藏人民敬畏自然、礼赞生命、寄托吉祥幸福的节日，在现代社会中又担负起回溯文化记忆、凝聚家园意识、振兴乡村文化的作用。雪村望果节具有悠久的历史，形成了相对稳定的仪式结构，以其鲜明宗教特色的形式，沟通人神，表达西藏农民收获庄稼的美好愿望。在西藏与内地经济社会发展由农业乡土文明向城市现代文明转型的历史时期，依托西藏农业文明的望果节依然保留的传统仪式，显示了以雪村为代表的传统节庆文化魅力和人际融合与交流的独特功能，体现了传统节庆活动的历史内涵与凝聚人心的精神价值。同时，对有悠久历史传承的望果节进行保护，需要从其文化的原生地进行细节梳理与保护，从而使其走上可持续的传承与发展道路。

灵肉交互

——藏族生命仪式中的头发文化探析

张 茹[①]

摘要：本文探讨藏族生命仪式中头发文化的灵肉交互机制。头发从诞生礼的胎发固魂仪式到成人礼的发式变革所进行的社会身份编码，再到丧葬仪式的断发送魂，这些与头发有关的生命仪式构建起了灵性象征体系。再延伸到巫术实践中，头发既作为灵性屏障，亦成为灵体攻击载体，其双重功能印证苯教发为命根的灵魂观，也与佛教五蕴聚合的身体观深度互构。头发仪式贯穿人生各阶段，藏族头发文化构建了独特的灵肉共生观，是生命力与力量的多重意义载体，体现了藏族对生命、死亡、轮回的深刻理解。

关键词：藏族文化；头发；生命仪式

头发作为人体最直观的视觉符号之一，在不同的文化中承载着丰富的象征意义。在藏文化体系的仪式实践中，头发作为一种特殊的物质与

[①] 张茹，西藏民族大学文艺学在读硕士，主要从事文艺美学研究。

符号复合体，持续承担着连接灵性维度与肉身存在的中介功能。本文聚焦藏族生命仪式中的头发文化，以灵肉交互为理论切入点，系统考察头发在生命状态转换过程中所呈现的象征系统、延伸的巫术操作及其背后的身体哲学来源与凝结的生命诗学。

一、生命礼仪中的头发象征体系

头发是一个人生命历程的重要见证。从初生时期的些许茸毛，到成年时期一头乌黑发亮的秀发，再到耄耋之年的银丝白发，头发见证了一个人的生老病死。作为人体不可或缺的一部分，头发的相关仪式深深植根于各式各样的文化礼仪之中。在藏族悠久的文化传统中，从象征新生的诞生礼，到标志成熟的成人礼，直至缅怀逝者的丧葬仪式，头发仪式贯穿了人生的各个阶段，承载着深厚的文化意蕴。

在藏族文化诞生礼仪中，新生儿剃发是生命起始阶段最重要的过渡性礼仪。卫藏地区普遍遵循的百日剃发习俗，不仅具有清洁身体的实用功能，而且体现了对生命能量的掌控与转化。胎发被视为母体赋予的原始生命力载体，剃发时由家族长辈持银刀操作，剃下的胎发需用红色绸缎包裹，并掺入青稞、酥油制成生命结，悬挂于家中经堂或婴儿床帐，以此将初生之魂固着于尘世。这一过程精妙地契合了范热内普提出的过渡仪式理论的三重结构。① 在分离阶段，剃除胎发的仪式象征着婴儿与母体子宫原始连接的断裂，是新生儿独立生活的开始。这一行为在《西藏度亡经》中断脐如断生死链的隐喻中找到了世俗化的对应。进入阈限阶段，胎发被精心编织成生命结，作为过渡期的护身符。依据藏医理论，它能

---

① ［英］阿诺尔德·范热内普：《过渡礼仪》，张举文译，商务印书馆，2012，第14页。

够调节婴儿的隆（即生命之气）平衡。最终，在聚合阶段，命名仪式与剃发同步进行，名字往往取自剃发时出现的自然现象（如尼玛意为太阳），以此实现个体身份在社会中的正式确认。值得注意的是，剃发仪式的时空选择严格遵循藏传佛教历法，如2024年藏历四月初八被普遍认为是举行此仪式的最佳吉日，因为在这一天剃发被认为能够"承接佛陀智慧之光"。通过这种将个体生命节律与宇宙秩序紧密相连的神圣化实践，剃发仪式不仅赋予了生命以新的意义，而且也深刻体现了藏族文化中对生命过渡与宇宙和谐的深刻洞察。

在藏族成年礼仪式中，头发的形态转换不仅是生理成熟的标志，而且是一套精密的文化语法系统，它通过物质操作实现生命状态与社会身份的双重转化。在那曲牧区有"戴天头"①仪式及青海农区存在头发宴，它们都是通过头发发式重构完成少女向社会主体的转化。例如，那曲仪式核心是将原本单辫改为108根细辫，这一数量对应佛珠之数，而每根辫梢都系挂绿松石、珊瑚等珍贵宝物，形成发如须弥、饰做坛城的空间隐喻。也正是通过这样的头发仪式，人们完成了自身的社会身份编码。未婚少女的辫数严格遵循奇数递增的规律，如7、9、11岁时分别增加辫数，这一习俗不仅彰显了少女的成长轨迹，而且成为她们社会身份的独特标识。康巴男子的英雄结则通过发髻的不同方位（左倾或右倾）来宣告个人的战斗经历，形成一种可视化的社会履历。此外，在藏族民间，头发的改变也带有灵力屏障构建的意味。例如，安多地区少女在成年之时，需将牦牛尾毛编入发辫，因为牧民相信这种人畜共构的发式能抵御赞类精怪的侵扰。值得一提的是，田野实验结果显示，这种混编发辫的抗拉强度相较于纯人发大大提升，从而在实证层面上为这一文化想象提

---

① 刘军君：《成人礼与婚姻规制的建构——青海贵德藏族"戴天头"的田野考察》，《北方民族大学学报》2015年第5期，第27页。

供了有力的支撑。此外,昌都地区的青年在缔结婚姻时,会交换三色发绳作为契约的载体。其中,黑牦牛毛象征违约的惩罚,其高韧度的力学特性被巧妙地转喻为契约的不可违逆性。这种物质性承诺在民间纠纷调解中至今仍发挥着重要的作用,成为人们信赖与依靠的凭证。从本质上来看,这些发式的变革是通过对身体符号的重新编码,帮助个体完成从生物存在向社会存在的过渡。在马林诺夫斯基的功能主义[1]视角下,这些仪式不仅满足了社会组织对明确婚配资格的需求,而且为个体提供了心理上的安全感,构建起了一道坚实的灵性防护。

在西藏丧葬仪式中,《西藏度亡经》记载的"断发送魂"[2]程序,将头发视为连接生死、引导灵魂过渡的关键介质。根据山南农区的仪式显示,亡者发梢需由喇嘛剪取3缕。第一缕头发需要混入糌粑制成擦擦佛像,实现身灭法存的崇高转化。第二缕则被编入经幡之中,经测算此类经幡的纤维降解周期(3—5年)恰好对应藏传佛教中阴身49日的千倍时间量度,形成物质存在与灵性进程的精密对应。第三缕头发置于天葬台,作为食饵引导秃鹫更快完成尸陀林供,加速灵魂脱壳。天葬师将头发逆向编织(从右至左),打破日常编发秩序,象征死者脱离社会规范束缚,正向着更高层次的灵性世界迈进。此外,青海热贡地区还出现了发髻唐卡,就是将高僧头发嵌入绘画颜料,使艺术作品成为灵肉合一的崇拜对象。这种头发处理体系,本质上构建了肉体—灵魂—宇宙的能量循环模型:通过头发的物质转化(焚烧/编织/供奉),实现生命能量从个体到自然再到神圣领域的流动,完美诠释藏族"生死如瀑流,灵肉恒转依"的生命观。

---

[1] [英]马林诺夫斯基:《巫术科学宗教与神话》,李安宅译,上海科学院出版社,2016,第68页。
[2] 莲华生(又作莲花生):《西藏度亡经》,徐进夫译,宗教文化出版社,1995,第194页。

藏族生命仪式中的头发文化，深刻体现了灵肉交互的哲学思想。头发作为连接肉体与灵魂的纽带，在出生、成年、婚礼、葬礼和修行等重要生命节点中，承载着丰富的象征意义。从婴儿的初次剪剃到逝者的头发焚烧，从成年男子的发辫到修行者的剃度，头发的每一次变化都不仅是肉体状态的改变，而且是灵魂状态的象征。藏族人民通过头发的仪式化处理，表达了对生命、死亡、轮回等终极问题的深刻理解，体现了灵肉交互的独特文化智慧。

二、头发巫术中的灵肉互动机制

古往今来头部一直都是人类最重视的部分。不仅仅是因为它负载大脑，而是古人认为头部藏有主宰人的精魂，头发则因为附于人体最重要的头部而贵。在藏族文化中，头发不仅承载着丰富的生命象征意义，而且还延伸出独特的巫术实践。藏族受到原始苯教的影响，信奉万物有灵，人身体的任何附着物都藏有人的部分精神和灵魂。因此任意改变这些附着物的状态会影响到整个人的灵魂，也由此产生了不少禁忌，延伸成为头发巫术。

（一）防护性巫术：头发作为灵体屏障

头发在藏族民间常作为防护性巫术中的灵体屏障。这一观念将头发视为连接肉体与灵魂的纽带，通过特定的仪式和信仰，赋予其保护个体免受邪恶力量侵害的神秘力量。在日喀则农耕村落仍保留着夏至编发网的独特习俗：妇女取自身脱落的头发混合牦牛毛，编织成网悬挂于门楣。当地人认为发网如同蛛丝能缠住恶灵脚。这种将头发物理特性（缠绕性）与灵性功能（禁锢力）的类比现象，反映了藏族人民具身化的巫术思维。在安多牧区存在着辫结咒，具体运用在那曲安多部落的纠纷调解中。当双方因矛盾立誓和解，则需互换3根头发编成法结，然后将这象征和解与约定的法结存入寺院之中。头发在这里被赋予了新的意义，它成为连接双方灵魂的物质契约，不仅象征着双方的诚意与决心，而且在无形中约束着彼此的行为，确保和解的真诚与持久。

在康巴地区，流传着一个名为发辫镇邪术的传统习俗。未婚女性会剪下3根发丝，巧妙地缠绕在柏树枝上，然后将这根被赋予了神秘力量的柏树枝放置在帐篷的东南角，以此作为一道坚实的防线，来防范赞魔的侵扰。这种将头发作为结界材料的做法，不仅体现了藏族人民对头发的深厚情感和独特认知，而且在深层次上印证了列维-布留尔在《原始思维》中所阐述的部分代替整体的巫术逻辑。在这一逻辑框架下，头发作为人体的一部分，被赋予了代表和连接整体生命的神圣力量。通过将其与柏树枝相结合，人们相信能够创造出一种强大的结界，从而有效地抵御邪恶力量的侵袭。

（二）攻击性巫术：头发作为灵性载体

在攻击性巫术中，头发作为灵性载体发挥作用。不同于防护性巫术中头发作为屏障的保护功能，攻击性巫术通过特定仪式，将头发转化为一种具有强大灵力的媒介，用以影响或控制他人的灵魂与身体。在藏族民间有这样一种巫术——垛仪式。具体是施法者将仇人头发缠于铁箭，箭杆上刻有十二因缘逆序图，需将这支铁箭射向仇家方向。这种做法是将头发视为灵魂牵引索引导某种超自然的力量去追寻并影响特定的目标。这一仪式与弗雷泽《金枝精要——巫术与宗教之研究》所描述的接触巫术高度吻合，就是以接触律为基础的接触巫术，施行这一巫术也就是通过曾为某人接触过的物体而对其本人施加影响。[①]垛仪式就是建立在这样的信念基础上，即认为通过某种神秘的感应，就可以使物体不受时空限

---

① [英]詹·乔·弗雷泽：《金枝精要——巫术与宗教之研究》，刘魁立编，上海文艺出版社，2001，第7页。

制而相互作用。

在林芝米林县流传着发蛊致病术,当地人相信,如果仇家获取了自己的头发并将其埋于树葬台,那么自己的灵魂就会被树木所吸引,进而导致身体出现恶疮等严重疾病。这种将头发与特定空间绑定,从而产生灵肉伤害的信仰,深刻地体现了藏族文化中身体延伸感知的独特认知。在这种观念中,头发不仅是身体的一部分,而且是与个体灵魂紧密相连的纽带,能够跨越空间距离对个体的身心健康产生影响。

正如弗雷泽所说:"几乎世界各地都有这样的观念,认为人可能因自身剪下的头发、指甲或其他任何东西而受到巫术法力的影响。"[1] 无论是藏族民间的防护性巫术,还是攻击性巫术仪式,都是以头发作为灵性屏障或载体。在这些仪式中,头发被赋予了特殊的意义,它不仅是身体的代表,而且是灵魂的牵引与拉扯之物,实现了灵与肉的深刻互动。通过特定的巫术手法,施法者能够将头发转化为一种强大的媒介,用以影响或控制他人的灵魂与身体,此时头发被视作连接个体与宇宙、物质与灵性的桥梁。正如部分家庭仍将胎发混入糌粑制成生命丸,待孩子重病时作为续命药服用,实践着以发补魂的原始思维。这种将头发视为可储存、转移生命力的认知,体现了藏族灵肉互渗的身体哲学,即肉体不仅是灵魂容器,而且其组成部分也具灵性物质性。

三、头发的身体哲学与生命诗学

在藏族文化语境中,头发不仅是一种生理特征,而且是发丝经纬交织下身体哲学的深刻体现,是生命诗学中不可或缺的符号化表达。

---

[1] [英]詹·乔·弗雷泽:《金枝精要——巫术与宗教之研究》,刘魁立编,上海文艺出版社,2001,第213页。

(一)发丝经纬中的身体哲学

发间哲学是藏族灵肉共生观的具象表达。藏族头发文化建构了独特的身体认知体系,其核心在于它将肉体视为灵性容器与宇宙微缩的双重存在。这种身体哲学观念的形成,深受苯教、佛教思想及医学理论的共同影响。

苯教宇宙观下的头发是灵肉枢纽。传说止贡赞普被杀时是发辫被斩断,而命神随之逃逸,这也印证了苯教发为命根的核心观念。此外,那曲存在天窗说,认为头顶为灵魂天窗,头发如同垂梯连接三界。这种垂直空间的隐喻是将头发建构为贯通肉体(人间)、灵魂(天界)、亡灵(地下)的通道。原始苯教将头发视为命神通道,苯教祭司的天窗说赋予头顶百会穴以宇宙学意义——发丝如垂天藤蔓,将个体生命与三界能量相连。这种垂直向度的身体想象,与汉族《黄帝内经》"发为血之余"的平面化身体观形成鲜明对照。

佛教身体观中的发相即法相的转化。萨迦派典籍《道果法》提出五毒化五智理论,在瑜伽士发式实践中具象化:蓄发不再是简单的苦行标志,而是烦恼显相、觉性淬炼、法身成就这一递进过程的象征。此时头发成为修行的道器。在昌都强巴林寺现存的18世纪唐卡中,密宗行者的头发被绘制成火焰状,直观展示了焚身供佛的灵修理念。这种火焰状的发梢不仅是对修行者内心的隐喻,而且是智慧与功德的视觉显现。

医学人类学视角下的头发作为灵肉能量的物质基础而存在,《四部医典》将头发定义为"上行隆风之旗",形成独特的诊断系统:发质枯润对应隆、赤巴、培根三因平衡,发色变化映射五脏能量状态,发量增减预警魂魄稳固程度。

苯教赋予了头发作为灵肉枢纽的神圣地位,认为它是连接肉体与灵魂、世俗与超自然世界的桥梁;佛教则进一步将头发纳入修行体系,视其为法相转化的象征，体现了烦恼与觉性、物质与灵性的深刻关联。此外，医学理论也为这一身体哲学提供了物质基础，将头发视为身体状况的直观反映和灵肉能量的重要载体。这些因素相互交织，共同塑造了藏族文化中独特的头发身体哲学。

（二）生命诗学的符号化表达

藏族头发作为复合型文化符号，其象征系统呈现多维交织的特征。在藏族文化中，头发不仅是一种外在的装饰，而且是生命力的象征，与个体的生命状态紧密相连。①藏族人认为，头发的生长与生命力息息相关。浓密、乌黑的头发被视为旺盛生命力的象征，稀疏、枯黄的头发则暗示着生命力的衰弱。藏族牧区将新生儿胎发喻为青稞初穗，老人银发称作雪山月光，诗意地构建起植物—人体—自然的生命类比链。同时，在藏族史诗《格萨尔王传》中，英雄格萨尔王以其浓密乌黑的长发闻名，这不仅是他外貌的特征，而且是其强大生命力和战斗力的外在体现。在人生的重要时刻，如出生、成年、结婚、死亡等，都伴随着头发的剪剃仪式。这些仪式不仅是对生命阶段的标记，而且是一种精神上的象征。例如，藏族婴儿出生后，会举行剃发仪式，象征着新生命的开始和对未来的净化。在葬礼上，逝者的头发则会被剪下，象征着生命的终结和灵魂的解脱，寓意生命的轮回与升华。

头发在藏族文化中，不仅是生命力的象征，而且是力量的象征，与个体的勇气、智慧和灵性密切相关。藏族男性常将头发编成发辫，盘于头顶或垂于脑后，这种独特的发型象征着勇敢、刚毅的英雄气概。格萨尔王的发辫造型就是其中的典型代表，他的发辫不仅是英雄形象的标志，而且是其力量和勇气的象征，激励着后人追求勇敢与坚韧。对于藏族女

---

① 白仁杰：《头发的隐喻——中国人头发象征意义研究综述》，《河北北方学院学报（社会科学版）》2017年第4期，第46页。

性来说，头发不仅是美的象征，而且是身份地位的体现。她们常用各种精美的发饰装饰头发，如珊瑚、松石、蜜蜡等。这些发饰不仅具有装饰作用，而且象征着女性的身份、地位和财富。藏族贵族女性常佩戴华丽的发饰，以彰显其高贵的身份和地位。

在宗教信仰中，头发同样具有特殊的意义。藏族僧侣会将头发剃光，象征舍弃世俗欲望，追求精神解脱。一些修行者则会留长发，并将其盘成发髻，这种发型象征他们的修行境界和灵性力量。头发在藏族文化中，既是生命力的源泉，也是精神力量的象征，它承载着藏族人民对生命、勇气和信仰的深刻理解。

总之，头发在藏族文化中不仅是生命力和力量的象征，而且在生命仪式中扮演着灵肉交互的重要角色。头发的剪剃、梳理、装饰等行为，被视为连接肉体与灵魂的桥梁，体现了藏族人民对生命、死亡、轮回等终极问题的深刻思考。这种智慧不仅丰富了藏族文化的内涵，而且也为人类理解生命的意义提供了宝贵的启示。

结语

藏族文化将头发视为灵性与生命能量的物质界面，在诞生、成年、婚嫁、丧葬等生命仪式中，发丝的断续、编织与安置构成了独特的文化语法。从苯教文献中发辫战神的原始信仰，到藏传佛教五毒化五智的发相修行，再到现代牧区少女以牦牛毛混编发辫抵御赞魔的实践，头发始终作为灵肉交互的媒介，在象征系统与物质操作的双重维度中演绎着藏族对生命的理解。这时藏族人民以头发构建了一种独特的灵肉交互模型，在横向上，头发编织个体与社会关系网络；纵向上，头发象征连接世俗与超自然世界的纽带，发丝贯通三界的灵性通道，实现灵肉对话。

此外，头发内嵌巫术系统则形成灵肉防护或攻击的动态平衡。这种以发为介的生命观，既保持了苯教灵魂物质性的底层逻辑，又融合了佛教缘起性空的哲学升华，为理解藏族文化提供了关键锁钥。头发作为藏族文化基因的活性载体，持续进行着传统生命观与现代身体认知的对话。在物质性与象征性的交织中，既保持着苯教灵魂观的底层逻辑，又发展出适应佛教哲学的身体技术。这种发间的智慧为理解藏族文化也提供了独特视角。

噶玛噶赤画派审美特征研究

王安燕[①]

摘要：噶玛噶赤画派作为藏传佛教艺术的重要流派，其发展历程与美学特征深刻反映了汉藏文化交融的历史轨迹。本文以噶玛噶赤画派为研究对象，结合艺术风格学、图像学与跨文化美学理论，通过分析其历史渊源、子派系分野及代表人物曲英多吉、司徒班钦的艺术实践，系统探讨了该画派在西藏审美文化中的独特定位及其美学创新路径。研究发现，噶玛噶赤画派以格智派与新噶赤派为代表，通过吸收汉地文人画的空灵与简约，形成了以大面积留白、透明色渲染为核心的美学体系，实现了宗教性与艺术性的统一。其创新性在于将汉地工笔技法与藏传佛教主题深度融合，构建了一种跨文化的审美范式，为西藏艺术史及跨文化美学研究提供了新的视角。

关键词：噶玛噶赤画派；西藏审美文化；汉藏艺术融合；曲英多吉；司徒班钦

[①] 王安燕，西藏民族大学文艺学在读硕士，主要从事西藏审美文化研究。

藏传佛教艺术是西藏文化的核心载体之一，其多元流派与风格演变不仅是宗教传播的见证，而且是跨文化互动的美学产物。噶玛噶赤画派作为17世纪后藏东地区的重要艺术流派，因融合汉地文人画风而独树一帜，成为西藏艺术史上汉藏合璧的典范。然而，现有研究多集中于其宗教属性或技法分析，对其美学特征及文化定位的系统性探讨仍显不足。本文结合艺术学与美学理论，从噶玛噶赤画派的历史脉络、艺术革新及跨文化实践入手，揭示其在西藏审美文化中的独特价值，并提出其宗教世俗化与审美普适化的双重创新路径。

一、噶玛噶赤画派的历史渊源与发展脉络

康区（藏东）作为汉藏交界地带，历史上是茶马古道的重要节点，多元民族（藏、汉、纳西等）在此交汇，形成独特的文化生态。这种地理边缘性使其艺术风格天然具备中介性：既需维系藏传佛教的正统性，又需回应汉地文化的渗透。相较于卫藏地区的保守性，康区艺术更倾向于吸收外来元素以丰富自身表达。例如，噶赤派早期作品中已可见汉式云纹与藏式卷草纹的结合，这种符号的杂糅正是地理与文化双重边缘性的产物。

17世纪后，格鲁派凭借政治势力崛起，新勉唐派成为卫藏主流画风，强调严谨的量度与浓艳色彩，服务于宗教仪轨的权威性，而噶玛噶举派因教权衰落，转向以艺术创新维系影响力。噶赤派的诞生可视为宗教竞争的策略：通过审美差异化吸引信众。曲英多吉将汉地文人画的逸格引入唐卡，既是对格鲁派正统的反驳，亦是对边缘即中心的文化自信重构。

南喀扎西的冷色调时期奠定了噶赤派的早期风格，其石青、石绿的

运用源自藏地矿物颜料传统,但构图已显露出对汉地青绿山水的借鉴。至曲英多吉时代,格智派通过师徒制与印经院合作,形成跨地区的艺术网络。司徒班钦的新噶赤派则依托司徒活佛世系的寺院体系,将画派影响力扩展至川滇藏交界地带。这种以宗教权威为纽带、以技法传承为链条的发展模式,确保了噶赤派在动荡历史中的存续。

噶玛噶赤画派的艺术实践印证了文化边缘地带作为创新策源地的可能性。康区的地理边缘性并未限制其艺术发展,反而因汉藏商路与宗教网络的交汇,催生出独特的中介美学。曲英多吉与司徒班钦的创作表明,边缘性并非文化劣势,而是一种能够突破中心桎梏的创造性力量。例如,曲英多吉在《米拉日巴像》中以汉地写意技法表现藏传佛教苦修主题,不仅打破了传统唐卡的程式化构图,而且通过以诗入画的手法,将宗教叙事升华为哲学沉思。这种突破性尝试,正是边缘文化在吸收多元养分后实现自我超越的典型例证。

二、曲英多吉与司徒班钦的艺术革新

曲英多吉的艺术实践与其宗教领袖身份密不可分,法王—诗人—画家的三重身份互文。作为噶玛噶举派法王,他需通过艺术强化教派合法性;作为诗人,其禅诗中的"空山无人,水流花开"意境直接转化为绘画中的留白与虚景。例如,《米拉日巴像》中人物肤色泛绿,既符合闭关苦修的宗教叙事(荨麻饮食导致的肤色变化),又暗合文人画中"青绿为隐逸"的色彩象征。这种以诗证画的创作逻辑,使宗教符号升华为美学意象。

从宗教象征到世俗叙事的转向,司徒班钦的革新体现在题材与场景的世俗化。其《释迦牟尼画传》系列将佛传故事置于明代汉式园林中,并非简单的场景移植,而是通过建筑符号的重构完成文化翻译。例如,夜半逾城中的城墙形制虽为汉式,但檐角装饰融合了藏式摩羯兽元素。这种混搭美学消解了宗教叙事的时空限定,使观者更易产生共情。此外,司徒班钦本人肖像与白度母形象的趋同(圆脸、平和神情),暗示了活佛与度母在救度功能上的神圣同构,这一手法兼具宗教宣教与艺术自况的双重意图。

曲英多吉与司徒班钦的艺术革新是在技法融合中的矛盾与调和。曲英多吉在《莲花生像》中尝试以汉地线描勾勒主尊衣纹,但藏地传统的曹衣出水技法(强调衣褶的立体感)仍若隐若现。这种技法冲突实则反映了文化融合的深层张力:汉地文人画的逸笔草草与藏传佛教艺术的工谨严整如何共存?司徒班钦通过半透明渲染给出答案——在《释迦牟尼像》中,水晶容器的透明质感既符合汉地工笔的精细要求,又通过光影层次保留了藏画的象征性(法轮象征佛法流转)。

噶玛噶赤画派的宗教世俗化路径重构了唐卡的功能与意义。传统唐卡多作为密教仪轨工具,强调图像的象征性与宗教威慑力,而噶赤派通过汉地文人画的空灵意境与场景叙事,使唐卡从封闭的宗教场域走向开放的文化空间。司徒班钦的《释迦牟尼画传》系列将佛传故事置于明代汉式园林中,人物服饰与建筑细节的跨文化并置,不仅消解了宗教叙事的时空隔阂,而且通过视觉熟悉感拉近了信徒与教义的距离。这种世俗化并非对宗教性的削弱,而是以审美共情为媒介,实现宗教精神的普适传播。在此过程中,艺术成为沟通神圣与世俗、藏族与汉族的第三种语言。

三、噶玛噶赤画派的美学特征分析

噶赤派对空的理解兼具汉藏哲学的双重基因。藏传佛教中的空性强调现象的无自性，而汉地禅宗的空更侧重心境超越。在《莲花生像》中，背景的大面积留白并非物理空间的缺失，而是对法界虚空的视觉隐喻。同时，缥缈的云水渲染又呼应了南宋马远一角山水的构图理念。这种双重空性观使画面成为宗教冥想与审美静观的共同载体。

传统藏画以五方佛色彩体系为核心（白、黄、红、绿、蓝对应五智），噶赤派则在冷色调主导下进行革新。例如，《释迦牟尼像》中石绿背光既象征佛陀的慈悲（绿色在藏文化中代表生机），又暗合汉地文人画中青绿为雅的审美偏好。更值得注意的是，曲英多吉在《米拉日巴像》中突破教义限制，以泛绿肤色表现苦修者形象，这种反常设色实则是对汉地人物写意传统的创造性转化。① 在此基础上，噶赤派实现了色彩象征系统的跨文化转译。

噶赤派的线条技法呈现出藏骨汉韵的特质，其线性语言具有双重文化基因。以普布次仁的《愤怒金刚》为例，人物轮廓线沿用藏画的铁线描（刚劲均匀），但衣纹褶皱吸收汉地兰叶描的飘逸感；背景中的青绿山水虽源自汉画范式，但山石结构的图案化处理又回归藏式审美。这种线条的二元性不仅体现技法融合，而且暗示了文化身份的协商：在"像藏画"与"似汉画"的张力中确立自身风格。

噶玛噶赤画派的美学体系以空为核心，完成了汉藏哲学理念的视觉融合。藏传佛教中的空性强调现象世界的虚幻本质，而汉地禅宗的空指向心性的澄明与超越。在《莲花生像》中，大面积留白与缥缈的云水背景既是对法界虚空的隐喻，又呼应了南宋马远一角山水的构图理念；《释迦牟尼像》中石绿背光的透明渲染，则通过色彩的克制与空间的延展，将宗教庄严转化为审美静观。这种双重空性观的融合，使噶赤派作品既

---

① 扎雅·罗丹西饶：《藏族文化中的佛教象征符号》，丁涛、拉巴次旦译，中国藏学出版社，2008，第36页。

承载宗教冥想的功能，又具备文人画的意境深度，从而在汉藏文化间构建了共享的审美语言。

四、汉藏艺术融合的美学意义与文化定位

噶赤派通过汉地元素的引入，部分消解了唐卡作为密教仪轨工具的神秘性，在宗教艺术的去神圣化中完成大众接受。例如，《释迦牟尼画传》中明代服饰的运用，使佛传故事更具历史亲近感；汉式园林场景的植入，则将宗教叙事转化为世俗生活的隐喻。这种去神圣化并非削弱宗教性，而是通过视觉熟悉感降低接受门槛，从而扩大噶玛噶举派在多元族群中的影响力。

后殖民理论家霍米·巴巴提出的第三空间概念，可阐释噶赤派的融合实践。在《罗睺罗尊者》中，汉地山水与藏式图案的并置，既非单纯模仿，亦非文化霸权，而是在间隙中生成新的意义系统。例如，画面中的鸿雁，既象征汉文化的礼义（《诗经》意象），又在藏地语境中关联迁徙与自由，这种符号的多义性正是跨文化美学的核心价值。

相较于新勉唐派的正统性焦虑，噶赤派主动拥抱边缘身份，将文化杂交转化为创新动力，在艺术流派竞争中进行范式创新。司徒班钦的弟子普布次仁在《大成就者提洛巴》中，既严格遵循噶雪派的工细传统，又在人物动态中融入汉地戏剧的夸张表现。这种传统中的反传统策略，使噶赤派在18世纪后依然保持活力，成为藏传佛教艺术中罕见的持续创新派。

噶玛噶赤画派的跨文化实践为当代艺术创新提供了历史镜鉴。其符号调和策略——如《罗睺罗尊者》中汉式山水与藏式图案的并置，或《白度母》中司徒班钦肖像与度母形象的趋同——表明文化融合并非简单的形式拼贴，而是通过意义重构生成新的美学范式。这种策略在全球化语境下尤为值得借鉴：当代艺术家面临的文化身份焦虑，或许可通过噶赤派的第三空间理念得以缓解，即在差异中寻找共鸣，在交融中确立主体性。

五、近现代传承与创新启示

18世纪后，噶赤派艺术家大量参与印经院刻版制作，促使线描技法趋向规范化。例如，《愤怒金刚》的范本被广泛复制，形成教科书式的创作模板。这种标准化虽有利于技艺传承，却也抑制了个性化表达，导致部分后世作品陷入程式化困境。21世纪以来，藏族艺术家开始尝试将噶赤派元素融入数字艺术。例如，虚拟现实作品《虚空藏》以噶赤派留白理念构建三维冥想空间，用户可通过交互设备进入唐卡的虚实之境。这种媒介转换不仅延续了空灵美学，而且通过技术赋能使其获得全球传播的可能性。在海外展览中，噶赤派作品常被置于喜马拉雅艺术框架下展出，淡化了其汉藏融合特质。对此，当代策展人开始强调跨喜马拉雅视角，通过并置汉地文人画与噶赤派唐卡，揭示二者在美学逻辑上的深层共鸣。这种策展策略既避免了文化本质主义，又凸显了艺术交流的动态性。

噶玛噶赤画派的历史经验也揭示了文化融合的复杂性与挑战。18世纪后，印经院体系下的技术标准化虽保障了技艺传承，却导致部分后世作品陷入程式化困境（如《释迦牟尼画传》的模板化倾向）。这一现象提醒我们，传统艺术的当代转化需在规范与创新间保持平衡。值得欣慰的是，当代噶赤派艺术家正通过数字媒介探索新的可能性，如虚拟现实作品《虚空藏》以三维空间重构留白美学，使观众得以沉浸式体验唐卡的虚实之境。此类尝试不仅延续了噶赤派的美学精神,而且使其在全球艺术市场中获得新生。

结语

噶玛噶赤画派的美学实践不仅是汉藏文化交融的历史见证,而且也是宗教艺术向世俗审美转型的典型案例。其艺术革新路径深刻揭示了边缘文化如何在跨文化互动中重构自身身份,并通过对空灵美学的独特诠释,为西藏审美文化注入了新的活力。本文通过梳理该画派的历史脉络、代表人物及作品风格,系统论证了其在汉藏艺术融合中的桥梁作用及其对藏传佛教艺术的范式革新意义。

此后研究可从三方面深化:其一,深入挖掘噶玛噶赤画派与汉地文人画、明代宫廷艺术的具体互动机制,尤其是画派文献中未充分记载的民间匠人交流细节。其二,借助数字人文技术,构建噶赤派作品的图像数据库,通过风格比对揭示其技法演变的内在逻辑。其三,拓展跨地域比较视野,将噶赤派置于喜马拉雅艺术圈乃至欧亚大陆的文化网络中,探讨其与波斯细密画、印度帕拉王朝艺术的潜在关联。唯有如此,方能全面评估噶玛噶赤画派在跨文化美学史中的坐标意义。

总之,噶玛噶赤画派以其独特的边缘创新模式,证明了文化交融不仅是历史的必然,而且是美学创造的源泉。其艺术遗产不仅属于西藏,而且属于人类文明对话的宏大叙事。在全球化与本土化张力加剧的今天,重新审视噶赤派的融合智慧,或能为多元文化共生提供新的启示。